浙江绿色管理 理论和经验研究系列丛书

U0593129

研究阐释党的十九届四中全会精神国家社科基金重大项目（项目编号：20ZDA087）资助

浙江绿色管理案例和经验

城市绿色管理篇

（第一辑）

王建明◎编著

经济管理出版社

ECONOMY & MANAGEMENT PUBLISHING HOUSE

图书在版编目（CIP）数据

浙江绿色管理案例和经验——城市绿色管理篇（第一辑）/ 王建明编著 . —北京：经济管理
出版社，2020.6

ISBN 978-7-5096-7472-7

Ⅰ . ①浙… Ⅱ . ①王… Ⅲ . ①社会主义建设—案例—浙江 ②城市经济—绿色经济—经济
管理—案例—浙江 Ⅳ . ① D619.55 ② F299.275.5

中国版本图书馆 CIP 数据核字（2020）第 161039 号

组稿编辑：张莉琼

责任编辑：丁慧敏　韩　峰

责任印制：任爱清

责任校对：陈晓霞

出版发行：经济管理出版社

（北京市海淀区北蜂窝 8 号中雅大厦 A 座 11 层　100038）

网　　址：www.E-mp.com.cn

电　　话：（010）51915602

印　　刷：北京晨旭印刷厂

经　　销：新华书店

开　　本：710mm×1000mm/16

印　　张：16.75

字　　数：274 千字

版　　次：2020 年 6 月第 1 版　2020 年 6 月第 1 次印刷

书　　号：ISBN 978-7-5096-7472-7

定　　价：78.00 元

总　序

　　《浙江绿色管理理论和经验研究系列》丛书是改革开放 40 多年来（特别是近 20 年以来）浙江绿色管理各领域的理论探索和经验案例的系统总结。

　　随着现代文明的发展，能源危机和环境污染成为当代社会面临的重要问题，开拓一条节能减排、低碳环保的绿色转型之路成为社会发展的必然战略选择。绿色管理（Green Management）正是在这样的形势下受到越来越多的关注，不仅成为一种重要的社会发展趋势，也成为未来经济新的增长点。绿色管理是指将资源节约和环境保护理念融入人类管理活动的具体环节，以期在人类管理活动的各层次、各领域、各方面、各过程实现绿色、节约、环保和可持续。需要指出的是，绿色管理是一种全新的管理思想和理论体系，是对现有管理思想和体系的彻底变革。且随着理论和实践的深入，绿色管理也从狭义的企业内部延伸到企业外部（如政府机构、非政府组织、社会公众等领域）。绿色管理既是国家层面绿色发展战略规划的应有之举，也是社会层面全员应有的自觉自为。党的十九大报告明确指出，我们要建设的现代化是人与自然和谐共生的现代化，而绿色管理就是探索人与自然和谐共生之路的有益实践，是实现社会可持续发展的坚实助力。因此，深入探索绿色管理经验成为中国可持续发展的迫切需要。

　　改革开放 40 多年来，浙江锐意进取，大胆实践，形成了有浙江特色的发展道路，创造了令人瞩目的"浙江模式"，形成了卓有成效的"浙江经验"，书写了生动宝贵的"浙江精神"。浙江是习近平总书记"绿水青山就是金山银山"发展理念的发源地，也是绿色发展的先行地。2003 年，时任浙江省委书记的习近平同志在浙江启动生态省建设，打造"绿色浙江"。2005 年，习近平同志在浙江安吉首次提出"绿水青山就是金山银山"的科学论断和发展理念。从此，浙江绿色发展从初阶、浅层、零散阶段（1978~2003 年）进入了高阶、深层、系统阶段（2003 年至今），提前迈进了新时代。根据《中国经济绿色发展报告2018》，浙江的绿色发展指数名列全国第一。另据国家统计局2017年发布的"2016年生态文明建设年度评价结果公报"，浙江在省份排名中位列第二。浙江是唯一在两份排名中都稳居前二的省份。改革开放40多年来（特别是近20年以来）的浙江发展实现了高质量经济发展和高标准绿色发展的高层次统一，成为中国省域层面一道亮丽的风景。

改革开放40多年来，浙江发展的一个基本经验就是坚持绿色发展、坚持保护环境和节约资源，坚持推进生态文明建设。浙江是中国陆地面积最小的省份之一（仅10万平方公里），人多地少、资源短缺，面临严峻的资源环境约束，践行绿色管理既是经济社会发展的内在要求，也是缓解经济发展与资源环境矛盾的必然选择。在浙江发展过程中，绿色管理贯穿生产方式与生活方式全过程，贯穿政府管理、企业管理和社会管理各层面，发挥了极其重要的作用，积累了极其宝贵的经验，初步形成了浙江特色的政府、企业、社会多元协同共治的绿色管理体系。在这一理论和现实背景下，探索并总结浙江绿色管理的理论、案例和经验极有必要，《浙江绿色管理理论和经验研究系列》丛书应运而生。

《浙江绿色管理理论和经验研究系列》丛书是我们多年来对浙江绿色管理实践持续关注和深入研究的结晶，主题涵盖了改革开放40多年（特别是近20年以来）浙江绿色管理的多个方面。丛书第一辑共6本，其中，《浙江绿色管理案例和经验——企业绿色管理篇（第一辑）》（王建明编著）主要依据企业绿色管理的生命周期分类介绍浙江企业绿色战略、绿色创新、绿色生产、绿色市场、循环经济等实践案例和经验启示；《浙江绿色管理案例和经验——城市绿色管理篇（第一辑）》（王建明编著）主要依据市县绿色管理的思路分类介绍浙江县域绿色规划、绿色发展、绿色治理、绿色改造、绿色督察等实践案例和经验启示；《浙江绿色管理案例和经验——美丽乡村管理篇（第一辑）》（高友江编著）主要根据浙江乡村地貌特征分类介绍浙江乡村山地丘陵且沿溪环河地带、山地丘陵且沿江环湖地带、山地丘陵地带等地的实践案例和经验启示；《浙江绿色管理案例和经验——垃圾治理篇（第一辑）》（高键编著）主要根据浙江垃圾分类管理的内容分别介绍城市垃圾分类管理，农村垃圾分类管理，垃圾减量、清运和回收管理，垃圾处置等实践案例和经验启示；《浙江绿色管理案例和经验——水污染治理篇（第一辑）》（冯娟编著）主要根据浙江水污染治理的领域分类介绍浙江治污水、排水、五水共治、河湖长制等实践案例和经验启示;《浙江绿色管理案例和经验——政府监管篇（第一辑）》（赵婧编著）主要根据浙江政府监管的主题分类介绍浙江环境监管体制改革、环境监管考核评价体系改革、环境执法实践、产业监管实践等实践案例和经验启示。

　　本丛书通过浙江绿色管理案例的生动呈现，以不同的主题、不同的维度和不同的切入点全面深入地展现浙江绿色管理的理论进展和实践成果，并进一步凝练出浙江绿色管理的系统理论，旨在打造一个全面丰富的绿色管理"浙江样版"。期望本系列丛书的出版能够丰富中国特色的绿色管理理论体系，为探索绿色管理经验的社会各界人士提供现实理论和实践参考，以全面深入地推进中国和世界的绿色高质量发展。

浙江财经大学工商管理学院院长　王建明

2020 年 2 月 20 日

PREFACE
前　言

　　本书是一部关于浙江城市绿色管理经验的案例选编，汇集了改革开放40多年来（特别是近20年以来）浙江城市绿色管理探索的典型案例及成功经验，向读者呈现了浙江城市绿色发展和绿色管理生动实践的现实样本。

　　绿色是中国走可持续发展道路的主色调，绿色城市是中国绿色发展的重要载体，以城市绿色管理为依托。城市绿色管理（Urban Green Management）是指将绿色发展理念融入城市规划、建设、监督和协调的全过程、全环节中，改变传统上以经济目标主导城市管理的模式，转而以经济、生态和社会共同发展为城市管理的主旨，构建人与自然相和谐的绿色的现代化城市。从现实发展来看，以往城市发展中社会效益和环境效益滞后于经济效益，以生态环境污染为代价的发展模式弊端日益凸显，与现代城市的发展越发不相适应，城市化水平的不断提高和人们对美好生活需求的日益增长对城市管理提出了更高的要求，城市发展中的环境保护和资源节约问题逐渐受到政府和社会的重视。立足于生态保护的城市以其资源节约、环境友好的绿色管理模式逐渐获得更大的经济收益、环境收益和社会收益。可见，绿色管理将成为未来城市管理的重点方向。在当前中国社会经济转型的关键时期，城市管理也到了绿色转型升级的重要时期。因此，深入探索城市绿色管理经验成为中国可持续发展的迫切需要。

　　浙江是习近平总书记提出"绿水青山就是金山银山"发展理念之地，也是绿色发展的先行地。2005年，习近平同志在浙江安吉首次提出"绿水青山就是金山银山"（"两山"发展理念）的科学论断和发展理念。2003年7月，时任浙江省委书记的习近平同志首次系统提出进一步"发挥八个方面优势，推进八个方面举措"（"八八战略"），"八八战略"中的一条重要战略就是"进一步发挥浙江的生态优势，创建生态省，打造'绿色浙江'"。在"两山"发展理念和"八八战略"的指引下，浙江城市加快布局，大胆实践，开展城市生态环境和生态文明建设管理，积极创建绿色城市。这些积极转型升级的浙江城市在绿色管理上既有地方特色，也有共性经验，是谋求绿色发展道路的城市可以借鉴的现实样本。为此，我们编写了《浙江绿色管理案例和经验——城市绿色管理篇（第一辑）》一书，以期为更多有需要的政府机构或相关专业研究者提供参考。本书共六篇（包含结论篇），收集了浙江36个城市的绿色发展和绿色管理案例，并总结了其经验和启示。各篇内容如下：

第一篇是卫生城市建设和绿色管理，共7个案例；

第二篇是环保模范城市建设和绿色管理，共8个案例；

第三篇是森林城市建设和绿色管理，共7个案例；

第四篇是美丽城市建设和绿色管理，共7个案例；

第五篇是大花园城市建设和绿色管理，共7个案例；

结论篇是浙江城市绿色管理的经验与启示。

本书介绍的城市绿色管理涵盖绿色政治、绿色经济、绿色文化、绿色社会等多个方面。这些城市的绿色发展理念、绿色发展方式、绿色发展路径体现了美丽中国建设的绿色智慧，这些城市是将"绿水青山"逐步转化成"金山银山"的践行者和引领者。不同城市的绿色管理案例从不同的视角形成了一个丰富的城市绿色管理案例库。这些案例均来自浙江城市绿色管理的实践，细致梳理并系统总结它们的经验对于政府管理者具体管理操作和学术界开展理论研究具有普遍的理论和现实指导意义。本书在每篇案例经验分析的基础上，概括总结了城市绿色管理演变的阶段特征，具体如下：

阶段一，1978年至20世纪90年代初，城市绿色管理1.0，即城市绿色管理的探索阶段；

阶段二，20世纪90年代初至2002年，城市绿色管理2.0，即城市绿色管理的拓展阶段；

阶段三，2003年至2011年，城市绿色管理3.0，即城市绿色管理的提升阶段；

阶段四，2012年至今，城市绿色管理4.0，即城市绿色管理的全面深化阶段。

浙江城市绿色管理的阶段演变总体上呈现出从无到有、由单一到丰富、由丰富到全面深化的特征变迁，绿色管理逐渐由低阶向高阶进阶。具体体现为从被动绿色管理到主动绿色管理，从短期绿色管理到长期绿色管理，从非专业绿色管理到专业绿色管理，从低效绿色管理到高效绿色管理，从片区绿色管理到全域绿色管理，从静态绿色管理到动态绿色管理，从经验绿色管理到科学绿色管理，从独立绿色管理到一体化绿色管理等。在此基础上，本书总结了浙江城市绿色管理的八大经验和八大启示。

浙江城市绿色管理的八大经验如下：

经验一，践行绿色发展理念，培育绿色管理文化。

经验二，找准绿色战略定位，布局绿色发展空间。

经验三，优化绿色要素配置，促进绿色经济增长。

经验四，推进绿色产业升级，扩大绿色发展规模。

经验五，健全绿色法规政策，保障绿色管理推进。

经验六，加强绿色管理创新，拉高绿色标准标杆。

经验七，实施绿色风险管控，化解环境风险隐患。

经验八，强化绿色监测监督，确保绿色举措生根。

浙江城市绿色管理的八大启示如下：

启示一，制订绿色发展规划，把握绿色管理方向。

启示二，完善绿色制度体系，护航绿色管理深化。

启示三，构建绿色组织架构，完善绿色管理职能。

启示四，创新绿色体制机制，激发绿色管理活力。

启示五，加大绿色资源投入，夯实绿色管理根基。

启示六，重视绿色创新人才，汇集绿色管理智慧。

启示七，深化绿色跨界合作，形成绿色管理合力。

启示八，实施绿色绩效考评，提升绿色管理成效。

本书是研究阐释党的十九届四中全会精神国家社科基金重大项目"数字经济时代完善绿色生产和消费的制度体系和政策工具研究"（项目编号：20ZDA087）的阶段性成果。参与本书编写工作的教师（博士生）有：浙江财经大学工商管理学院王建国副教授、高键博士，浙江财经大学绿色管理研究院解晓燕老师，浙江财经大学中国政府管制研究院博士生赵婧、李永强等。参与本书资料收集和整理撰写的浙江财经大学本科生有王学锐、景诗淇、陈沐豪、郭蕙妮、林未雨、史涵文、蔡窈卿、陈舒婷、张志远等，研究生彭伟、汪逸惟、奚旖旎、刘灵昀、胡志强、武落冰等参与了本书资料收集和初稿修改与校对，在此一并向他们表示感谢。

　　本书可以作为公共管理、工商管理、城市管理、农林经济管理、旅游管理、城乡规划等相关专业研究生、本科生、高职生学习"管理学""绿色管理""城市管理""城市规划设计""城市生态与环境保护"等相关课程的案例教学参考书、实训实践指导书或课外阅读书目，还可以为从事绿色管理相关工作的职场人士（如政府管理者、基层政府工作人员、企业管理人员等）提供实践操作指导。

　　尽管笔者已经做出最大的努力，但由于水平有限，加上编写时间比较仓促，书中难免存在不当或者错漏之处，敬请各位专家、学者、老师和同学批评指正（邮箱：sjwjm@zufe.edu.cn）。

王建明

2020 年 4 月 22 日于杭州

DIRECTORY
目　录

第一篇

卫生城市建设和绿色管理

一、余姚：创卫，锻造一座城市的品性

 案例梗概

1. 余姚大力营建城市绿色公园，建设全市性公园、区域性公园、社区公园等。
2. 强化市域污水收集和废水治理等治污设施建设，改造城市主干道，修复破损路面。
3. 以网格化管理治理马路市场、农贸市场和城乡接合部的垃圾收集和清除问题。
4. 推进餐厨垃圾分类处理和生活垃圾分类处理试点工作，建设处理设施厂房。
5. 落实"门前三包"制度，大力清理村庄卫生死角、陈年垃圾，推动创卫长效化。
6. 强化创卫宣传，利用节假日发动辖区居民和学生开展清扫家园、净化绿地活动。

关键词：市容秩序治理；网格化管理；合力创卫；"保洁保序保畅通"工程；创卫惠民

 案例全文

美丽的余姚，以"创建卫生城市"为契机，以增进民生福祉为导向，举全市之力、集各方之智，着力改善城市基础设施、提升城市管理水平，增强全民的健康素质，营造卫生、舒适、优美的生活和工作环境，促进人们生活品位的不断提升，让群众在城市发展中拥有满满的"获得感"，锻造出这座城市的品性。这样的品性，浓缩了一代代人的城市记忆，体现在一座城市的性质和功能上，延续着城市的历史和传统。

标准创卫　共创整洁环境

创卫是一项宏大的社会工程，而标准化创卫，是集先进的管理理念、有效的控制方法于一体的先进管理手段，是照章办事、规范程序、提高质量、增强效能的有效途径。在城市环境整治的过程中，标准让这项工作的开展更加有序、更加高效、更加合理。在创卫过程中，余姚严格按照国家卫生城市标准，科学制定创建国家卫生城市工作实施方案，明确目标任务、关键重点、完成时限等内容，层层分解创卫任务，层层落实创卫责任，做到责任到人、时间到点。可见，标准让创卫更有序、高效。"国家卫生城市标准8大类40条，还有标准释义，相当细致、全面，对于创建卫生城市的各个环节确定了相应的新标准，提出了具体的工作要求，我们需要共同学习这些标准，掌握标准，拉高标杆，形成创建合力。"余姚市爱卫办相关负责人如是说。对照每一项标准，余姚上下严格遵守，而创卫对于城市环境整治的重要作用也立竿见影，卓有成效地打造了一个更加美好的人居环境，进一步提高了人们的生活质量，改变了人们的生活方式。

如今余姚累计建成全市性公园5座、区域性公园14座、社区公园33座、带状公园18座，实现了"300米见绿、500米见园"，人均公园绿地面积达到10.79平方米，这座城市的绿化美化将继续进行到底。与此同时，城市基础设施也更加完善。强化治污设施建设，先后建成市域污水收集一期、榨菜废水治理、小曹娥污水处理厂二期扩建等治污设施，城区污水管网基本实现全覆盖，城市污水处理率达到87.5%。着力加强市政设施建设，相继建成三凤路等8条道路，完成子陵路、南雷南路两条城市主干道的路面升级改造，对城区各小区周边市政红线范围外破损严重的地段进行全面性修复，通过老小区改造、闲置拆迁地块利用等，新建停车泊位2202个，使城区交通拥堵和停车难问题得到明显缓解。同时，不断提升城市灯照景观，路灯总数达到6.4万盏，路灯装灯率达到100%，亮灯率98%以上。

创卫，涉及城市建设和管理的方方面面，在全面开展工作的同时，更要遵循"重点突破、以点带面"的方针，着力加强重点难点问题的整治，不断深化创卫内涵。例如，扎实推进市容秩序治理，落实网格化勤务管理，加强街面人车结合巡逻，有效地解决跨门营业、占道经营、乱扔垃圾等突出问题，有力打击马路市场现象，有效遏制机动车辆乱停乱放行为；有效推进农贸市场治理，全面整治超摊扩摊，规范市场经营秩序，落实动态保洁和垃圾收集处理工作，中心城区农贸市场永久性禁止活禽交易；针对城郊接合部环境卫生治理，开展以清除卫生死角、拆除违法建筑、治理房前屋后乱堆放为主要内容的综合整治行动，加强对周边环境、道路、厕所等清洁美化，落实长效管理措施，促进了环境提升；扎实推进餐厨垃圾分类处理，投入 800 万元建设了处理设施厂房，2016 年收运处置餐厨垃圾 1.6 万吨，同时，积极推进生活垃圾分类处理试点工作。每一个标准，对准了创卫工作的每一个细节，让创卫工作更加有依据、有计划地开展。

合力创卫　共促长效久治

创建国家卫生城市是对城市的综合整治，是一项涉及方方面面的系统工程，需要全社会的共同参与，自然也离不开各部门的相互配合。在这个不断巩固、提高、发展的过程中，是各个相关组织机构的共同努力，奏响了创卫的交响乐章。创卫工作只有起点、没有终点。余姚市委、市政府立足长效，推出了一系列创卫工作管理机制，通过健全组织体系、强化监督考核，使创卫掷地有声、铿锵前行。

健全组织体系，把创卫工作作为"一把手"工程，严格落实"一把手"负责制，将创卫工作落实到一个层级分明、权事清晰的组织架构体系，从而保障创卫的有力推进。市级层面，成立了由市政府主要领导任组长，市委副书记任常务副组长的创卫工作领导小组，下设办公室，专门抽调 15 名工作人员实行集中办公。各地各部门也成立了由单位"一把手"为"第一责任人"的创卫工作班子，构建了一级抓一级、层层抓落实的组织架构体系。

因此，创卫组织体系愈加清晰、明确，市委书记和市长等 8 位市领导分别包干联系城区 8 个村、社区的创卫工作，每位市领导都到联系的村、社区进行了督查指导，有关街道会同这些村、社区进行了问题的排摸，列出整治方案，明确了工作措施和时间表，各项创卫工作有序推进，为建成区所有"城中村"、城乡接合部的全面整治开了个好头，其他村、社区也积极跟进。为了更加深入推进"保洁保序保畅通"工程，由市长任组长，对城区 5 条主干道进行道口渠化改造，增加停车场、停车位，合理设置红绿灯；邀请国家级专家对城市交通进行号脉，对症下药开展整改，以提高城市快速通过率；优化道路清扫时段和区域，杜绝盲区，提高道路保洁质量。多方作用下，"保洁保序保畅通"工程日益成为余姚城市管理的一项常态性工作，持续推进。

正所谓，城市发展"三分建，七分管"。为此，余姚强化督查考核，建立每周创卫工作例会制度、重大事项协商会商制度，并推出重要问题督查督办制度，专门成立两个创卫工作督查指导组，对督查发现的问题实行挂销号制度。其间，余姚市委、市政府主要领导多次带队深入基层一线，检查存在问题、协调创建难题。一年来，由市领导带队开展专项督查30余次，下达问题整改督查单725张，1200余个督查发现和群众反映的问题得到及时解决。同时，进一步完善对各部门、乡镇街道创建和巩固国家卫生城市工作的考核方案；开展城市管理体制的改革，成立综合行政执法局，对城管、国土、环保等有关部门的21项职能进行有机整合，划归综合行政执法局统一行使，进一步提高行政效率；在建成区环卫保洁市场化运作全覆盖的基础上，实施城市环境卫生第三方考核机制，2017年起，城区环境卫生考核由中介机构进行操作，确保考核的公正性和实效性；进一步优化城市环境卫生网格化管理，每年拨出100万元专项资金用于对城区各街道网格化管理工作的考核等。创卫不是一蹴而就的，需要脚踏实地、持之以恒，通过长效措施的不断落实，机制方法的与时俱进，才能更加有力地巩固和提升当地的创卫成果，确保创卫落在实处、取得实效。

全民创卫　共建美好家园

创卫，归根结底是一项惠及民生的重要工程。作为创卫实实在在的受惠者，老百姓的热情参与，为创卫的纵深发展奠定了良好的基础。居民是城市品性的塑造者和象征者，优良的城市品性，能使居民得到健康享受和文化陶冶，而高素质的居民，也使城市品性得到完善和升华。在全民创卫下，让居民与城市进行着良性的互动，相互依存，共同成长。在余姚城区开展国家卫生城市创建工作的同时，其他各乡镇街道也积极行动，配合小城镇环境综合整治、美丽家园建设等工作，积极开展卫生乡镇（街道）、卫生村创建等活动，使创卫工作城乡联动，切实为余姚市百姓谋福利。

余姚市创卫号角吹响后，结合"美丽村庄"创建工作，凤山街道永丰村

2000 余户居民家家户户落实了包卫生清洁、包秩序有序、包环境绿化的"门前三包"制度，大力清理村庄卫生死角、陈年垃圾，努力推动创卫长效化、常态化。原永丰村党委书记鲁根春说，创卫，已经融入了永丰村每家每户的日常生活，从"门前三包"再到"美丽庭院"，每一个细节都达到了"洁、序、美"的要求，环境好了，老百姓的心情也跟着美起来了。创卫，首先得还百姓一个干净舒适的生活环境。据了解，为了大力开展农村环境卫生集中整治，永丰村投入 10 多万元，清理出陈年垃圾 375 车次、约 800 吨；投入约 8 万元，采购了 1000 只有盖垃圾桶；同时还对横堰东路、商贸中心周边进行了基础改造，完成了绿化种植和道路砌石。

创卫工作要取得实效，必须让广大居民都能从创卫的大局出发，积极参与创卫工作，为共建美好家园而出力。为此，永丰村强化创卫宣传发动工作，通过召开全体党员、楼群组长创卫工作动员会、清扫员工作会议，传达创卫意义和内涵。新建创卫健康教育宣传栏，制作健康教育宣传版面，悬挂标语，分发创卫宣传资料，并运用社区 QQ 群、微信平台等多种方式宣传，力争做到家喻户晓。同时，利用节假日，多次发动辖区内的在职党员、楼组长、巾帼志愿者开展清扫家园活动；发动学生开展"小手牵大手"净化绿地活动，净化居民居住环境。此外，社区还举办了健康教育知识讲座，组织并协助医疗机构开展义诊，现场为居民提供免费测血压及健康咨询，并发放健康知识宣传册。通过健康教育工作，普及健康知识及科学生活方式，提高居民健康保健意识。

在全市范围，余姚创卫的氛围越加浓厚。在《余姚日报》、广播电视台和余姚新闻网设置专题栏目，及时报道创卫动态，定期开展创卫和健康教育宣传；在城区村（社区）、各出入口、主要路段、商业区块、候车亭、主要线路公交车设置创卫宣传广告或健康教育宣传内容。广泛发动工会、青年团、妇联和青年志愿者协会等社会组织，开展创卫工作进企业、进学校、进机关、进家庭等活动和广场"病媒生物防治"主题咨询、"垃圾不落地、余姚更美丽"专项行动，形成了政府主导、全民参与的创卫格局。

为让群众在创卫中进一步增强获得感，得到更多的实惠和提升健康素养，余姚市财政安排 8.5 亿元资金，切实加大环境保护、市容市貌、基础设施、健康教育等方面的投入，以城市的环境指数来提高群众的幸福指数。在余姚这块地方，创卫已经很好地融入城市建设的洪涛巨浪之中，立于潮头，永远在路上。

资料来源：佚名：《余姚：创卫，锻造一座城市的品性》，《浙江日报》2017年5月25日，第12版。

 经验借鉴

余姚以"创建卫生城市"为着力点，深入开展城市环境卫生整治，旨在营造卫生、舒适、优美的生活和工作环境，增进民生福祉，锻造城市品性。如今，创卫工作已很好地融入余姚的城市建设当中并持续推进，在城市创卫方面，创造出了"余姚样板"。简单而言，余姚开展城市卫生治理和保护的经验主要有如下几条：①掌握国家卫生城市标准，拉高创卫标杆。例如，余姚严格按照国家卫生城市标准，科学制定实施方案，对照每一项标准，上下严格遵守，城市环境悄然变化，创卫工作收到明显实效。②打造政府主导、全民参与、合力创卫的格局。例如，余姚市委、市政府成立专门的创卫工作领导小组，包干联系村庄和社区进行督查指导，家家户户落实"门前三包"制度，营造社区创卫的浓厚氛围，推动创卫长效化、常态化。③建立健全环境卫生整治制度体系。例如，余姚市委、市政府立足长效，建立每周创卫工作例会制度、重大事项协商会商制度以及重要问题督查督办制度等一系列制度体系，协调创卫难题，持续推进创卫工作长效落实。④在环境整治上，大力投入资金。例如，余姚投入800万元建设处理设施厂房，推进餐厨垃圾分类处理，余姚市财政安排8.5亿元资金，切实加大环境保护、市容市貌等方面的投入，城市环境得到有效改善。⑤深入有序推进网格化卫生管理布局。例如，余姚落实网格化勤务管理，全面深入覆盖城区各街道，清理卫生死角，有效解决乱扔垃圾等突出问题。余姚持续创卫之路充分说明，惠及民生的创卫工程，既是提高群众生活幸福指数的重要指标，又是城市长远发展、共建美好家园的重要举措，全民创卫可以推进城市与居民的良性互动和共同成长。

二、平阳：创卫，让城市更美好

 案例梗概

1. 平阳成立国家卫生县城创建工作领导小组，形成健全的创卫工作组织体系。
2. 开设专题栏目，设立"平阳创国卫"微信公众号，开展网上宣传，营造全民创卫氛围。
3. 加快建设使用县城污水处理厂和垃圾焚烧发电厂以及污水管网及泵站工程。
4. 全面实行公共绿化、单位绿化、庭院绿化、街道绿化，开发建设城区休闲绿地。
5. 开展城乡环境卫生、市场经营秩序、城区建筑秩序、城区交通秩序等整治活动。

关键词：高规格组织；公共卫生健康；环保攻坚战；全民参与；城乡品质升级

 案例全文

　　早在1996年，素有"东南小邹鲁"之称的平阳便被命名为浙江省卫生县城，其后的十几年间，平阳先后三次通过省级卫生县城复评，创卫的信念追求深深融入这座城市发展的每个进程。当"创建国家卫生县城"的号角吹响，这座面对东海而居的城市，以海的魄力和胸襟勇立潮头，对照国家卫生县城创建标准，"优化人居环境、提高居民健康水平"，向城市建设的软硬件短板全面发力，生产、生活、生态"三生融合"的平阳进入了城市品质升级的历史新阶段。

创卫攻坚　凝聚全民力量

　　"国家卫生县城是我国城市环境卫生工作的最高荣誉，也是反映和评价一个城市发展水平和文明程度的综合性标志"，"创卫是惠及全县人民的民生工程，也是功在当代、利在千秋的德政工程"。基于这种认知，平阳把创卫作为优化人居环境和投资环境，促进县域经济发展，为群众办实事、办好事的举措来抓。作为凝聚全民力量的民生命题，创卫被提升到了前所未有的历史高度。

高规格的组织体系无疑是创卫的核心保障。为强化对创卫工作的组织领导，平阳成立了由县长任组长、县委副书记为第一副组长、6 位县领导为副组长，42 个职能部门单位主要领导为成员的国家卫生县城创建工作领导小组。下设创卫办，由平阳县分管领导任主任，并从卫生和计划生育、市场监管、环保、公安、教育等重点职能部门专门抽调了 32 人，实行集中办公，具体负责日常统筹协调工作，各乡镇、机关等设立了相应的创国卫工作领导小组，全县形成了健全的创卫工作组织体系。

与此同时，按照条块结合的原则，对照创卫标准，平阳立足本地实际，先后出台《平阳县创建国家卫生县城实施意见》和《平阳县创建国家卫生县城工作责任分解及项目推进总表》，把创卫目标任务按 9 大项 52 小项指标任务进行细化、量化，明确责任单位、责任人、责任内容和完成时限，并与各职能部门负责人签订了创卫目标责任书，形成了目标明确、职责清晰、机制畅通的工作网络。

干群凝心聚力，以"创卫"为主题的文明风潮迅速席卷平阳，成为现代平阳城市活力与激情的生动写照。"垃圾不落地，平阳更美丽""遵守社会公德，维护公共卫生""争做文明市民，争创国卫县城"等宣传语出现在平阳的大街小巷、公交站牌和广场等场所，随处可见且形式新颖的"创国卫"宣传画、迎风旗等不时提醒着人们，创卫文化已深深渗透进百姓的日常生活。

为营造浓厚的全城创卫氛围，新平阳、平阳广电台等媒体开设了"创国卫在行动""创卫督查""创卫曝光台"等专题栏目，形成"电视天天有影、报纸天天有文"的宣传态势。平阳第一时间、平阳第一社区等媒体建立创卫专栏，设立"平阳创国卫"微信公众号，开展网上宣传活动。传统媒体和新兴媒体齐发力，创卫舆论高潮迭起。

提高全民卫生健康意识及健康素养是创卫的重要内容之一。2016 年以来，平阳按照"一年一计划、一月一主题、一周一活动"的要求，开展丰富多彩的健康教育活动。例如，2016 年 3 月，围绕学习雷锋日、世界水日，开展了"万朵鲜花送雷锋"暨创卫志愿者活动和"五水共治"宣传活动，新编了以"五水共治"为主题的大型现代越剧《雁山春曲》，在乡镇、社区、村居开展巡演；2016 年 4 月，围绕世界卫生日、爱国卫生月，开展了"灭四害"和清洁家园活动；2016 年 5 月，围绕世界无烟日，开展了无烟日广场宣传活动；2016 年 6 月，围绕全国食品安全宣传周，开展食品安全宣传活动，通过"广场活动，直面交流""你点我检，共同参与"等形式，提高群众的健康意识和创卫参与度。当创卫演变为自觉自愿的集体行动，意味着城市文明迈向了新的高度，也在无形中，为平阳创造了一笔历久弥新的精神财富。

精雕细琢　城乡品质升级

围绕创卫，与"三改一拆""五水共治""四边三化"等重点工作紧密配合，平阳全面打响基础设施建设、市容市貌整治、公共卫生管理、生态环境保护四大攻坚战，向补齐城市软硬件短板发力。

城市基础设施建设加速度推进。日收集处理生活污水 5 万吨的县城污水处理厂、日处理垃圾 600 吨的垃圾焚烧发电厂以及沙岗线、鸣山线、雅山线、西马路线等 9 条污水管网及泵站建设工程相继建成投入使用，市政水平稳步提高；随着城北示范新区道路网、城东市政道路建设顺利推进，平阳基本形成了"六纵三横一环"的道路网格局。

当绿色生态成为当代人的共同诉求，绿化水平也成为衡量城市品位的重要指标。平阳全面实行公共绿化、单位绿化、庭院绿化、街道绿化，先后开发建设了九凰山公园、凤湖公园一期、东门山晨练公园、街心公园、西门公园和城北公园等城区休闲绿地，为居民休闲健身、游览娱乐提供了良好场所，城市绿意盎然，"森林平阳"处处流淌着生机和活力。

借着创卫东风，平阳在完善城市基础设施的同时，也着力提升城市的管理水平，城市品质迈向了更高新层级。平阳通过开展一系列城乡环境卫生、市场经营秩序、城区建筑秩序、城区交通秩序等整治活动，使市容市貌焕然一新：在白垟路，拆掉的农技站已变身为停车场；水塔村 400 多平方米的违法建筑拆除后，启动水塔公园绿化提升工程；地质灾害点城东老人公寓于2016 年完成拆迁。

为提升公共管理水平，平阳积极开展食品安全专项整治，对卫生不达标、不符合要求的门店进行整改或关停；积极开展"四小行业"整治，排摸建档"四小行业"408 家，立案查处 4 宗；大力推行"网格化"管理模式，落实区块卫生监督员责任制和协管员巡查制，加强监督巡查，巩固整治成效，规范率达 95% 以上；加强疾病预防控制中心、卫生监督机构建设，近年来未发生传染病暴发疫情，无院内感染引起的重大疫情或导致的死亡事故；积极开展除"四害"活动，在温州率先推行县城病媒生物防制巩固社会监督管理试点工作。

"这几年，生活变化很大，平阳越来越像大城市了。"家住缇香花园的林先生表示，这也是平阳人共同的心声。在这块品质不断升级的土地上，得益于创卫，市民们收获着干净、整洁的生态和居住环境，也收获着日益增长的幸福生活体验。平阳，也因此走上了更宽广、美好的城市发展之路。

资料来源：佚名：《平阳：创卫，让城市更美好》，《浙江日报》2017 年 6 月 21 日，第 8 版。

 经验借鉴

当"创建国家卫生县城"的号角吹响，平阳对照国家卫生县城创建标准，"优化人居环境、提高居民健康水平"，向城市建设的软硬件短板全面发力，城市卫生环境已得到明显改善。平阳创卫过程中的绿色管理经验主要有如下几条：①坚持绿色发展理念。例如，平阳积极开展卫生城市创建，打响基础设施建设、市容市貌整治、公共卫生管理、生态环境保护四大攻坚战，提高全民卫生健康意识及健康素养。②凝聚全民合力。创卫毫无疑问是一件惠民利民的工程，也是与每个人民息息相关的大事件，只有全民参与，才能让这项烦琐浩大的德政工程真正达到应有效果。例如，平阳干群凝心聚力，政府带头组织，市民积极参与各种创卫活动，将创卫演变为自觉自愿的集体行动。③建立高规格的组织体系。只有清晰有效的组织机制，才能满足创卫工作所需要的高效率。例如，平阳在全县形成了健全的创卫工作组织体系，并建立目标明确、职责清晰、机制畅通的工作网络。④加强基础设施建设。例如，平阳相继投入日收集处理生活污水 5 万吨的县城污水处理厂、日处理垃圾 600 吨的垃圾焚烧发电厂以及沙岗线、鸣山线、雅山线、西马路线等 9 条污水管网及泵站建设以及市政道路建设，基本形成了"六纵三横一环"的道路网格局。平阳在创卫过程中走上绿色发展之路，这说明践行保护环境的绿色发展理念，既是城市发展壮大的需求，也是城市未来发展的趋势。

三、嵊州：打赢"创卫之战"，建设"三个嵊州"

 案例梗概

1. 嵊州种植水生植物于水陆交界处，改善疏松的土质结构，净化水质。
2. 开展城乡环境面貌大整治行动，有力破解城市"脏、乱、差、污"治理等难题。
3. 实施农村生活污水治理，建设污水处理设施，开展截污纳管工程，配建基础设施。
4. 创新管理机制，推出长效机制，建设有嵊州特色、更高层次的"卫生城市"。
5. 开展卫生创建系列活动，积极引导市民自我管理，营造全民参与、齐抓共建的氛围。

关键词：环境面貌大整治；长效管理；组织模式创新；智慧城管；"大城管"格局

 案例全文

"忽思剡溪去，水石远清妙"，李白在诗中这样描述剡溪的清澈。嵊州，作为"浙东唐诗之路"的重要节点，素以山清水秀、钟灵毓秀留名于历史长河之中。为打造"实力嵊州、品质嵊州、魅力嵊州"，嵊州市发出了"永不言败、永不放弃、勇往直前"的创卫宣言，扎实推进国家卫生城市创建工作。为实现创建工作整体推进和各项成果共享的目标，嵊州市委、市政府还将卫生城市创建与其他各类创建活动有机结合起来，在巩固省级卫生城市的基础上，成功创建了省森林城市、省卫生应急工作示范市、省体育强市、省示范文明城市；启动了国家森林城市、省文明县市、省无违建市、省食品安全示范市、省农产品质量安全放心县创建工作，2017 年又启动了全国文明城市创建工作。通过多城同创，嵊州市的四个文明建设正在更高的层面上实现协调发展，卫生城市创建水平也得到阶梯式的跨越提升。

高效创卫 打好环境攻坚战

创卫工作不仅关系一个地区的环境卫生面貌、人民健康素质，还会对这座城市的经济社会发展、投资创业环境起到巨大的推动作用。领导的高度重视，群众的积极配合，从治水、治污、治违，再到创建国家卫生城市……一路走来，嵊州市走得苦累，却也一路有成、收获颇丰。

剡溪，既是嵊州的"母亲河"，也是"浙东唐诗之路"的重要组成部分，同时也是"绍兴第一大河"曹娥江的上游段。然而由于日积月累的自然冲刷与污染，加上长久的挖砂行为，这条曾经被诗词盛赞的悠悠江水一度蒙尘，每年大雨来临时的洪涝灾害，都会让沿岸村民饱受其苦。作为"五水共治"的重要一环，这条数十公里长的剡溪江，成为嵊州治水、治污、治违的主战场之一。

2016年9月，一个叫"曹娥江（剡溪江）综合治理工程"的省级重点建设项目正式启动，按照"线上亮丽，点上出彩"思路整体优化设计。在水陆交界处种植水生植物，改善疏松的土质结构，净化水质。沿江右岸自然风光出众，以生态景观为主进行整治，再现秀美山河；左岸整治以文化景观为主，将李白、杜甫等文学大师在剡溪留下的经典古诗词和历史典故融入其中，在路线各个节点设置标识标牌讲述文人韵事。工程全长18.7千米、总投资2.7亿元，涉及嵊州北部的多个乡镇、街道。2017年，嵊州市将这个"治水"工程，提升为"景观"工程，同时取了一个让人心向往之的浪漫之名——"诗画剡溪"。剡溪的秀美面貌得以逐渐恢复，这一条千年剡溪真正蔓生诗情画意的诱人美景，成为"浙东唐诗之路"上的一条重要旅游景观带。

环境整治的终极目标是什么？是城乡形象的提升、人居环境的提升。

整治城乡环境，开展城乡环境面貌大整治行动，形成合力，共同推进，有力地破解了卫生城市创建中"脏、乱、差、污"治理，城中村、城郊接合部改造和"六小"行业整治等大难题。近年来，嵊州市累计河道清淤195万立方米，治理黑河、臭河、垃圾河309千米，拆违835万平方米，"三改"803万平方米，"城中村"拆迁187万平方米；淘汰燃煤小锅炉936台，关停落后污染企业30家，关停畜禽养殖场2241家；立案查处食品生产经营单位和公共场所989起，责令停业停产332家，移送公安部门52件，司法起诉25起53人，公布食品安全"黑名单"企业28家。2016年，城区新建垃圾中转站

3 座，增配环卫车辆 147 辆，提档改造公共厕所 121 所，拆改垃圾房 456 个，增设停车泊位 1000 余个，实施农贸市场星级改造 18 个。此外，还先后开展了交通秩序、马路市场、占道经营、犬类管理、渣土车运输、户外广告等专项整治行动，整治并解决了一批城市管理的老大难问题。

"民生"的味道一浓，环境整治的力度就更大了，镇村干部居民的支持度也更高了。在城乡环境"脏乱差"百日整治大会战、城乡环境整治提升夏季大决战等专项行动的推进下，村、镇环境面貌问题也得到了有效的解决。376 个行政村实施了农村生活污水治理，11 个镇级污水处理设施建成，84 个城郊村、集镇村截污纳管工程完工，并配建了农村公共厕所、垃圾收集容器等设施。2016 年，启动农村垃圾分类试点工作，238 个行政村试行垃圾分类；实施环境整治示范村（社区）建设，共计 108 个村（社区）开展创建，建成区 47 个村（社区）全部参与；开展"美丽乡村"提质扩面行动，建设整治提升村 180 个、中心村 22 个、精品村 35 个。这套"组合拳"打赢了"拆、治、归"三个大仗，践行了"绿水青山就是金山银山"的科学论断，"山水嵊州、诗画江南"的美景日渐显现。

升级创卫　迈向管理新高度

城市建设管理的复杂性决定了创卫必然是一项长远工程，必须求长久之美，坚持久久为功。嵊州的创卫工作正处于关键阶段，不能靠一次次突击，更重要的是推动长效管理。为了维护创卫成果，保持创卫干劲，嵊州不断创新管理机制，推出多项长效机制，以确保创卫惠民的初衷始终不改。

明确任务，落实责任到实处。嵊州市委、市政府高度重视创卫工作，将创卫工作作为重点纳入国民经济和社会发展总体规划。每年的政府工作报告，都对此予以明确，并将其列入全市重点工作责任清单之中。在市级层面，由嵊州市爱卫办、市创卫办牵头，对创建工作进行统筹协调、统筹推进；在部门、街道层面，由宣传、公安、环保、建设、交通运输、卫计、市场监管、综合执法等相关职能部门和属地街道负责，各自成立创建工作组织机构，按照"条块结合、以块为主"的原则，紧扣国家卫生城市标准和要求，层层分解落实创建任务，共同做好宣传发动、技术指导、监督检查等工作；在社区（村）层面，由社区（村）理出重点工作责任清单，具体落实创建工作任务。

卫生城市创建工作的"拳路"，同样来源于管理及组织模式的创新。嵊州市进一步明确了爱卫会工作规则和成员单位职责分工，健全了政府组织、属地管理、部门协作、全民参与的爱国卫生管理机制；成立了城市管理委员会，构建了更加科学的城市行政管理体制，初步形成了科学系统、长效综合的"大城管"格局。按照"一张蓝图绘到底、一把扫帚扫到底、一把剪刀剪到底、一把砖刀砌到底、一把闸刀拉到底"的要求，将城区市政、园林、环卫、亮化工作统一归口到建设部门进行一体化管理，2017年已全面实施城乡生活垃圾分类工作；建成了公共空间停车智能管理系统、建筑工程施工现场监控系统，在原有"数字城管"基础上，升级实施"智慧城管"建设，拓宽覆盖范围和管理内容，打造城市管理智能平台，提高城市管理规范化、精细化水平。各职能部门和街道对市容环境及行业卫生管理实行定人、定点、定时、定内容、定任务的"五定"巡查制度，公安、卫计、市场监管、综合执法、建管等重点执法部门加大对各类违法违规行为的执法力度。各部门各司其职、密切配合，形成了从部门单打独斗向多部门齐头并进转变的工作新格局。

未来，嵊州市将继续按照"整体规划、建管并举、注重长效"的基本思路，以提高城市管理水平和市民素质为根本，突出硬件建设、长效管理和市民素质三大重点，不断在"巩固、深化、提高"上下功夫。"路漫漫其修远兮"，国家卫生城市创建工作是一项系统工程，必须一以贯之、常抓不懈，通过加快综合环境品质、城市管理能力、公共服务水平、人文关怀魅力等软实力的升级，走"健康城市"发展道路，建设有嵊州特色、更高层次的"卫生城市"。

为民创卫　谱写生活美篇章

领导说好，不如百姓点赞。"创卫为民、创卫惠民"是卫生城市创建的出发点和落脚点。创卫不是一句空喊的口号，它让一点一滴的变化发生在老百姓身边。自嵊州市开展创卫工作以来，便始终坚持着"创卫为民、创卫惠民"的理念。通过"12345"市长热线，以及创卫办和公安、环保、建设、城管、市场监管等部门的投诉平台，收集群众意见、建议，集中解决了一大批民生难题和民生实事，使群众真正感受到创卫工作带来的实惠。上下齐心，让看似忙乱、繁杂、点多面广的创卫工作有了一根根看不见的"线"。

抓基础建设，进一步完善城市功能。坚持高起点规划、高质量推进城乡建设。积极推进"二铁二环三纵四横"的大交通建设，不断完善城市道路、城乡公路和交通设施；加快城中村、旧住宅区、旧厂区改造拆迁，加快入城口和嵊州大道、官河路、北直街等城市主干道改造提升，加快剡溪江、澄潭江、长乐江三江两岸景观提升，不断推进城市"绿化、亮化、美化"；全面加强市政、园林、环卫、供排水、燃气、供电、文化、体育等设施建设，加快农贸市场建设提升，推进二手车、建材等行业的"划行归市"，不断完善城市服务功能，打造高品质现代城市。

抓基层社区，进一步夯实发展基础。以社区建设为依托，夯实城市发展基础。按照建设平安、卫生、健康、文明"四位一体"社区的要求，进一步健全完善市领导联系社区、机关部门与社区共建机制；推广基层治理模式改革工作，推进基层综治工作、市场监管、综合执法、便民服务"四个平台"建设，切实提升基层治理水平；深入推进小城镇环境综合整治、环境示范村创建、美丽乡村建设、文明社区（单位）及各级卫生创建活动，实现创卫工作城乡一体、联动发展。

市民既是创卫工作的参与者，又是创卫工作的评判者，更是创卫工作的受益者。为了将"创建国家卫生城市、共建幸福美好家园"的理念深深植根于老百姓心中，不断引导市民形成一个健康科学的生活方式和文明向上的行为习惯，嵊州市发动了行之有效的健康教育宣传，并开展了卫生创建、文明创建等一系列活动，积极引导市民自我学习、自我教育、自我提高，从而营造全民参与、齐抓共建的浓厚氛围。

而对嵊州城区的居民来说，最为期待的"福利"莫过于"美妙三公里"的落成。"美妙三公里"是嵊州市政府为提高城市品位，给市民百姓增添的一处休闲娱乐场所，它西至城南大桥、东至嵊州大桥，景观面积达到 97000 平方米。在景观范围内，针对不同人群活动的空间适宜性，设置了适合不同年龄段的活动场地，如多功能大草坪、滨江看台、江滩绿道抛石、绿汇休闲街、梦想广场等，为嵊州市民打造出一个全新而又独特的滨水生活和文化体验，再现美丽诗意的"青青曹娥江"。

这盘依托着"创卫"而下的"民生大棋"，对于嵊州的城市形象建设，对于嵊州人民福祉的构建，无疑是一个"多赢"。居民的生活好了，才是一座城市真正的"幸福底色"，而今天的嵊州，正在不断地喷涂这样的"幸福底色"。

资料来源：佚名：《打赢"创卫之战"，建设"三个嵊州"》，《浙江日报》2017年6月1日，第16版。

 经验借鉴

为打造"实力嵊州、品质嵊州、魅力嵊州"，嵊州市扎实推进国家卫生城市创建工作，将卫生城市创建与其他各类创建活动有机结合起来。如今，嵊州市的四个文明建设正在更高的层面上实现协调发展，卫生城市创建水平也得到了阶梯式的跨越提升。嵊州市开展绿色管理的主要经验有如下几条：①践行绿色发展理念。例如，嵊州市在提升城乡形象、人居环境的路上不断奋进，践行"绿水青山就是金山银山"的科学论断，开展城乡环境面貌大整治行动，形成合力，共同推进，有力地破解了卫生城市创建中"脏、乱、差、污"治理，城中村、城郊接合部改造和"六小"行业整治等大难题。②不断加强创新管理，推动长效管理。创卫是一项长远的工程，为了使创卫成果得到持久巩固，嵊州市积极创新管理体制机制及组织模式，推进多项长效机制，进一步明确了爱卫会工作规则和成员单位职责分工，健全了政府组织、属地管理、部门协作、全民参与的爱国卫生管理机制。③增加绿色基础设施建设，增强城市绿色基底。例如，嵊州市加快城中村、旧住宅区、旧厂区改造拆迁，加快入城口和嵊州大道、官河路、北直街等城市主干道改造提升，加快剡溪江、澄潭江、长乐江三江两岸景观提升，不断推进城市"绿化、亮化、美化"。④坚持"创卫为民、创卫惠民"。嵊州市通过建立创卫办和公安、环保、建设、城管、市场监管等部门的投诉平台，收集群众意见、建议，集中解决一大批民生难题和民生实事，使群众真正感受到创卫工作带来的实惠。嵊州的创卫之战从长远的目标上实现了经济效益和环境效应的"双赢"，促进了城市品质的整体提升。

四、永康：将创卫融进城市发展血脉

 案例梗概

1. 永康全面提升市场秩序，重拳出击实施集贸市场提升改造工程。
2. 全面实施市民文明卫生素质提升工程，开展"垃圾不落地，永康更美丽"等专项行动。
3. 出台专项整治实施方案，发放倡议书、整治规范、办证指南，确保整治方案落到实处。
4. 注重建设与保护、培育与传承相结合，保留原始自然生态风貌，保护历史文化遗迹。
5. 强化李溪流域河道功能、改造坡岸生态、挖掘李溪文化，着力构建生态屏障。

关键词：集中整治；精细管理；水岸同治；街角小品建设；美丽经济

 案例全文

在 10 年创卫历程中，永康一直把"持久创卫、和谐创卫、民本创卫、系统创卫"的创建理念贯穿其中，摒弃为拿牌子而不顾实际、一哄而上的"热情创卫、突击创卫"思想，遵循"条块结合、以块为主、重点突破、全面推进"的创建原则，精准发力，把年度重点工作、重点工程与实现创卫目标有机结合，逐年逐项突破创卫重点难点；标本兼治，把集中整治的治标行动与长效管理的治本巩固相结合，逐步完善城市管理体制；开拓创新，把创卫作为改善人居环境、提升市民生活品质的"民生工程"和"德政工程"来推进，逐步形成了全市齐动手、创卫一盘棋的思想共识。10 年创卫风雨兼程，永康解决了很多城市建设与发展的"老大难"和"脏乱差"问题。在这段艰辛的汗水与喜悦的泪水交织的征途中，他们收获很多，感悟颇深。

领导重视率先垂范是前提。只有主要领导靠前指挥、亲力亲为，才能指明工作方向，才能激励全市干部群众积极投身创卫；科学创建以人为本是关键。只有始终把解决城乡居民关心的热点和难点问题，作为创建工作的出发点和落脚点，坚持创建与城乡居民对环境、健康、安全的新期望相融合，才能让城乡居民在共享成果中不断增强创建意识；干部群众广泛参与是基础。只有不断加强宣传引导人民群众积极参与支持，凝聚创卫共识，树立大卫生观念，才能取得根本性的创建成效；健全机制落实责任是保障。只有建立健全工作机制，强化督查考核，才能让创卫在党员干部的日常工作中落地生根；形象提升城市发展是硕果。只有让创卫与社会经济发展紧密配套，紧跟城市发展步伐，才能使创卫不落后、不脱节，融进城市血脉。

精细管理营造精致环境——打造优雅宜居城市

马路干净了，早市夜市规范了，垃圾站点整洁了，以往的门店和流动摊贩不再占道经营了，城区越来越干净漂亮了……城市环境的好坏，老百姓最关注、感受最深切，也最有发言权。创建国家卫生城市，不仅是一座城市综合实力的集中体现，更是群众生活幸福的载体。永康创卫不忘初心，大干快干。

全面提升市场秩序，重拳出击实施集贸市场提升改造工程，投入资金8000万元，改造提升农贸市场25家，创建省级示范农贸市场9家、省放心市场2家，以前到处是污水、菜叶子，到处乱搭台子的落后市场，转变成了地面干净清爽、桌台整齐规范的"超市型"新市场。全面提升交通秩序，深入实施"治陋习、纠违法、保畅通"行动，严查严处乱停放、圈占车位、占道经营等严重影响道路畅通的交通违法行为；同时不断健全交通路网系统，新增专用停车位3005个，实施停车收费试点，有效缓解了停车难、行车难问题。全面实施市民文明卫生素质提升工程，开展"垃圾不落地，永康更美丽""牛皮癣整治"等专项行动，有效改善了市民生活习惯，营造整洁、有序的环境面貌。

永康是一个从集镇发展而来的新型城市，由于历史原因，"城中村"和城乡接合部环境卫生问题一直是创国卫的重点、焦点。创卫需要苦干，更需要智慧。按照"以人为本，科学统筹，突出重点，整体推进"的原则，围绕"四有四无"目标开展大范围、常态性的卫生整治，永康形成了"党员干部先动手、村民群众跟着走，同心协力啃骨头"的工作局面，清理垃圾13万余吨，拆除乱搭乱建2万多处，清理乱堆乱放1万多处，补植绿化3.5万多平方米，城市居住环境为之焕然一新。在外工作多年的小胡回永康探亲，与朋友到巴黎商街吃饭的时候，发现以前脏乱差的小巷已经焕然一新。这不是小胡一个人的感受，而是一座城市的改观。

永康出台《市区"六小"服务行业专项整治实施方案》，发放倡议书7000多份、整治规范、办证指南6000余份，明确整治时间节点和职责分工，实行"一日一报告、一周一通报"的工作模式——以铁军的精神，永康规范提升2186家，关停766家，立案查处15家！"坚守'以人民为中心'的家国情怀，把永康当家，把工作当事业，全身心投入到创卫当中，以我们的辛苦指数提升老百姓的幸福指数。"——永康的创卫决心由表及里。

美丽环境催生美丽经济——建设全面小康社会

2016年，永康市五金大道（永康市入城口道路）荣获"浙江十大最美入城大道"。"五金大道"的通道绿化是永康市委、市政府深入贯彻省委省政府提出的有效提升"两路两侧""四边"区域绿化水平，努力打造"两美"浙江、推进生态文明、建设"美丽浙江"而开展的一项民生工程。永康市在建设街角小品中，以"三改一拆"和"无违建"创建为载体，念好"拆治建"三字经，以"拆"开路腾出空间，以"治"为基打好底色，以"建"为要提升品位，进一步更新了永康的城市整体形象，可谓"品品有特色，一路皆风景"！

据相关部门负责人介绍，为了让群众"望得见山、看得见水、记得住乡愁"，永康的街角小品建设秉承精品理念，拒绝千篇一律、粗制滥造，不贪大求洋，不大改大拆大建，将自然、人文、绿色融合汇聚，达到精致、精妙、精彩的效果；按照"一街一景、一村一韵、一企一品"的建设理念，根据地域特点、产业发展等条件，对建设风格、风情、风貌进行个性化引导，多角度、多方向、多渠道建设以乡土、乡情、乡愁为主题的景观，确保每个街角小品都有各自的特色；同时，注重建设与保护、培育与传承相结合，保留原始自然生态风貌，保护历史文化遗迹遗存，挖掘家规家训优良传统文化，使乡村文化成为街角小品的底蕴支撑，更好地留住乡魂。2016年以来，永康市坚持水岸同治，提出了"街角小品"建设，整合10亿元资金，启动建设项目5650个。截至2016年已建成街角小品5650个，2017年还要再建5000个。

李溪是永康境内重要河流，干流总长度31千米，两岸风光旖旎，传说唐代大诗人李白曾在溪边饮马，留下动人佳话。然而，一段时间以来，乱扔乱放垃圾、乱垦乱种庄稼、乱挖乱取河滩，以及污水多、作物多、砂石多等"三乱三多"问题，令李溪灰头土脸、光彩不在。2015年以来，永康市投入1900多万元资金，在李溪流域强化河道功能、改造坡岸生态、挖掘李溪文化，结合街角小品建设，着力构建生态屏障，持续释放生态红利。依托李溪优越的自然资源，永康市因势利导推动旅游发展，大做"水文章"，做大"水经济"。2016年以来，李溪两岸特色餐饮服务、民宿等第三产业蓬勃发展，农家乐和特色小吃成为农民创收新途径，农民人均收入同比增长30%以上，群众端上"环境饭"，实现了增收致富。街角小品不仅大大提升了永康城乡"颜值"，还引爆了"美丽经济"，带来了"真金白银"，推动了当地旅游产业迅猛发展。数据显示，2016年，永康市共接待国内外游客1102.2万人次，同比增长70.69%，旅游总收入达109.51亿元，同比增长94.19%，主要指标在金华各县市名列前茅。

看得见的风景，看不见的空气。自2015年10月1日零时起，永康市根据《烟花爆竹安全管理条例》在全域全年实施禁止销售、禁止燃放烟花爆竹政策，成为浙江省首个全域全年实施烟花爆竹"双禁"的县市。"今天又是一个'永康蓝'。"永康市民时不时在微信朋友圈晒一张永康蓝天白云的照片，背后都是满满的幸福感。

创卫剪影

2016年4月。永康市委、市政府向全市发出"创国卫"誓师动员令，部署"十个全面"行动，全面吹响"创国卫"战斗号角。坚决朝着天更蓝、地更绿、水更清、人居环境更佳的目标，强力推进、奋勇前进、高歌猛进。

2016年10月。随着"创国卫"深入进行，"横向到边，纵向到底"的宣传方式已从向住户宣传转向出租户宣传。据了解，从"创国卫"开始，永康城区各村里的党员干部便抢抓时间、真抓实干，对乱堆乱放问题反复抓、抓反复。

2016年11月。"创国卫"以来，无论是在城市的大街小巷，还是街道里弄，随处都能看到城市管理行政执法局工作人员忙碌的身影。为了确保路面的干净整洁、街容街貌的井然有序，该局全体工作人员都已出动，走上街头，劝导出店经营，打扫路面垃圾，搬离乱堆杂物，拆除破损广告……

2017年2月。永康出现一群身穿红色马甲、戴红袖章的"创卫监督员"，他们走街串巷，为永康创卫工作"挑刺"。走近一看，只见红色马甲上"创国卫、除陋习，人大代表在行动"的字样格外显眼。原来，这是市人大常委会组织的"创国卫人大代表在行动"交叉检查活动现场。

2017年4月。市纪委、督考办和创建办曾有过4天就编发7期督导报告的纪录。7期报告披露问题66个，还有临时或现场交办的问题58个，以督办单的形式，敦促问题在规定时间内完成整改。此举一方面是督办，另一方面也让创卫成为更多人的自觉行动。

资料来源：佚名：《永康：将创卫融进城市发展血脉》，《浙江日报》2017年6月2日，第12版。

 经验借鉴

在十年创卫历程中，永康一直把"持久创卫、和谐创卫、民本创卫、系统创卫"的创建理念贯穿其中，遵循"条块结合、以块为主、重点突破、全面推进"的创建原则，取得了十分显著的创卫成果。从永康的绿色管理中可以得到以下几条经验：①科学创建，以人为本，把解决城乡居民关心的热点和难点问题，作为创建工作的出发点和落脚点。例如，永康坚持创建与城乡居民对环境、健康、安全的新期望相融合，让城乡居民在共享成果中不断增强创建意识。②健全绿色管理机制，落实环境保护责任。通过精细的管理来打造精致、整洁、有序的环境面貌，进一步打造优雅宜居城市。例如，永康通过强化督查考核，让创卫在党员干部的日常工作中充分落实。③以美丽环境催生美丽经济。这正是可持续发展理论正确性的体现，即在实现环境优化的同时，达到推动经济发展的目的。例如，永康在这次创卫的过程中，着力构建生态环境，持续释放生态红利，依托优越的自然资源，永康市因势利导地推动旅游发展，实现增收致富。④永康的各项创卫举措是对管制经济学[①]（Economics of regulation）理论的具体应用，通过政府相关制度的制定执行，针对企业及社会中成员生产活动产生的外部性进行管理监督，在本案例中，

---

① 管制经济学，既是对政府规制活动所进行的系统研究，又是产业经济学的一个重要分支。

主要体现为永康市积极开展卫生健康管制，推动社会经济发展，取得了良好的效果，这些经验举措值得其他城市参考借鉴。

五、江山：创造幸福江山　打造美丽家园

 案例梗概

1. 江山开设"创建国家卫生城市"栏目，形成全覆盖、高频率、多层面的立体宣传态势。
2. 全面清理整顿小区内乱搭乱建等不良现象，开展进社区植绿护绿志愿服务活动。
3. 全面开展施工工地现场环境卫生检查，实施居民小区垃圾分类收集举措。
4. 开展环境污染专项整治，督查重点企业、重点区域，创新执法方式，进行突击检查。
5. 严格监管餐饮业油烟和污水排放情况，有效确保环境污染专项整治落到实处。

关键词：污染专项整治；共创共建格局；干群参与；创新执法；数字化城管

 案例全文

江山如画，这是江山人每天生活的美丽城市；须水如歌，这是江山人用心呵护的幸福家园；一座城的期盼，61万人的梦想——全力创卫惠民生、锦绣江山换新颜。江山围绕"工业新城、旅游胜地、山水家园"的城市定位，把持续开展爱国卫生运动、推进创卫工作作为加快全市经济社会转型发展的重要内容，将创国卫工作写入市党代会报告、市政府工作报告及市"十二五""十三五"规划等重要文件，将其与"全域旅游""五水共治""四边三化""三改一拆"等重点工作同谋划、同部署、同推进，与软环境建设、招商引资、产业发展、城市建设等有机融合起来。良好的城市卫生环境与优美的自然生态相得益彰，正在不断转化成强劲的发展动力。

如今，江山市已与腾讯、阿里巴巴等重量级企业开展战略合作，引进了

英博国光啤酒、正泰太阳能、娃哈哈饮料食品、大润发超市等国内外名企投资江山，推动了健盛袜业、江山欧派、同景科技等 7 家企业成功上市，不断点燃激情之火，掀起以"工业强市、旅游富民"两大战略为主要支撑的"大众创业、万众创新"热潮；成功举办了全国新年登高、仙霞古道国际徒步大会、MaXi-Race China 江山 100 国际越野跑、中日韩国际友谊举重比赛等国际国内赛事或运动项目，获得了全球绿色城市、中国木门之都等"金名片"，极大提升了江山、衢州乃至浙江的知名度、美誉度。从决策到攻坚，从拓展到绽放，江山的国家卫生城市创建，让人们对幸福的畅想，有了最真实的注脚和最坚定的向往。

宣教一呼百应

创建国家卫生城市能否成功，取决于广大干部群众的参与程度。江山市以"三个并重"为抓手，形成了全覆盖、高频率、多层面的立体宣传态势，广泛发动群众，营造时时、处处、人人参与创建的一呼百应浓厚氛围。

传统媒体和新兴媒体宣传并重。江山市属各媒体分别开设"创建国家卫生城市""健康教育"等栏目，密集开展宣传报道。创作了朗朗上口的《江山创卫十"不"歌》，录制了创卫公益宣传片，坚持每天播出；《今日江山》刊发专题报道 841 篇。此外，江山市政府门户网站、江山新闻网、江山信息网以及政府微信公众号上均建立了创卫专栏，同步进行网上宣传；江山移动、电信、联通等通信平台共计编发创卫宣传短信 3600 多万条。

户外和服务窗口宣传并重。在江山火车站高炮台以及城市各出入口、市区醒目位置等处设置创国卫公益宣传广告；在市区重要地段建筑工地、空闲地围墙粉刷创卫宣传标语和宣传画 2 万多平方米；在江滨公园、西山公园户外电视广告屏上每天播放创建国家卫生城市宣传片。许多单位 LED 屏以及公共汽车、出租车、旅游车的电子显示屏上滚动播放创建国家卫生城市宣传标语；公交站牌和公交车体、车尾都贴（喷）有创卫宣传广告。

主题活动和发放资料宣传并重。广泛开展健康教育课堂、社区健康讲座、创卫征文、创卫知识竞赛、创卫演讲比赛以及乒乓球、羽毛球、举重比赛等健身活动，大力普及卫生健康知识。共举办以创卫工作为主题内容的大型活动 30 多场，制作发放各类宣传折页 3 万多册，分发宣传画 7 万多份，进一步提高全民卫生健康意识。

争创一马当先

创建中，江山紧紧抓住党员干部、窗口单位、学校师生、社区居民四个关键群体，有效地激发全民了解、支持、参与创卫的热情，形成了共创共建的良好格局。

党员干部带头干。结合"两学一做"学习教育，全市领导干部纷纷撸起袖子，弯下身子，主动参加创国卫集中攻坚行动。江山市卫计局的"黄袖标"党员突击队不怕脏、不怕苦、不怕累，深受社区群众好评；市综合行政执法局采取错峰上班，执法队员每天早上6点到晚上12点不间断加强街面巡逻，流动摊点得到有序规范；双塔街道乌木山社区实行党员认领楼道的做法，带动了邻里和谐共创；村干部郑江花、杨珠建、郑苏建、郑扬文等轻伤不下火线，以淳朴的"老黄牛""小蜜蜂"精神鼓舞着广大干部群众奋勇争先，为创国卫多做贡献。

窗口单位示范干。在江山全市各行业窗口单位开展"人人动手齐参与，美丽江城增颜值"活动，充分发挥示范带动作用。组织"两代表一委员"、媒体和市民代表进行暗访、调研、座谈交流、监督提升，对城区的公共区域、沿街店铺、菜场百货等重点地段进行不间断巡查，推动重点行业有效提升环境面貌。

学校家庭联手干。通过开展"小手拉大手、共创卫生城""一个学生带动一个家庭，一个学校推动一个社区"等活动，发挥学生对家长的影响作用。活动期间，全市学校、幼儿园共发放倡议书5万多份，带动数万家庭投入创卫行动。

社区居民连心干。开展文明市民、文明家庭、文明社区等各类评比活动，发动居民对小区内乱搭乱建等不良现象进行全面清理整顿，确保清一处、净一处。同时进行的还有千名志愿者进社区植绿护绿、"清洁家园、美化家园""创建国卫、创美江山"等主题志愿服务活动，形成"人人参与创卫、创卫为了人人"的良好社会氛围。

整治一鼓作气

江山市委、市政府成立专项整治队伍，集中力量开展市容环境、"六小行业"、食品卫生等专项大排查、大整治行动，切实解决群众最关心、反映最强烈的问题。

开展市容市貌专项整治。禁止公共场所违规设置大排档等摊点，查处沿街和广场周边经营户"店外店"占道经营等行为，规范临街建筑物外立面等。开展施工工地现场环境卫生检查，督促待建工地建有规范围挡，无乱倒垃圾和乱搭乱建现象。开展空中网线整治。在各居民小区开展垃圾分类收集工作。

开展交通安全专项整治。加强城区道路车辆停放管理，严格路面交通管理执法。自创国卫以来，江山全市共查处非现场违法行为1.8万起，现场违法行为6万多起。投入资金800余万元，建设鹿溪路花箱式中央隔离护栏，施划全市主要道路交通标志标线，新增停车位900多个；每年投资300多万元，定时养护66条城区道路；维修礼贤路等主次干道路面15000平方米。

开展食品安全专项整治。健全食品安全全程监管机制，加强对大中型餐饮单位、农家乐、旅游景点、学校幼儿园等重点单位的经常性监管。全面实施餐饮业卫生监督量化分级管理，推进阳光厨房建设。重点整治无证无照经营、从业人员无证上岗、经营场所"脏乱差"、食品安全管理制度不落实等食品安全问题，开展以除"四害"为重点的病媒生物防制活动，通过整治和规范，努力达到"六个规范"标准。

开展菜场及周边临时摊点秩序专项整治。建有农副产品菜市场7家，另外临时安置3000个摊位供自产自销群众进场经营，标准化菜市场达标率达到71%。关闭了全市农贸市场活禽交易区。建立了阳光检测室，加大商品定性检测力度，免费为市民提供检测服务，有力保障老百姓"菜篮子"安全。

开展环境污染专项整治。加强对重点企业、重点区域的监督检查，创新执法方式，进行突击检查。加大对餐饮业油烟和污水的达标排放监管，规范安装油烟净化设施。组织和邀请市民（网民）环保检查团，参与环保执法试点工作。通过开展环保公安联合执法月、环保百日大检查、"环保零容忍""春雷""零点"等多项执法检查，有效提高环保管理水平。

资料来源：佚名：《幸福江山　美丽家园》，《浙江日报》2017年6月5日，第16版。

经验借鉴

江山持续开展推进创卫工作并以此加快城市经济社会转型发展，成效良好。舒适的城市卫生环境与优美的自然生态相得益彰，正在不断转化成江山强劲的发展动力。在江山的创卫工作中有许多值得借鉴和发扬的方法与经验：①将环境整治与城市经济发展深度融合。例如，江山市将创卫工作与软环境建设、招商引资、产业发展、城市建设等有机融合，与腾讯、阿里巴巴等重量级企业开展战略合作，引进了英博国光啤酒有限公司、正泰太阳能、娃哈哈等国内外名企的投资，推进环境效益与经济效益共同提升。②多种形式宣传，提高群众参与度。例如，江山市以"三个并重"为抓手，形成了全覆盖、高频率、多层面的立体宣传态势，广泛发动群众，提高全民卫生健康意识，并营造时时、处处、人人参与创建的一呼百应浓厚氛围。③抓住关键群体力量，打造共创共建格局。例如，江山市抓住党员干部、窗口单位、学校师生、社区居民四个关键群体，以党员干部带头，窗口单位示范，家校联合和社区建设，形成全民创卫的格局。④统一谋划与重点整治结合。江山市将创卫工作与"全域旅游""五水共治""四边三化""三改一拆"等重点工作同谋划、同部署、同推进，对各类重点工作进行专项治理，例如，市容市貌专项整治、交通安全专项整治、食品安全专项整治等，分类专项整治使工作开展更加高效。

六、温岭：多城同创让美丽更有温度

 案例梗概

1. 温岭深入实施"多城同创"战略，开展"环境大整治、习惯大变革"环境革命行动。
2. 加快建设生态公园，增加城市绿色景观，不断拓展生态空间，显著提升城市形象。
3. 投资建设垃圾焚烧厂，提升改造农贸市场环境卫生，营造良好的城市环境。
4. 普及宣传创卫知识，积极开展各类宣传活动，组织社区、村开展卫生交叉大检查。
5. 注重细节管理，扫清角落里的小纸屑，刮掉墙上的"牛皮癣"，清理路边的积水。

关键词：多城同创；生态空间；环境综合治理；机制保障；全民参与

 案例全文

在经济社会发展的新常态下，城市之间综合实力的竞争，不仅体现在硬环境的比拼上，更体现在软环境的较量上。而创建国家卫生城市，正是人们在享受物质飞跃的基础上，对城市细节和文明更精细的考量。

温岭地处浙江东南沿海，既是新千年的曙光首照地，也是全国百强县市。2016年，温岭实现生产总值900.3亿元，居台州市首位。追求经济腾飞的背后，往往容易忽略掉这样的城市细节：在温岭，城乡环境曾一度面临"脏乱差"的局面，城市"牛皮癣"问题突出，马路市场、非法占道经营严重，市民乱丢垃圾、随地吐痰等不文明习惯普遍。这些问题的存在，损害了温岭的城市形象，与人们对美丽温岭、美好生活的期望相去甚远。温岭开展多城同创，正是为了解决这些影响群众生产生活和城市管理的难点，加快完善城市基础设施，着力改善城市市容市貌，努力实现城市管理规范化、精细化、长效化，不断提升人居环境质量、综合承载能力和生态文明水平，让老百姓过得更舒心、更幸福。

自1995年被命名为"浙江省卫生城市"以来，温岭始终坚持建设力度不减、投入不少的原则，高度重视卫生城市建设工作，并于2013年提出创建国家卫生城市的目标。2015年，在符合国家卫生城市申报条件后，温岭深入实施"多城同创"战略，开展"环境大整治、习惯大变革"环境革命行动，广泛发动群众，联合攻坚国家卫生城市、全国文明城市创建。在创建国家卫生城市过程中，温岭始终从群众最关注的地方抓起，从城市最薄弱的环节入手，从当前最关键的问题突破。重点开展了"治脏""治乱""治差""治污""治臭""治堵"等治理行动，健全组织、保障、督考、运行机制，形成"上下联动、合力推进、以创促建、以创促管"的工作局面，并发动群众广泛参与，真正实现众志成城、全民创卫的良好氛围。

走进今天的温岭，北山河、金清大港碧波荡漾、碧草如茵；太平街道、三星大道"脏乱差"的局面不见了，取而代之的是郁郁葱葱的景观树、整洁有序的街面和文明通过的车辆行人；加快建设的五龙山、锦屏、下保山公园和九龙湖生态湿地公园，成为市民运动休闲的好去处，整治后的农贸市场、公厕方便了老百姓生活和出行……正是这些点点滴滴的细节变化，共同成就

了今天温岭的美丽蝶变，不断拓展的生态空间也无形中彰显了城市品位，温岭的城市形象得到了显著提升。温岭被评为"中国明星县（市）""国家级生态示范区""国家园林城市"等。正因为创卫，让城市更精细、让文明更升华、让生活更美好，这座面朝大海的滨海之城，才真正成为一个有细节、有温度的美丽之城。

多城同创　创卫有机制作保障

创建国家卫生城市是一项庞大的系统工程，覆盖的范围广，牵涉的部门多；是一项战略工程，是加强社会管理、提升市民素质的重要途径；也是一项民生工程，关系到老百姓城市生活的幸福度和获得感。温岭从战略的层面高度重视创卫工作，把创卫当作"一把手"工程统揽全局，按照"领导在市里，牵头在街道，责任在部门，落实在村居（社区）"的要求，牢固树立"一盘棋"思想，全力以赴开展多城同创工作，形成了"上下联动、合力推进、以创促建、以创促管"的工作局面。

在领导机制上，建立温岭市多城同创工作委员会，市委书记和市长任主任，市委副书记任常务副主任，分管市领导为副主任，配备专职副主任，统筹推进建成区多城同创及城乡环境综合整治工作，将"多城同创"与"五水共治""三改一拆""交通治堵"和"小城镇环境综合整治"等专项工作结合起来，确保创建工作网络横向到边、纵向到底。"多城同创工作是目标任务，也是工作载体。我们今天所做的多城同创工作，都是在还历史的欠账，今天的工作任务越重，说明历史欠账越多。"温岭市主要领导表示，为了确保创建工作的纵深推进，温岭将创国卫工作纳入对各镇（街道）、部门的年度目标责任制考核。每月考核、排名、通报，针对存在的问题，下发"红黄督查令"，要求限期整改。2016年至今累计下发任务清单127份、各类督查令1200余份，通报工作不力单位5个，处理党员干部26人。温岭还出台了《温岭市多城同创工作责任追究及奖励暂行办法》，对工作不力造成责任未落实的，实行督考问责。

机制是保障，资金投入要跟上。2016年，温岭市设立"多城同创"专项资金1.5亿元，并设立环境整治奖励资金900万元，鼓励工作突出的镇（街道）；2017年，安排环境综合整治工作专项资金13亿元，其中新增2.5亿元用于农村环境整治。"温岭创卫投入之大、力度之大可以说在浙江省都是少见的，也取得了显著的效果，市容市貌提升明显。"温岭市创卫办相关负责人表示，"创卫"并不难，难的是"常卫"。为了更好地保护创卫成果，温岭市一直在探索建立长效机制，实现了由突击式、运动式管理向经常性、可持续性的长效管理转变，确保问题不反弹、不回潮。

温岭建立了市领导和部门联系村居（社区）和包干路段制度，书记、市长及市四套班子等领导定期开展实地调研，现场办公，解决突出问题。实行"一周一专题一例会一通报一交办一清单"制度，举办《问水》《问堵》《问环境革命》等电视问政直播节目，同时开展多城同创专项督查，市政协开展专题政治协商，有力推动国家卫生城市创建工作。

攻坚克难 城市因创卫而美好

古希腊哲学家亚里士多德说："人们居住在城市，是为了生活得更好。"在温岭创卫过程中，持续加大经费投入，加快推进市政道路、环卫等配套基础设施建设和改造提升，建成了一批精品亮点工程，不断增强城市功能，提高城市品位，塑造城市新形象。

总投资 3.8 亿元的市东部垃圾焚烧厂已经正式投运，新建的公共厕所、停车场，极大地方便了市民的出行，新客运中心（全国最大的县级客运站）投入使用，16 家农贸市场花费资金 1 亿多元进行了提升改造，从前"污水遍地、难以立足"的现象改观，干净整洁"如逛超市"……一个更加干净、更加清爽、更加舒心的城市环境正展现在人们眼前。在温岭沿河的漫步道慢行，满目苍翠和荡漾碧波构成了一幅绝美的生活图景。新种植的水杉、杨柳、晚樱、香樟各展风姿，2 米多宽的健身绿道上人们在悠闲地散步。除了新建的东环河漫步道，温岭还加快五龙山、锦屏、下保山公园和九龙湖生态湿地公园建设，截至 2016 年底，建成区绿化覆盖率为 41.98%，人均公园绿地面积为 13.39 平方米。近年，投入 2.9 亿元建设健身步道 11 条，总长 91.2 千米。

除了硬件的提升和持续推进的"大工程"，温岭创卫也注重细节、注重小事、注重软环境的改善。从城中村及城乡接合部环境卫生综合整治到市容环境卫生综合整治，从农贸市场整治到"六小"行业整治，温岭逐一开展"百日攻坚"26 个专项行动，通过全社会抓整治、全方位抓提升，对存在问题即知即改、举一反三，全面改善人居环境。"创卫无小事。不仅要统筹推进、宏观布局，也要注重细节，细节往往决定成败。"温岭市创卫办负责人表示，除了持续加大在城市基础设施的投入，让城市功能更完善以外，温岭也注重把角落里的小纸屑扫掉、把墙上"牛皮癣"刮掉、把路边积水清理掉等，让温岭具有更多可观、可感、可玩的城市细节。

为了让老百姓"吃得安全""喝得放心"，温岭开展"强网清源""亮剑"等系列专项行动，2014年以来，温岭出动执法人员4.24万人次，检查食品生产经营单位4.87万家次，治理行业性风险隐患13个，行政立案查处600件，其中刑事立案58起，在浙江省政府食品安全工作考评中名列前茅。并不断提升饮用水质量，加强出厂水、管网末梢水和二次供水水质卫生监测，每日公布出厂水常规13项指标，不断推进水质信息公开常态化。

围绕着大交通的突出问题，温岭也着力补齐发展的"短板"，如拖延14年之久的下保路"断头路"问题、拖延16年之久的汽配厂项目、原温岭啤酒厂问题等一批断头路、断头河、历史遗留等积累性问题得到解决，杂乱而影响美观、具有安全隐患的街景立面、户外广告等经过了整治和拆除，主干道临街建筑街景立面进行了统一设计，马路市场、流动摊点等城市管理难题，经过"零点行动""清晨行动""夜巡行动"等八小时外的非常规手段进行了有力打击。

当道路宽敞整洁、市场经营有序、餐饮干净卫生、河岸绿树成荫等看得见、摸得着的变化，真切地改变着每一个温岭人生活的时候，创卫给老百姓带来的"福祉"显得更加真实而美好，温岭也更具备一个宜居城市的细节与温度。

全民参与　文明在创卫中升华

如果把创建国家卫生城市比作唱歌，那么它不应只是政府的"独唱"，更应该思考如何让群众参与进来，变成政府和群众一起"大合唱"。

在温岭的水乡泽国镇，这里正通过创卫打造"高颜值"的城市客厅。2015年9月以来，泽国镇以环境综合整治专项行动为切入口，通过镇村干群联动、落实创建任务、逐项分步实施、整体稳步推进，正式吹响创建国家卫生镇的号角。"老百姓是泽国创卫最深刻的感受者，也是亲历的参与者。2015

年10月以来，全镇出动干部群众7100多人次，清理生活、工业、建筑垃圾等近3.5万吨。"泽国镇创卫负责人表示，通过垃圾清理、绿化美化、公共卫生设施改造、农贸市场提升等工作，泽国镇的环境变美了，路面、街道整洁了，道路通畅了，而尤为值得注意的是，人们在参与创卫的过程中文明素质提升了。

泽国镇的美丽蝶变恰恰是温岭创卫的一个缩影。在温岭持续不懈地创卫过程中，从领导干部到普通群众，从耄耋老人到少年儿童，每一个人都不是"局外人"；从机关部门到各个村（居），每一个单位都不是"看客"；从城市中心到城乡接合部，每个地方都不能留"空白"。"多城同创，群众的文明素质是根本，只有市民的素质与创建要求相适应了，共建共享意识提高了，创建才能出实效。"温岭创卫办相关负责人表示。为了调动老百姓参与创卫的积极性，温岭不断加大创卫的宣传和知识普及，积极开展"做文明有礼温岭人""小手拉大手，同创魅力城"和"礼让斑马线"等系列宣传活动，组织社区、村开展卫生交叉大检查，使市民自觉树立"主人翁"意识。2016年底，温岭国家卫生城市创建群众满意率为90.89%，支持率为100%。

创卫工作人人参与，美好环境家家受益，这正是温岭创卫最真实而朴素的表达。对于温岭来说，创建国家卫生城市不是终极目标，关键是通过创卫打通城市的文明筋络，让崇美尚洁之心内化为城市的发展基因。从这一点来说，温岭创卫将永远走在路上，温岭全市120万人民的幸福指数将因创卫而不断提升，"中国新千年第一缕曙光首照地"将因创卫而更富魅力。

资料来源：黄丽丽：《多城同创让温岭的美丽更有温度》,《浙江日报》2017年6月6日，第6版。

 经验借鉴

曾经的温岭在追求经济发展的路上忽视了城乡环境治理与保护的城市管理细节。如今在经济社会发展的新常态下，温岭意识到了城市之间综合实力的竞争，不仅体现在硬环境的比拼上，更体现在软环境的较量上。在这个实践过程中，温岭也积累了不少的绿色管理经验，有如下几条：①制定绿色发展战略。例如，温岭从战略的层面高度重视创卫工作，把创卫当作"一把手"工程统揽全局，按照"领导在市里，牵头在街道，责任在部门，落实在村居（社区）"的要求，牢固树立"一盘棋"思想，全力以赴开展多城同创工作，形成了"上下联动、合力推进、以创促建、以创促管"的工作局面。②全民参与。例如，温岭市从群众最关注的地方抓起，让群众参与进来，变成政府和群众一起"大合唱"，调动群众力量，让老百姓亲历城市的环境整治，感受城市环境的变化，真正实现众志成城、全民创卫的良好氛围。同时，全民参与有利于群众卫生文明素质的提高，为此温岭不断加大创卫宣传的范围和力度。③创卫必须有机制和资金保障。温岭高度重视创卫工作，建立和完善了多项有效机制。例如，在领导机制上，建立市多城同创工作委员会，将创国卫工作纳入对各镇（街道）、部门的年度目标责任制考核，并出台了《温岭市多城同创工作责任追究及奖励暂行办法》。在资金方面，温岭果断增加资金投入，并取得了显著效果。④注重绿色管理细节。例如，温岭市不仅统筹推进、宏观布局，也十分注重细节，除了持续加大在城市基础设施的投入，让城市功能更完善以外，还把角落里的小纸屑扫掉、把墙上"牛皮癣"刮掉、把路边积水清理掉等，让温岭具有更多可观、可感、可玩的城市细节。温岭通过开展多城同创，努力实现城市管理规范化、精细化、长效化，不断提升人居环境质量、城市环境综合承载能力和生态文明水平。

七、兰溪：二十年创卫不止步

案例梗概

1. 兰溪建立网格化管理体系，实行网格化管理制度，确保创卫活动得以有效开展。

2. 落实创国卫项目领衔制、街道路长制，各部门联合行动常态化，协同推进环境治理。

3. 开设创国卫专栏，运用"互联网＋政务""社交＋创建"等创新传播形式，开展全民创卫。

4. 推进山水城市建设，三江六岸亮化美化，两山一洲提档升级，建设城市精品公园。

5. 开展"煤改气"专项整治行动，关停建成区煤饼生产加工厂，查扣小餐饮煤饼炉。

6. 全面推进"五水共治"，率先开展跨区域联合治水，积极参加建设"浙中生态廊道"。

7.建设大件垃圾处置中心，实现垃圾全产业链处置，使大件垃圾变废为宝。

关键词：网格化管理；建管并重；山水城市建设；公众卫生安全；全产业链处置

 案例全文

创建国家卫生城市（以下简称创国卫），对一座城市来说，是一条永无尽头的跨越发展之路。早在1995年，兰溪便创成"浙江省卫生城市"，2013年，兰溪全面启动国家卫生城市创建工作。作为一项高标准的系统工程，创国卫必须着眼长远，以全局性战略思维布局城市软硬环境、统筹城市发展与百姓幸福生活的关系。

对标创国卫标准，兰溪在城市建设、卫生、教育、交通等方面存在短板。作为省内知名的老工业基地，兰溪素有"小辽宁"之称，为数众多的国企，给城市带来了辉煌与荣耀，也留下了时代转轨的负重，兰溪财政负担和社保压力远大于兄弟县市，创国卫补"短板"，兰溪财政压力更为繁重。创国卫不是面子工程，而是里子工程，是建设"产业振兴示范区、古韵风情旅游地、品质活力幸福城"的基础，创卫不是政绩工程，而是信心工程。兰溪将创卫的国家标准作为城市发展的重要标准，全面提升各项工作水平，"确保80%以上财力用于民生"，站在历史潮头，兰溪豪情万丈。

创国卫成为"担当追赶、沸腾兰溪"的重要力量，"绝对忠诚、敢打硬仗、勇于赶超、充满活力"的兰溪铁军，走出了兰溪特色的创卫之路：建立健全市领导"十联"、网格化管理、多办联动、人大政协社会监督员、万名志愿者在行动、党员进社区登记等制度，集中开展十大创卫工程、二十大创建攻坚等活动，智慧城管、城乡园林一体化、建筑垃圾管理、大件垃圾处置、"问题井盖"管理等工作走在浙江全省前列，精品城市考核连续三年金华第一。

凝心聚力　下一盘全民创卫大棋

"举全市之力抓创国卫"，兰溪形成了上下联动、万众一心的创卫氛围。

兰溪创国卫领导小组是创卫"总指挥部"：市长任组长，9 位市领导任副组长，相关部门、乡镇（街道）是主要成员，统领创卫全局，以此为核心，创卫上升为市主要领导亲自抓、亲自管的中心工作，而一周晨查机制、每周三早 7 点带队检查创国卫工作、月度例会制度、市领导联系社区制度等机制，保障巡查、督查、交办、评优、问责等制度有效落实。创卫涵盖面广，涉及部门众多，如何确保各部门共建共创，提升工作效率？配套机制的创新和活力释放是关键。

网格化管理体系覆盖全城。在建立健全市、乡镇（街道）、社区、单位创卫和爱卫组织体系的同时，兰溪建立了由市领导兼任网格长、各共建共驻单位为责任单位的网格化管理制度。全市划为 27 个区块，市领导、乡镇（街道）、部门、社区分块到户，定时定人定责定岗，形成"横向到底、纵向到边、全覆盖、无盲区"的工作框架网络。"千名干部进社区、洁美兰城创国卫""千名干部下基层、三清三化三送"等活动得以有效开展。

各部门联合作战常态化。严格落实创国卫项目领衔制、街道路长制，创卫办、六小行业办、气尘合治办、治水办联合行动常态化，兰溪铁军"守土有责、守土负责、守土尽责"，确保"五水共治""三改一拆"等协同推进。

群众是创卫的源动力和根本保障，增强群众的创卫意识，调动群众的积极性是创卫的题中之义。兰溪各类媒体开设了创国卫专栏，"一街一品"创卫公益广告随处可见，"互联网＋政务""社交＋创建"等创新传播形式广泛运用，全民创卫风潮涌动。

市民林清华是云山街道天福山社区的志愿者，他在附近的小游园锻炼身体时，只要看到绿化带有垃圾或杂物，都会默默捡起，"多捡几次，别人看到这么干净，就不好意思扔了"。在他的带动下，小游园一直干净、整洁。类似的案例有很多，兰溪市民自愿上街劝导、进社区参与共建蔚然成风，涌现出商铺主动认领包干区、志愿者连续 517 天上街执勤等先进事迹，创卫文化融入了百姓日常生活，演化为兰溪精神文明的重要组成部分。

软硬兼修 打一场环境提升战役

以创国卫为主抓手，兰溪大力推进山水城市建设，三江六岸亮化美化，两山一洲提档升级，16 个城市精品公园建设工作持续推进，处处绿意盎然。

面临城市空间资源紧缺的现实，兰溪最大限度地"见缝插绿"，从兰花社区到永进社区，新建的 24 个小游园覆盖所有社区，成为人们休闲的好去处。四年来，城市硬件设施不断完善，兰溪形象大变样：改造城中村 308 万平方米，脏乱差的红星、排岭、黄湓、下金等城中村干净整洁了，黄龙洞、枣树等老旧小区实现了有机更新；原来兰溪的养鸭区——兰湖，实现了华丽转身，成为省级旅游度假区；15 条断头路打通了，金角路、扬子江路等道路接连建成，新横山大桥、金建铁路、港航开发等交通大动脉相继落成，纵横交错的现代交通网提升了运输和出行效率。

如果说硬件设施彰显了城市的形象，那么现代管理水平则体现了城市的内在文明。创卫过程中，兰溪建管并重，城市管理不断攻难点、创亮点，探索出一系列创新实践。针对长期困扰市容市貌的马路夜市、桥下煲庄、瓶装燃气实名制等"老大难"问题，兰溪以不达目的不罢休、不见成效不收兵的决心，扎实推进门前三包、阳光餐车、农贸市场标准化运营等制度，开展了以取缔小餐饮煤饼炉为主要工作的"煤改气"专项整治行动，关停建成区 14 家煤饼生产加工厂，查扣小餐饮煤饼炉 2400 个。如今，兰江街道溪西农贸市场等重点区域秩序井然，阳光餐车有序地出现在大街小巷，曾经的管理死角变成了城市景观带。当互联网思维与城市管理思路发生碰撞，便开出了璀璨的创新实践之花。兰溪通过建设"数字城管"，开发浙江省首个县级市便民服务手机软件"e 通兰溪"，获得中国（浙江）全面小康论坛十大民生决策奖。

有污必治、违法必查，对环境违法坚决说"不"。兰溪坚持标本兼治、水岸同治、城乡共治的原则，全面推进"五水共治"走向纵深，连续三年，兰江将军岩出境断面水质考核为优秀，兰溪在浙江省率先开展跨区域联合治水，荣获水利大禹杯金奖。秉承"修水脉、复生态、美产业"的理念，兰溪积极参与建设"浙中生态廊道"，呵护水清流畅、岸绿景美、人水和谐的美好城市风光。

以人为本　撑一把健康生活"保护伞"

公众生命健康是创国卫的重要组成部分，兰溪通过全面提升公众健康素养、保障公共卫生安全，为公众健康生活护航。

兰溪树立大卫生、大健康的观念，建立健全健康教育体系，推动全民健身和全民健康深度融合。由市人民医院、市中医院和市妇保院等医疗机构的175名专家组成健康教育讲师团深入社区街道，开展健康宣讲；全市中小学体育场地设施免费开放，1座健康主题公园、3条健康步道、35千米绿道等健康元素深深融入了景观带风情线；龙舟赛、横渡兰江、乡村马拉松等体育活动点燃了全民健身热情，兰溪经常参加体育锻炼人数比例达到36.6%，居民健康素养水平达15.2%，超过国家标准。

保障公众卫生安全，兰溪市既重视城市"面子"，集中力量在主街要道开展立面整治，达到"垃圾减量、秩序规范、环境美观、卫生安全"目标，又不忘城市"里子"，深入背街小巷、城郊接合部开展"六小行业"专项整治，加猛火力向"脏乱臭"顽疾宣战。2017年2月28日、3月1日，在"小餐饮整治"行动中，兰溪一口气拔掉22家拒不整改的小餐饮钉子户。建立"从农田到餐桌"的食品卫生安全管理责任制，完善预防食物中毒措施和食物中毒应急预案，全市未发生重大食品安全事故。

2013年以来，兰溪的医疗服务和医疗保障水平呈逐年提升的态势。人民医院迁建和中医院、妇保院扩建任务完成，优生优育指导中心、突发公共卫生事件应急指挥中心、"120"急救中心、兰溪市血站相继落成，市人民医院成为浙医二院兰溪分院，与浙江大学共建慢性病研究基地，兰溪人民在家门口便能享受一流的卫生服务。全市三级传染病预防保健网络得以完善，市级医院和乡镇卫生院均实行传染病及突发公共卫生事件网络直报制度，一张覆盖兰溪城乡的"医疗健康"大网逐渐织就完成。城市功能更齐全了、社会管理更有序了、环境更优美了，群众对卫生状况满意率达93.2%，干净、美丽成为兰溪的代名词，城市品质全方位升级。创卫带来的发展成果和精神能量，将源源不断地回馈兰溪人民，融入城市的前行之路。

率先实现全产业链　处置城市大件垃圾

兰溪市在浙江省率先建成大件垃圾处置中心，通过"覆盖式收集、资源化利用、公益性服务"全产业链处置，累计收纳大件垃圾5113件，处置4686件，修复458件，免费赠送市民213件，实现了大件垃圾变废为宝。

市民有大件垃圾可拨打电话预约，环卫工人免费上门收取；也可自行将大件垃圾送至中心；环卫工人对丢弃在公共场所的无主大件垃圾也会收集清运。各社区设置大件垃圾收运联络人，通过张贴画报、发放宣传手册等方式发动市民了解、参与大件垃圾收运，进行覆盖式收集。

处置中心设有拆解破碎区、修理复原区、展示区、转运处置区、分类堆放区5个区域。工作人员先在拆解破碎区将大件生活垃圾简单分类，有修理价值的大件垃圾会放入修理复原区，经修复后移至展示区分类陈列，并通过新闻媒体、网络进行发布，让市民认领。同时，将修复后的大件物品赠送给生活困难户、外来务工者等特殊群体。

对于没有修理价值的大件生活垃圾，拆解破碎后，按金属类，橡胶、塑料类，木材可燃烧类，电子、电器类，有害有毒类5类分类堆放。金属类，橡胶、塑料类垃圾进行资源再利用；木材可燃烧类垃圾运往垃圾焚烧厂焚烧发电；电子、电器类垃圾完全拆解不能利用后和有害有毒类统一运送至浙江红狮水泥窑协同处置固废项目处置，达到减量化、无害化和资源化的目的。

资料来源：佚名：《兰溪：品质活力幸福城　二十年创卫不止步》，《浙江日报》2017年6月8日，第14版。

 经验借鉴

早在1995年，兰溪便创成"浙江省卫生城市"，2013年，兰溪全面启动国家卫生城市创建工作。兰溪在创国卫的过程中着眼长远，以全局性战略思维布局城市软硬环境、统筹城市发展与百姓幸福生活的关系。兰溪在创国卫的过程中，虽然由于自身产业结构、财政短缺、所有制等问题产生了不小的阻力，但兰溪仍然走出了一条具有兰溪特色的创卫之路。兰溪的创卫经验对创建循环经济，坚持城市可持续发展有着重要的意义。兰溪的绿色管理经验可以总结为以下几条：①全民参与，凝心聚力。正所谓众人拾柴火焰高，全民参与对于创卫工作弥足重要。例如，兰溪市非常重视群众创卫意识的传播提升，调动群众参与的积极性。各类媒体开设了创国卫专栏，"一街一品"创卫公益广告随处可见，"互联网＋政务""社交＋创建"等创新传播形式广泛运用，使创卫文化和生态文明精神深入市民心中，形成了万众一心的创卫氛围。②配套机制的创新和活力释放是关键。由于创卫涵盖面广，涉及部门众多，有效的机制是提升工作效率的关键。因此，兰溪市建立了多项且配套的机制，包括月度例会制度、市领导联系社区制度、巡查、督查、交办、评优、问责等制度，由这些所组成的网格化管理体系使得各项创卫工作活动得以有效开展。③利用互联网，建设"数字城管"。例如，兰溪在创国卫过程中，开发了浙江省首个县级市便民服务手机软件"e通兰溪"，以数字技术健全城市配套服务功能，补足管理"短板"，有效提升了创卫效率。④率先实现全产业链处置城市大件垃圾。兰溪在浙江省率先建成大件垃圾处置中心，通过"覆盖式收集、资源化利用、公益性服务"全产业链处置，达到减量化、无害化和资源化的效果。

本篇启发思考题

1. 如何理解卫生城市的内涵？

2. 为什么要开展卫生城市建设？

3. 卫生城市建设和管理的重点是什么？

4. 如何衡量一座城市的卫生建设水平？

5. 卫生城市的建设管理主要包含哪些方面？

6. 怎样理解卫生城市创建与绿色发展的关系？

7. 如何发挥环境整治在卫生城市建设管理中的作用？

8. 群众在卫生城市建设管理中的扮演什么样的角色？

9. 如何在卫生城市建设管理中调动社会力量参与的积极性？

10. 怎样推动卫生城市的绿色长效管理？

第二篇

环保模范城市建设和绿色管理

一、湖州：绿水青山就是金山银山的湖州样板

 案例梗概

1. 湖州彻底改变粗放的生产方式，淘汰"散乱污"企业，实现从粗放加工到产业集聚。
2. 消除重点污染源，改善环境质量，实现从低端生产到高端投资，发展新兴产业。
3. 全域建设美丽乡村，全面推进乡村振兴，实现美丽乡村由建设向经营的转变。
4. 推行"一根管子接到底，一把扫帚扫到底"的城乡一体化环境治理模式，全力整治。
5. 建立健全有效的体制机制，实现从考工到考绿，从单一到综合，打通转换通道。

关键词：整治重组；一体化环境治理；生态保护考核；项目环保体检；体制机制保障

 案例全文

　　浙江省湖州市，北滨太湖，因湖得名。走进湖州，便仿佛走入一幅铺展开的画卷，"山从天目成群出，水傍太湖分港流。"湖州有山有水，作为习近平新时代中国特色社会主义思想的重要组成部分，"绿水青山就是金山银山"理念在这里提出。那么，如何梳理绿水青山与金山银山间的逻辑关系，实现两者在现实中的顺畅转化，让绿水青山不再是获取金山银山的牺牲品，而成为发展经济的新动能、优化经济的推动力？走进湖州，天目山苍翠的修竹会告诉你，太湖荡漾的碧波会告诉你，一个个在特色小镇中崛起的新兴产业会

告诉你，一幅幅美丽乡村的瑰丽图景会告诉你。作为全国首个地市生态文明先行示范区，湖州市一张蓝图绘到底，以生动的实践在绿水青山与金山银山间画出优美的"等号"，为我们呈现了丰富立体的湖州样本。

从粗放加工到产业集聚——绿水青山逼出金山银山

走进长兴县中能粉体材料有限公司宽敞的厂房，只有十来个工人在工作。整个生产过程都在封闭的生产线中自动完成，工人连口罩都不用戴。然而几年前，当地老百姓都对尘土飞扬、遮天蔽日的景象习以为常。别说工厂内了，就连厂外道路都是"人过一身灰，车走满身泥"。粗放加工带来的严重污染使环境不堪重负，百姓怨声载道。要想让环境变好，就必须彻底改变粉体行业粗放落后的生产方式。2011 年，长兴县壮士断腕，将原有 343 家粉体企业一举整治重组成 13 家。从 300 多家减少到 13 家，这个行业会发生什么样的变化？让所有人没想到的是，"散乱污"企业被彻底淘汰后，资源和市场迅速向有规模、够规范的企业集聚，年生产规模较整治前提高了十多倍。生产规模大幅提升，另外一系列数据则大幅下降——能耗下降一半，粉尘排放量从原来的每立方米 80 毫克以上降到 30 毫克以下，用地面积减少 77.2%，用工人数减少 87.5%。监测显示，区域空气质量达到国家二级标准。环保要求达标的背后是一系列技术的提升。浙江长兴华源粉体有限公司总经理高永华说："以前生产的都是比 400 目还粗的粉体，现在设备好了，比 2000 目还细的粉体都能生产，价格翻了一倍还多。"科技带来的高附加值使长兴县粉体企业的年产值从 3.95 亿元增加到 12.75 亿元。

类似的故事还有长兴县的蓄电池产业。这个产业发展初期便是粗放式的，175 家蓄电池企业同质低端无序化竞争，甚至发生了严重的污染事件，使长兴县在 2004 年被列为省级环境重点监管区。从 2004 年开始，持续 8 年的产业大整治动起了真格，重组提升为 16 家蓄电池企业。这次洗牌没有让长兴的蓄电池产业走下坡路，反而激活产业全面升级，如今已经初步形成以新型电池为核心，涵盖新能源汽车、新能源装备、新能源材料等较为完整的新能源产业链，孕育出两家超百亿企业。2017 年，长兴 60 家新能源规模以上企业完成产值 305.5 亿元。

一个巨大的鱼缸内，13 尾漂亮的小金鱼快活地游来游去。这些金鱼生活的地方不是什么公园，而是长兴县小浦镇郎山工业园内超威集团郎山分公司的污水处理中心，缸中的水是企业废水经过近 20 道程序净化后的回用水。如今，长兴所有蓄电池企业的工业废水经过深度水处理后，都能用来养金鱼。从最初的省级环境保护重点监管区，到后来的全国重金属污染防控区，再到如今成为重金属污染防治示范区，这些可爱的小金鱼见证着长兴蓄电池产业的华丽转身。南浔区则在对 3922 家小木业企业进行整治后，催生规模以上工业企业 700 家，木业较 2017 年主营业务收入增长 17.1%，利税增长 29%，利润增长 30.8%。想要水绿山青，就必须把产业结构调高、把经济形态调绿、把发展质量调优。2014~2017 年，湖州市关停 "散乱污" 企业 9256 家。现在更是提出 "亩均论英雄"，将用地、用能、排放等资源要素与企业的 "亩产效益" 挂钩，进一步推动产业集聚、技术提升，动力电池、绿色家居等产业集群产值已超千亿，百亿级产业集群多达 14 个。对绿水青山的追求成为湖州发展中的 "压力阀"，倒逼出一座座金山银山。

从低端生产到高端投资——绿水青山引来金山银山

"烧柴把天熏黑了，养龟鳖把水养坏了，青蛙都不来。" 这是吴兴区东林镇村民费银财对往昔的回忆。东林镇从 20 世纪 90 年代开始发展龟鳖养殖，到 2013 年底，龟鳖养殖户多达 1872 户，年养殖量 3000 万只，年销售收入近 5 亿元，是全国最大的龟鳖供应基地之一。然而，"龟鳖大镇" 的背后却是惊人的生态代价。据当地环保部门统计，全镇每天要消耗饲料 72 吨，排放废水 2500 吨，河流污染 155 平方千米；温室取暖烧柴量一年达到 4400 吨，由此排放的废气超过正常排放量 1 万多倍。为了金山银山毁了绿水青山，而这样换来的金山银山也摇摇欲坠。养殖规模无序膨胀使市场行情呈现 "过山车" 的状态，养殖户宋信根回忆说："10 年里至少 3 年都是亏的。" 最终，东林镇决心彻底消除这一污染源，截至 2017 年 6 月 28 日，2600 多个龟鳖大棚全部按期清空。

龟鳖棚拆除后，东林镇的生态环境迅速好转，水质由原来的劣 V 类改善到Ⅲ类，大棚供暖废气排放彻底消失，空气质量明显改善。原本的养殖户在政府引导下转而实施特色莲藕、"茭白＋泥鳅" 套养等生态高效农业项目。环保的生产方式让村民们发现了更好的致富途径，也改变了他们对环境的态度。

以前是富了自己脏了环境，"现在是靠水吃饭，水不好生意就赔本。"同样是经营水产养殖，村民杨建海现在视水如命。天蓝了，水绿了，"百里溪流见底清，苕花苹叶雨新晴"的美景重现东林。更大的机会也因此而来，良好的生态环境吸引了江南影视城和康养小镇两个百亿级投资的项目入驻。失去5个亿的收入换来环境的改善，然后引来几百亿元的投资，这对以前那个龟棚林立的东林镇来说是不可想象的。

东林镇的江南影视城项目已经开工，长兴县的龙之梦项目也在紧锣密鼓地建设。作为矿业大县，凭借优质的石灰石资源，长兴县有众多石矿企业，带来几亿元的地税收益。然而，粗放的开采方式和落后的加工方式却使绿山变成秃山，清水变成浊水。特别是一座座废弃的矿山，好像长兴县身上的一道道伤疤。历史的旧账就由它去吗？不，长兴人清坡、平整、生态复绿，以坚持不懈的精神一点点还上这笔生态债。当曾经的一座座"白头翁"重新披上绿装，往昔沉重的负担开始转化为新的财富。齐山建筑石矿变身齐山植物园，成为长兴人休闲观光的好去处。南太湖—吕山东工业平台是20世纪50年代开采的老矿区，形成70多米深的水潭，如今能盘活周边数千亩存量建设用地，可产生净收益4亿元。特别是关闭多年的陈湾石矿边，一个投资200亿元、设计年游客量超过2000万人（次）的世界级旅游休闲观光度假区——龙之梦项目正在有序推进。项目负责人说："我们看中的正是陈湾石矿面积20多亩的深潭以及依山傍湖的风光。"

还有吴兴区计划投资150亿元的美妆小镇，连片的低丘缓坡和废弃矿山被整治后，吸引众多世界级化妆品企业入驻，要在美景中打造"美丽的产业"。德清县投资超50亿元的地理信息小镇，正因其宜居宜业宜游而逐步成为地理信息界的"达沃斯小镇"。如今，湖州已经成为各路资本竞相追逐的宝地，正着力打造信息经济、高端装备、健康产业、休闲旅游4个千亿级产业，培育时尚、新能源汽车、节能环保等十大新兴产业，工业发展速度连续5年位居浙江省前三。

种好梧桐树，引得凤凰来。优美环境吸引来的不只有投资，还有海内外优秀的人才。自动循环水装置控制系统、自动增氧控制系统、自动饲料精准投喂控制系统……如果不是亲自走近浙江庆渔堂农业科技有限公司在南浔区的养殖基地，很难想象这些物联网的高科技系统是专门用来养鱼的。这家公司的创办者沈杰是一个"80后"的小伙子，中科院博士毕业，2016年放弃高薪，带着先进的物联网理念回到家乡湖州。他带头自主研发的循环水生态养殖系统，使渔业养殖真正实现了高效益、高品质、生态化、"零排放"。湖州在人才引进的过程中实行"环保体检"，在答辩评审阶段设立"环境因素"独立评审项，对环境影响较大的人才项目一票否决。几年来，因"环保体检"被淘汰的人才项目达到17个。高端人才的磁场效应迅速显现，2017年，湖州市"南太湖精英计划"引入的人才创业企业销售收入突破100亿元，税收达到23亿元。山清水秀的风光、优美的生态环境成为湖州的"绿色名片"，源源不断地引来金山银山。

从卖山林到卖风景——绿水青山换来金山银山

每到节假日，上海的张先生都要早早在网上订好房间，因为德清县的高端民宿房源非常紧张，几千元一晚的客房，如果不提前几个月的话根本订不到。而劳岭村60岁的村民曹水英心里则一直有个疑惑：自己生活了一辈子的山沟，走腻的山路，看烦的竹林，咋就突然成了城里人的香饽饽。莫干山山峦连绵起伏，风景秀丽多姿，以绿荫如海的修竹、清澈不竭的山泉、星罗棋布的别墅、四季各异的迷人风光称秀于江南，享有"江南第一山"的美誉。以往，德清人守着这座宝山却靠伐竹砍树挣钱，破坏了生态，村民们的生活依然维持在温饱线。贫困迫使村民纷纷外出打工，很多民房被废弃。这些深山中废弃的民房偶然间被发现，改造成德清县第一家"洋家乐"——裸心乡，被美国有线电视新闻网称为"除长城外15个必须去的中国特色地方之一"。原来山间的美景可以卖出人民币！自此以后，以"定位高端、经营生态、消费低碳"为开发思路，发展无景点度假休闲旅游"洋家乐"，成为德清县独具特色的一大产业。

走进裸心谷，青山叠翠，湖水如碧。一桩桩精致的树屋隐藏在茂林之中，毫不扎眼，与周边环境融为一体。翠绿的草坪上，几个孩童快乐地嬉戏。旁边的围栏中，高大的骏马悠闲地踱步。上海、苏州、杭州等地的游客纷纷慕名前来，城市的焦虑在一片田园风光中得到抚慰。曹水英这样原本离家打工的村民们也回来了，在度假区中做一份工，便能有不错的工资。而把自家的老屋租给高端民宿，收入更是可观。早前，一幢老房子一年的租金大约为5000元左右，村民还觉得捡了大便宜。随着"洋家乐"大热，老房子的租金也水涨船高，如今一年 6 万元也一幢难求，老房子成了炙手可热的宝贝。"像裸心堡这样的高端民宿可以吸纳 300 多人就业，一张床位一年就可以纳税 10 万元以上。西坡山乡度假村 7 幢老房子共 40 间客房，每年大约有 2000 万元的营业额。'洋家乐'开展以后，德清县农民人均年收入已经达到 3 万元。"德清县旅游委主任杨力平充满自豪地说。

同样自豪的还有安吉县鲁家村的支部书记朱仁斌。"2011 年我当村支书的时候，村集体账户上只有 6000 元，欠债却有 150 万元。卫生情况浙江省倒数第一，全村没有一个垃圾桶，村民到处乱丢垃圾。"以往，又穷又脏的鲁家村让朱仁斌每次去县里开会都灰头土脸，但是现在他可扬眉吐气了。借助安吉县美丽乡村创建，朱仁斌带着鲁家村通过争取县里补助和募集资金等形式，筹集资金 1700 万元进行乡村整治。整治后的鲁家村风光旖旎，山清水秀。可是朱仁斌说："发展光靠资助不行，要自己'造血'。"刚开始招商的时候根本没人来，朱仁斌他们请专业的设计公司做了详细的规划，拿着规划到处给投资商讲。最终，一个包括中药农场、葡萄农场、鲜花农场等 18 类农场的农业休闲观光度假区建成了。坐着鲁家村的观光小火车在秀美的田园风光中穿行，路过竹林，路过花海，路过一片片葡萄架，在时光小站咖啡馆下车，坐下来吹着田野间清爽的风喝杯咖啡，让人感到无比惬意。自 2017 年 5 月 1 日试营业以来，鲁家村已接待游客 25 万人。每一位村民都是股东，股值从 2014 年的每股 319 元上涨到现在的 19700 元，鲁家村把美景卖出了一座金山。"现在，安吉县所有的村都建成了美丽乡村，走到哪里都是美景，已经形成了全域旅游。"据安吉旅游委领导介绍，"有一些村子不直接开展旅游项目，但是为周边搞旅游的村子提供蔬菜配送等服务，也实现了共同富裕。"

湖州市全域建设"美丽乡村"，全面推进乡村振兴，实现了美丽乡村由建设向经营的转变。截至 2018 年 4 月，全市已成功创建 47 个国家级生态乡镇，所有县区均为浙江省美丽乡村创建先进县区。建成 622 个市级美丽乡村，市级美丽乡村建成率达到 89%。湖州市牵头制定的《美丽乡村建设指南》成为国家标准。2017 年湖州市乡村旅游接待游客 4213.7 万人（次），实现营业收入 82.3 亿元，同比增长 28.1%。湖州市农民人均收入达到 2.6 万多元，比浙江省平均水平高出 3642 元，城乡居民收入比为 1.73∶1，为全国城乡差距最小的地区之一。2017 年，湖州的第三产业占比首次超过第二产业。青山如黛，绿水潺潺，优美的景色成为湖州市最好的生态产品，让老百姓卖出了金山银山。

从无尽索取到全力整治——金山银山反哺绿水青山

　　"太湖美呀太湖美，美就美在太湖水。"湖州因湖得名，也因为湖光山色更显风光旖旎。但是，曾经粗放的发展方式却使太湖水质恶化，美景黯然失色。66岁的卢树荣是长兴县新塘村的渔民，跟太湖打了一辈子交道。新塘村90%以上的家庭以捕鱼、卖鱼为生，因为丰富的太湖水产，新塘村比周围的村子都富得早。然而其后的20多年里，水质逐年恶化，鱼的品种和数量越来越少，卢树荣经常要开个把小时的船才能打到鱼。而且鱼的质量太差，根本没人买，只能卖给鱼饲料厂家。于是，卢树荣和众多渔民一样背井离乡外出打工，曾经繁华的渔村不断落寞。要不欠新账，还要在经济发展后尽可能多还旧账。湖州市推行"一根管子接到底，一把扫帚扫到底"的城乡一体化环境治理模式，有了坚定的决心和充足的资金投入，治理效果有目共睹。

　　在德清县五四村记者看到一块小微水体公示牌，连面积仅有两亩的周家塘水池也有自己的负责人。水体编号，镇级塘长、村级塘长、组级塘长的名字、职务、手机号码，监督电话，治理目标，每一项都公示得清清楚楚。湖州市重拳治水，4年来累计投入资金429亿元，实行7373条9380千米河道的四级"河长全覆盖"。2017年，湖州市中心城市城镇污水处理率达到97.48%，位居浙江省第一。率先在浙江省实现镇级污水处理设施全覆盖、一级A类排放标准全覆盖、出水在线监测全覆盖、污泥无害化处置设施全覆盖。全力推进农村7072套生活污水治理终端移交，覆盖775个行政村，受益25万余农户，辐射全市80%以上的农村。

　　设施建足了，力气下够了，湖州市的水环境质量迅速改善。湖州市环保局局长沈昕耀介绍，湖州市已经全域消灭劣Ⅴ类水体。2017年全年，77个县控以上地表水监测断面首次100%实现Ⅲ类及以上水质，入太湖水质连续10年稳定保持在Ⅲ类及以上。水质好了，卢树荣和曾经离开的乡亲们重新回到太湖边当渔民，太湖三白、花白鲢等一大波湖鲜从这里源源不断运送到全国各地。"这几年的水好干净，你看，岸边都看不到蓝藻。"卢树荣说着，随手从太湖里掬一捧水泼到脸上。回想几年前，谁敢用太湖里的水洗脸呢？

　　"一根管子"解决了水的问题，"一把扫帚"则解决了垃圾的问题。在安吉县余村的垃圾投放点记者看到，地上画有3个方格，分别标明厨余垃圾、可回收垃圾和其他垃圾，并且特别注明投放时间为每天早上7：30和下午4

时。余村支部书记潘文革介绍，整个村子没有垃圾桶，到了投放时间，才会有专门的清运公司将垃圾桶放置在投放点，村民都按照时间分类投放垃圾。在德清县五四村，每家门口都有一个专门放置厨余垃圾的垃圾桶。每户都自行将厨余垃圾分好放在桶内，有专门的回收人员收集，送到村里的处理中心制成有机肥料。每个垃圾桶上有一个二维码，对应固定的人家，回收人员会根据分类情况给这户人家打分，村民可以凭借积分到村里兑换小礼品。德清县综合执法局局长陈晓勇告诉记者，制成的有机肥村民可以自行取用，现在正在逐渐形成产业，以每袋20元的价格销售到周边村庄。截至2018年4月，湖州市已经实现城乡生活垃圾无害化处理全覆盖，行政村垃圾收集处理率达到100%。

水清了地净了还要让天更蓝。沈昕耀介绍，湖州市开展治霾"318"攻坚行动，聚焦治扬尘、治废烟、治尾气三大方面持续推进18项任务，累计淘汰10蒸吨以下高污染燃料小锅炉6614台，全市实现清零；淘汰黄标车24267辆、老旧车10907辆；"大气十条"各项硬任务全面完成。实现秸秆禁烧，利用率稳定在95%左右。2017年湖州市区环境空气质量监测结果出炉，优良率达到68.5%。金杯银杯不如老百姓的口碑，环境质量的改善是城乡居民都能切身体会到的。2017年，湖州市生态公众满意度调查居浙江省第三名，较2017年提升两个位次。绿水青山与金山银山间的关系是辩证统一的，金山银山能够为环境治理提供有力保障，反过来呵护绿水青山。

从考工到考绿，从单一到综合——体制机制打通绿水青山与金山银山的转换通道

与GDP比起来，安吉县灵峰街道党委书记马联国更关心辖区内的水质是不是达标，森林覆盖率有没有减少。安吉县委组织部副部长董良介绍，安吉县将15个乡镇街道和开发区、示范区分为三类：第一类是有工业园区基础的乡镇，重点考核工业经济；第二类是既有工业功能区又有自然保护区的乡镇，实行双重考核；第三类是山区边远乡镇，只考核生态保护和以美丽乡村创建为载体的生态建设与乡村休闲经济发展，让不具备发展工业条件的乡镇彻底摆脱了GDP考核约束，从机制上鼓励干部重视生态保护。

制度是推动"绿水青山"转化"金山银山"的根本保障。如今，湖州全

市都已建立起比较完整的生态文明建设评价指标体系，自 2014 年起，生态文明建设内容占县区党政实绩考核比重达 30% 以上，2017 年达到 35% 以上，切实强化生态环境工作"党政同责、一岗双责"。所辖县区全部建立健全了对乡镇差别化的考核制度，根据乡镇主体功能定位实行差别化考核。考核的内容不同，考核方式也发生改变。湖州市制定了《党政领导干部生态环境损害责任追究实施细则》，与编制负债表、开展生态审计等一并构建起生态环境评价与责任追究制度。开展自然资源资产负债表编制，通过编制 16 张表式、编填 3.22 万个数据，摸清了全市自然资源及生态环境家底。建立审计试点评价指标体系，确定了三大类 20 项具有代表性的指标。其中，森林覆盖率、水质达标率等指标权重占 50%，PM 2.5 浓度、公众满意度等指标占 30%，单位非农用水 GDP 等指标占 20%，切实形成了管发展、管行业、管区域必须管环保的责任体系。

　　领导干部工作的方向明确了，如何在各部门间形成合力呢？在吴兴区试点成立的环境保护委员会正在逐步向全市推开。吴兴区"一把手"领衔挂帅，由区长担任区环保委主任，负有环境保护职责的区级有关部门（单位）主要负责人为成员。区环保委下设工业生产、农林水土、建设领域、商贸交通、卫生文体 5 个专委会，由分管副区长任专委会主任。环保委一成立，便按照统分结合、各负其责的原则梳理相关职能部门的环保职责清单，细化任务分解，彻底解决职责不清和"想管的管不了、能管的不去管"的问题，分条线、分领域推进环保工作。医疗废弃物规范处置管理涉及多个部门和机构，以往在吴兴区一直没能妥善解决。2017 年吴兴区环境保护委员会成立后，发挥指导协调作用，很快，区卫计局与区环保局就联合制定下发了《吴兴区医疗废物规范收集处置管理工作实施方案》。"小箱"单位两天一次将医废运送至"大箱"单位，再由医废集中处置单位两天一次至 17 家"大箱"单位进行集中收集转运，彻底解决了医废集中处置单位不能及时收集转运的问题。

　　湖州市还确立了"1+X"的生态文明建设法规体系，颁布实施了《湖州市生态文明先行示范区建设条例》，成为全国首个就示范区建设专门立法的地区。发布了全国首个《生态文明标准体系编制指南》地方标准，建立了 26 个方面 144 个类别的湖州生态文明标准体系，建成了 55 个生态文明标准化示范点，成为截至 2018 年 4 月唯一经国标委批复的全国生态文明标准化示范区。

　　一项项积极探索、求新务实的顶层设计将绿水青山与金山银山间的转化通道彻底打通，推动整个城市沿着环境与经济协调发展的方向阔步前进。江南春来，草长莺飞，生机勃发。走进湖州，天目山告诉我们，保护生态环境就是保护生产力；太湖水告诉我们，改善生态环境就是发展生产力；特色小镇中崛起的新兴产业告诉我们，优美的生态环境才是高端产业最好的背景；美丽乡村中的"农家乐"告诉我们，绿水青山既是自然财富，又是经济财富、社会财富，是老百姓真正的"钱袋子"。作为"两山"理论的诞生地，生态文明建设的先行者，湖州市以其执着、深入地探索揭示出，只要秉持绿色理念，打通转化通道，建立有效的体制机制，就能够实现环境与经济的协调共赢，在绿水青山与金山银山间画上优美的"等号"。从湖州到浙江再到全国，"绿水青山就是金山银山"的理念正在被越来越广泛地认同，被越来越深刻地验证，成为响彻整个时代的最强音，引领我们坚定不移地迈向美丽中国。

资料来源：步雪琳、晏利扬：《绿水青山就是金山银山的湖州样板》，《中国环境报》2018 年 4 月 23 日，第 1 版。

 ## 经验借鉴

湖州作为全国首个地市生态文明先行示范区，呈现出一个丰富立体的湖州样本。作为"两山"理论的诞生地，生态文明建设的先行者，湖州市以其执着、深入地探索走出了一条能够实现环境与经济协调共赢的绿色发展之路。简单来说，从湖州市绿色发展案例中可以得出以下经验：①秉承绿色经济理念，发展绿色产业。湖州市从源头控制污染，改善工业粗放状态，寻找绿色经济发展的出路，重视新能源产业的投入，发展新兴产业，打造生态产业链。例如，在湖州的产业大整治中，长兴的蓄电池产业初步形成以新型电池为核心，涵盖新能源汽车、新能源材料等较为完整的新能源产业链，孕育出两家超百亿企业。②改造生产方式，追求生态量变。湖州市淘汰高污染产业，围绕可持续发展理论，让绿色青山变成金山银山，为子孙后代造福。比如湖州市彻底改变粉体行业粗放落后的生产方式，整治重组成粉体企业，年生产规模大幅提升的同时，区域空气质量达到国家二级标准，生态环境迅速好转，致富路径更加宽广。③发展绿色循环经济。循环经济（Circular Economy）是对传统线性经济模式的根本变革，它以资源的高效利用和循环利用为目标，以"减量化、再利用、资源化"为原则，实现以尽可能小的资源消耗和环境成本获得尽可能大的经济和社会效益。深入挖掘生态资源的潜在经济价值，带领农民真正的走向致富之路，打造循环经济体系，用绿水青山兑换真金白银，比如以往湖州市德清人守着这座宝山却靠伐竹砍树挣钱，破坏了生态，村民们的生活依然维持在温饱线，如今发展无景点度假休闲旅游"洋家乐"，成为德清县独具特色的一大产业。④节能减排，提高站位。以无害化方式提高节能减排水平，从湖州样本中，我们看到了湖州市在生态文明建设上的专业与决心，为了能够降低垃圾排放量，减少对环境损害，湖州市德清县政府推动污水处理工程建设以及城乡生活垃圾无害化处理，让这里的水更清，天更蓝。⑤建立健全生态环境考核评价制度。例如，湖州所辖县区全部建立健全了对乡镇差别化的考核制度，根据乡镇主体功能定位实行差别化考核。考核的内容不同，考核方式也相应发生改变。从湖州样本中可以看出，"绿水青山就是金山银山"的理念正在被不断的践行与验证，未来在中国将会呈现出更多的遵循绿色经济发展理论、循环经济发展理论的模范样本，而我国也将会变得风光秀丽。

二、安吉：生态文明建设的"安吉密码"

案例梗概

1. 安吉独辟"绿"径，以项目为抓手，加快第一产业"跨二进三"，向生态要效益。
2. 创新发展思路，靠山吃山，种植白茶，百姓富、生态美有机统一。
3. 根据林区分布和森林资源保护管理体系建立"林长制"，以制度保障生态文明落地。
4. 充分发挥政府、企业、中介组织、社会团体和社会公众参与生态文明建设的积极性。
5. 实施绿色评价标准化战略，以统计数据、检测数据、问卷调查为基础。

关键词："两山"理念；林长制；绿色评价标准化；制度创新；生态经济化

案例全文

生态文明建设功在当代，利在千秋。早在 2005 年 8 月 15 日，时任浙江省委书记的习近平同志在安吉县余村提出了"绿水青山就是金山银山"的科学论断。习近平同志强调："我们既要绿水青山，也要金山银山。宁要绿水青山，不要金山银山，而且绿水青山就是金山银山。"这一论断，充分彰显了习近平同志高超的政治智慧、深邃的战略思考和强烈的历史担当。

十余年来，浙江省和安吉县始终牢记习近平总书记的嘱托，凝心聚力、开拓创新，坚定不移地践行"绿水青山就是金山银山"的科学论断，让生态优势转化为经济优势，让绿水青山变成了金山银山，树立了我国生态文明建设的成功样板。在这一"凤凰涅槃""浴火重生"的过程中，当地干部群众有过痛苦，有过困惑，也有过彷徨，但他们最终成功地将"生态资本"转化成"富民资本"，用实际行动证明了"绿水青山就是金山银山"。沿着习近平同志在安吉考察时的足迹，去探寻和思考生态文明发展的安吉"密码"。

初冬的安吉余村，依旧是群山滴翠，竹海绵延。这里三面青山环绕，入眼皆是美景。凌空俯瞰，漫山翠竹将村庄装扮成一片舒展开来的硕大绿叶，清澈的余村溪穿村而过，成为"叶脉"上最为动人的风景。

余村村口，一块巨大的石碑傲然矗立，"绿水青山就是金山银山"十个大字清晰可见。十多年来，这十个大字已经深深镌刻在余村人和 5600 万之江儿女心中。不远处的余村文化馆外广场上，空气负氧离子探测器显示，负氧离子为 4.8 万个，清新怡人的空气扑面而来。道路两旁，一座座红顶黄墙的三层小洋楼整齐排列，蓝天、红顶、绿植，次第排开的景致让这个小村落平添几分江南的婉约和柔美。看着这样的美景，人们难以想象，这里曾因开矿而灰尘遍布，山林失色。"绿水青山就是金山银山"，十多年前，习近平同志在余村考察时首次提出这一科学论断，拨开发展迷雾，为余村、安吉和浙江的发展指明了新路。

十多年来，安吉和浙江坚持走"绿水青山就是金山银山"的发展之路不动摇，一张蓝图绘到底，一任接着一任干，守护绿水青山，做大金山银山。十多年来，安吉和浙江把生态文明建设融入经济建设、政治建设、文化建设、社会建设的各方面和全过程，倾力呵护一方绿水青山，精心谋划经济转型升级，迎来"美丽经济大时代"。一幅青山绿水、美丽和谐的生态画卷，正在之江大地蔚然铺展。青山未老，绿水可期。"两山"发展理念，正在引领安吉和浙江走向社会主义生态文明新时代。

为解决时代发展课题诞生的重大科学论断

安且吉兮。也许从汉帝赐名开始，这个浙江北部一隅的县城就埋下了穿越千年的伏笔。在当代中国的发展叙事中，没有人可以无视发生在浙北山区安吉的故事。三面环山，中流一溪。虽然时间已近 2017 年 11 月底，但余村依旧满眼青翠，沿街一排排整洁的小洋楼以及看似无雕琢的"自然"街景，让人恍惚身处异国风情小镇。因为望得见山、看得见水、记得住乡愁，余村正成为新的旅游"网红"。据当地村民介绍，每天都有至少三趟大巴车从上海、苏州等地开进余村，在带来游客的同时也为村民带来无限商机。

如果将时间往回倒拨 20 年甚至 30 年，靠"卖空气"和"卖风景"吃饭，是余村人无论如何也想不到的。20 世纪 80 年代中后期，在浙江的 20 个贫困县名单中，安吉赫然在列。正所谓靠山吃山，憋着劲儿"摘帽"的安吉走上了工业立县之路，"村村点火，户户冒烟"。守着天目山俞岭和余村坞的余村也不例外，炸山开矿，卖矿石、造水泥。

阵阵"轰隆隆"声中，村民的钱袋子是鼓起来了，从"贫困村"到年集体收入 300 多万元的"富裕村"，余村的账面是好看了，但漫天的黄色尘土，仿佛被装上"昏暗"滤镜的山林，却成了余村新的烦恼。"村民窗户上都是尘土，衣服哪敢晾在外面啊！"当时作为《安吉日报》记者的陈毛应见证并记录下了余村的疮痍。递铺街道桃园村郭生来老汉至今仍记得："自从上游办起工厂后，溪水上全是白色的泡沫，几里外都能闻到臭气，水里鱼虾绝迹。"以鱼鹰捕鱼为生的他，不得已含泪卖掉了鱼鹰。而之后的一次爆炸造成的村民伤亡事故，再一次为当地的发展敲响了警钟，也倒逼当地政府部门在"怎么发展"这条分叉路上，不得不重新做出选择。

因为贫困，所以在余村乃至安吉，经济发展与环境保护最先短兵相接；也同样是因为腾挪转圜空间不够大，发展路径选择失误产生的一系列后果显现得更明显更快速。安吉和余村的发展，就这样以一种极端的方式，将发展的时代之问推到了人们面前。彼时的浙江，勇立改革开放的潮头，在深度塑造自身的同时也遭遇着"成长的烦恼"——资源支持不住，环境承载不下，发展难以持续。彼时的中国，经济虽大却还不够强，先污染后治理的发展道路频遭诟病，经济发展动力及轨道的切换成为重要议题。

初尝以牺牲环境为代价的粗放发展苦果，余村人痛定思痛关掉了石矿和水泥厂。"只有在失去之后才知道珍惜，这一段发展的小弯路也迫使安吉县作出'生态立县'的新决断"，安吉县委副书记赵德清说。1998 年，安吉县共投入 8000 多万元，对 74 家水污染企业进行强制治理，关闭 33 家污染企业，243 家矿山企业整治后只剩下达标的 17 家。集体收入断崖式"落水"，大量村民失业赋闲，发展的转轨所带来的冲击是巨大的，阵痛是显著的。持续的质疑和反对声，拷问着"生态立县"的发展道路，也在不断激发着绿色发展的生态自觉。

2005 年 8 月 15 日，习近平同志来到余村考察，对村里关闭矿区、走绿色发展之路的做法，给予了高度肯定，并首次提出"绿水青山就是金山银山"的重要思想。"在简陋的村委会会议室举行的座谈会上，他告诫我们：'不要迷恋过去的发展模式，下决心关停矿山是高明之举'。"余村村委会主任潘文革说。

余村考察 9 天之后，习近平同志在浙江日报《之江新语》专栏发表《绿水青山也是金山银山》一文。文中说："我省（浙江省）'七山一水两分田'，许多地方'绿水逶迤去，青山相向开'，拥有良好的生态优势。如果能够把这些生态环境优势转化为生态农业、生态工业、生态旅游等生态经济的优势，那么绿水青山也就变成了金山银山。绿水青山与金山银山既会产生矛盾，又可辩证统一。""两山论"的历史性出场，不仅在余村以及安吉起到了定纷止争的作用，更以极具前瞻性的战略眼光和长远的发展智慧，开启了之江大地的发展新实践。

实践是检验"两山"思想的唯一标准

走"绿水青山就是金山银山"发展之路，犹如一场接力赛，能否坚定不移地一届接着一届抓，一棒一棒往下传，取决于是否具有高瞻远瞩的视野和政治定力。大道至简，却知易行难。"从工业立县到生态立县，这是一次艰难而痛苦的选择，但想想安吉的未来，我们有什么理由不坚持！"安吉县委书记沈铭权说。然而，无论是实现"既要绿水青山，也要金山银山"，还是进阶到"绿水青山就是金山银山"，都不能不围绕"转换"做文章。

资源如何变资本？"美丽"如何成生产力？在困惑中，安吉"摸着石头过河"，大胆闯，大胆试，闯出了一条生态经济化、经济生态化的路子。向生态要效益，安吉独辟"绿"径，以项目为抓手，加快第一产业"跨二进三"。"一竿毛竹富了一县农民，一片叶子富了一方百姓，一把转椅富了一方经济"，竹子、白茶和转椅，三大绿色产业让安吉农村经济实现了腾飞。与习近平总书记当年提出"两山"重要思想的会议室一街之隔，是村民胡爱莲的家。她和爱搞研究的爱人演绎了新时代的"靠山吃山"故事，他们手握十几项竹地板发明专利，生产的竹地板销往全国和世界各地。

在拥有"中国白茶第一村"美誉的安吉溪龙乡黄杜村的茶园里，茶农阮波向记者讲述了发展茶产业给村民生活带来的变化。"我家里共种了200亩茶叶，每亩纯收益在8000元以上。现在，我们的茶叶有了可追溯体系，有了自己的品牌，还加入了茶产业青年创业联盟，村民们都依靠茶叶这片叶子过上了富足的生活。"自豪洋溢在阮波的脸上。截至2017年12月，安吉白茶种植总规模达17万亩，年产量1860吨，产值24.74亿元。

十年接力，薪火相传。沿着生态文明这条道路走下去的安吉，绘就了两条曲线图：

一条是绿水青山曲线图——20世纪90年代，安吉西苕溪水质严重污染，水质变成了V类甚至劣V类；而如今，安吉境内水质常年保持在II类以上。安吉的万元GDP能耗从2005年的每万元0.68吨标准煤，下降到2016年的每万元0.4吨标准煤，低于浙江省和全市的0.50吨和0.66吨标准煤的标准。

另一条是金山银山曲线图——2016年，安吉实现地区生产总值330.31亿元，人均GDP突破1万美元，12年间安吉经济总量的扩张速度快于全省全市平均水平，尤其是财政总收入增速明显高于全省全市平均水平。

两条曲线，同向而行，同步而进。坚定发展道路和自信，咬定"青山"，靠的是定力；而这份定力，更大程度上来自对"发展为了什么"这一根本问题的回答。从生态县的创建，到美丽乡村破茧而出，安吉进行的这场绿色"接力跑"，跑出了信心，跑出了希望，跑出了一条经济与环境、城镇与乡村、经济与社会互促共进的绿色发展之路。安吉模式以鲜活生动的实践，证明了"两山"重要思想的力量，为这场"发展观上的深刻变革"做出鲜明注脚。

制度创新是生态文明建设的根本保证

建设生态文明，需要稳定的制度保证。2017 年 8 月，安吉县龙山林场场长黄世清又有了一个新头衔——"二级林长"，成为他所负责林区森林资源保护和森林消防工作的第一责任人。像黄世清一样，安吉的"林长"还有 200 多位。"根据我县（安吉）林区分布和森林资源保护管理体系，林长制分为三级，覆盖全县范围内的所有林区。"安吉县林业局副局长邹平介绍说，其中，一级林长由联系乡镇（街道）县领导担任，二级林长由所在乡镇（街道）领导和国有林场长担任，三级林长由所在行政村（社区）领导担任。安吉建立"林长制"，在浙江乃至全国都是首创。这也是安吉不断加大生态文明制度建设的一个生动缩影。

"绿水青山"如何源源不断地带来"金山银山"？这既是安吉人的困惑，也是当时浙江各地普遍存在的困惑。按照"两山"重要思想揭示的"绿水青山"与"金山银山"的辩证关系，安吉选择的转化之路，就是经营村庄、经营生态，并用制度为生态文明落地建立有效保障。安吉地处长三角，周围是高速发展的城市群，其优势在生态，核心竞争力是乡村，应该抓住优势把乡村作为主战场，打造成长三角生态宝地。在发展中，安吉人意识到，"绿水青山就是金山银山"的发展之路，是一条经济社会发展的创新之路，不仅是对原有发展观、政绩观、价值观和财富观的全新洗礼，更是对传统发展方式、生产方式、生活方式的根本变革。围绕生态文明建设，安吉提出了一系列新要求，推出了"一揽子"硬制度。

不简单地以 GDP 论英雄。制定《安吉县生态文明先行示范区建设工作实施方案》和《部门目标责任考核办法》，将 36 个直属机关单位分为 A、B 两类，根据考核内容细化考核指标和分值，由县生态文明办对牵头部门目标任务完成情况进行考核，考核结果纳入县综合考核，作为对各部门评先评优、通报排名的依据。同时，还制定出台大气、水污染防治工作实施方案和考核办法等配套政策。

建立健全资源生态环境管理制度。2015 年，调整完善全县土地利用总体规划，充分融合规划体系、战略目标、控制指标、规划时序、空间布局、信息系统和实施机制，探索出"一张蓝图干到底"的多规融合模式，成为首个省级规划调整完善试点样板区。截至 2017 年 12 月，安吉全县禁止建设区由原规划的 19% 提高至 52%，规划建设占用耕地比例由原规划的 65% 下降至 51%，坡度 6 度以下优质基本农田净增加万余亩。

实施自然资源离任审计制度。把审计内容细化到土地、水、森林资源管理和矿山生态环境治理、生态环境保护等领域，2017 年正推进编制自然资源资产负债表工作，建立更加常态化、标准化、规范化的自然资源资产离任审计制度。

通过税收政策调整产业和企业布局。2012 年，安吉县开展调整城镇土地使用税政策，以"亩产税收"衡量企业项目效益，淘汰高能耗、高污染、低产出的落后产能和劣势企业，依据"亩产税收"贡献，综合企业排污、安全生产等因素，实行"分类分档""高征高奖"的城镇土地使用税政策，将征收范围按行政区域进行等级划分，提升适用税率，并按照区域、行业、亩产税收等情况，给予 0、30%、50%、100% 四档减免。

实现农村"垃圾不落地"。由农户及沿街门店将农村垃圾分类后，定时定点投放，定时清运，桶车对接，密闭运输。2016 年 11 月，制定《农村生活垃圾不落地收集实施办法（试行）》，通过完善垃圾收集设施，规范垃圾收集方式，不断改善村庄卫生环境，成功创建美丽乡村行政村 179 个，建成精品村 164 个，12 个乡镇实现全覆盖。

用绿色金融引导绿色产业发展。2016 年 5 月，安吉农商银行在全国地方性小法人金融机构中率先成立首家绿色金融事业部，以绿色信贷的全流程管理作为突破口，通过探索构建绿色组织体系、绿色指标体系、绿色考评体系，不断创新绿色信贷产品，引导全社会更加注重生态环境保护和绿色产业发展。

推动生态文化深入人心。将生态文明写入小学生教材，写入村规民约，增强村民的自律，生态文化正在成为安吉人践行"绿水青山就是金山银山"科学论断的一种自觉。

安吉探索的思考和启示

世界文明之路如何行进，人类将向何处去？这一人类文明之问，正成为世界各国必须共同应对的时代之问。孕育"绿水青山就是金山银山"重要思想的浙江，在 21 世纪初就遇到了"保护"与"发展"的冲突。十几年间，安吉乃至浙江在思索中看到"统一"之法，在困境中找到"双赢"之道。浙江人像爱护眼睛一样保护生态环境，10.55 万平方千米的土地上，"人与自然和谐发展"的故事正在生动演绎。

党的十九大报告指出，建设美丽中国，为人民创造良好生产生活环境，为全球生态安全做出贡献。报告再次强调，必须树立和践行绿水青山就是金山银山的理念。"两山"重要思想正在从安吉走向浙江，走向全国。安吉和浙江省践行"两山"重要思想是理念创新、战略创新、模式创新、制度创新组成的综合性创新，践行"两山"重要思想进程中不仅取得了显著成就，而且取得了一系列宝贵经验。

坚持"以人民为中心"的发展观，始终坚持"人民对美好生活的向往，就是我们的奋斗目标"的价值追求；坚持经济生态化不动摇，在尊重自然、顺应自然、保护自然的前提下推进经济转型升级。积极推进经济生态化，把生态文明建设与"腾笼换鸟""空间换地""三改一拆""四边三化"和新农村建设结合起来，开辟了经济转型升级的新路子。

坚持生态经济化不动摇，努力将"生态资本"转化为"富民资本"，培育绿色经济增长点。安吉县和静海县基本实现了绿水青山的价值目标，杭州市淳安县仅生态补偿每年就可获得 4 亿元的财政转移支付。

坚持体制机制改革，以制度激励人们树立绿色生产方式和生活方式。浙江既是全国第一个实施排污权有偿使用制度的省份，也是全国第一个开展区域之间水权交易的省份，还是全国第一个出台省级层面生态补偿制度的省份，正是这些制度提高了资源配置效率，保障了"资源小省"变成"经济强省"。

坚持齐抓共管，形成政府引导、企业主导、公众参与的协同治理格局。正是由于充分发挥了政府、企业、中介组织、社会团体和社会公众参与生态文明建设的积极性、主动性和创新性，才形成了社会合力，保证了浙江的绿色发展走在全国前列。

实施绿色评价标准化战略，使绿色发展可评价、可比较、可示范。绿色评价标准是建立在统计数据、检测数据、问卷调查基础上的绿色发展水平的量化标准和指标体系。在美丽乡村建设上，安吉县提供了"安吉标准"，并上升为国家标准。在未来的美丽中国建设中，同样应该明确"美丽标准"，实现生态文化美、生态环境美、生态家园美的目标。

既要金山银山，也要绿水青山，绿水青山就是金山银山，这是发展理念和方式的深刻转变，也是执政理念和方式的深刻变革。"两山"重要思想，必将引领浙江和中国发展迈向更新层次和更新境界。

资料来源： 光明日报调研组：《生态文明建设的"安吉密码"》，《光明日报》2017 年 12 月 1 日，第 4 版。

 经验借鉴

　　翻开历史长卷，可知文明兴衰。一部人类文明史，也是一部人与自然的关系史，人类向自然的无度索取，让我们付出沉重的代价；人类与自然和谐发展，让我们共享地球家园的蓝天白云、绿水青山。安吉始终坚持"人民对美好生活的向往，就是我们的奋斗目标"的价值追求，不断探索绿色发展的道路。从"安吉密码"中可以总结出安吉绿色发展的经验主要有以下几点：①重视绿色发展，勇于创新。例如，安吉重视生态环境资源对生产力发展的不可替代作用，向生态要效益，独辟"绿"径，以项目为抓手，加快第一产业"跨二进三"。②因地制宜，发挥后发优势。因地制宜选择好发展产业，让绿水青山充分发挥经济社会效益，切实做到经济效益、社会效益、生态效益同步提升，实现百姓富、生态美有机统一。③用绿色思想度量，以绿色行动求索。实践是检验"两山"思想的唯一标准，从生态县的创建，到美丽乡村破茧而出，安吉进行的这场绿色"接力跑"，跑出了信心，跑出了希望，跑出了一条经济与环境、城镇与乡村、经济与社会互促共进的绿色发展之路。④以稳定的制度作为绿色发展的保障。例如，安吉根据本县林区分布和森林资源保护管理体系，建立"林长制"，林长制分为三级，覆盖全县范围内的所有林区，这也是安吉不断加大生态文明制度建设的一个生动缩影。面对百姓的殷殷期盼，生态文明制度改革的领域不断延伸，措施不断细化。⑤政府与社会力量联合。政府这只有形的手要充分发挥作用，在政府的引领下，和人民群众一起努力实现可持续发展的目标。坚持齐抓共管，形成政府引导、企业主导、公众参与的协同治理格局。正是由于充分发挥了政府、企业、中介组织、社会团体和社会公众参与生态文明建设的积极性、主动性和创新性，才形成了社会合力，保证了浙江的绿色发展走在全国前列。生态足迹就是能够持续地提供资源或消纳废弃物的、具有生物生产力的地域空间，能够容纳人类所排放的废弃物的、具有生物生产力的地域面积。安吉县以两山思想为指导实施绿色发展也极大地扩展了生态足迹。

三、临海：山脉水脉　家园命脉

 案例梗概

1. 临海市围绕"千年古城新崛起"目标，将创模和环境综合整治作为工作重心来抓。
2. 加大环保基础设施投入力度，在环保基础设施建设上的投入累计达到近百亿元。
3. 坚持以治污为突破口，坚定不移推行产业转型升级，削减污染物排放总量。
4. 积极推进水环境治理，通过实施沿河企业达标整治，全部达到水功能区要求。
5. 全面启动分散式燃煤锅炉改造，开展城市行业废气专项治理和特色行业整治。
6. 着力推进生态文明进学校、进社区、进企业、进农村等工作，切实加强创模宣传。

关键词：生态示范；环境改造；污染整治；网格化管理；全民参与

 案例全文

"七山一水三分田"的浙江省临海市，濒东海之滨，居括苍山下。经年流淌的灵江水，养育了这里百万人口；千年台州府源远流长，历史与文化的积淀，造就了临海人智慧、勤奋和富有创造力的秉性。21世纪的第一缕曙光，先后擦亮了临海市这样一张张"名片"：2006年获国家园林城市，2008年获国家卫生城市，2012年获中国宜居城市，还有浙江省的"美丽城市"试点市，进而在2013年吹响了"创建国家环保模范城市"的集结号。

创模之持之以恒篇

改革开放推动了临海市社会经济高速发展。面对如何协调经济与环境的可持续性，临海市历届市委、市政府高瞻远瞩，精心谋划，坚持着环境模范城市创建的方向。

早在 2003 年，临海市就提出创建国家环境保护模范城市和生态市，同步推进国家卫生城市、国家园林城市、国家环境保护模范城市三项创建工作。2006 年成功创建国家园林城市，并分别于 2009 年、2014 年通过复审；2008 年成功创建国家卫生城市，并于 2012 年通过复审；2009 年成功创建省级环保模范城市，并于 2013 年通过复审。2013 年，临海市委、市政府再次全面部署国家环境保护模范城市创建，围绕"千年古城新崛起"的奋斗目标，将创模和环境综合整治作为近几年的工作重心来抓，以创模助推可持续发展。在环境保护部、省环保厅的关心和支持下，经过全市上下的共同努力，创模工作取得了阶段性成果。

在创建过程中，临海市主要领导重视，思想上有位置，工作上有分量，力量上有保证，措施上有力度，做到注重过程、注重特色、注重实效、注重民生"四个注重"，实现从部门创建向全民创建转变、从阶段性创建向常态化创建转变、从达标创建向为民创建转变等"三个转变"；基本实现了基础设施现代化、产业结构合理化、城乡环境生态化、生活质量文明化"四个化"。

通过创模助推临海产业升级。在重拳治理下，临海产业转型升级迈出了崭新步伐，尤其是医化行业，规上企业由 2000 年前后的 28 家增加到 51 家；全市 6 家上市企业，医化企业 3 家，占 50%；53 家高新技术企业中，医化企业 20 家，占 38%。临海医化园区被列为国家首批循环化改造示范园区，是浙江省唯一的现代医药制造模式转型示范园区、生物医药省级高技术产业基地、浙江省清洁生产示范园区，有力地促进了产业的转型升级和"绿色药都"的建设。

创模之基础建设篇

加大环保基础设施投入力度，夯实各项环保基础设施建设是提升城市环境品质的严格要求，也是改善城乡群众生活环境，为民造福的系统工程。多年来临海市在环保基础设施建设上的投入累计达到近百亿元，特别是 2013~2014 年共计投入 20 亿元建设 29 项环境保护相关工程项目，2015 年计划投入 11.3 亿元，重点推进 23 个环保基础设施项目建设。

建设污水处理厂。建成城市污水处理厂两座，形成日处理城市污水 9.6 万吨的规模，启动城市污水处理厂迁扩建工程。扩建医化园区污水处理设施，新增污水处理能力 1.25 万吨 / 日。全面启动镇级污水处理厂建设工程，规划在未纳入城市污水管网的 11 个建制镇建设镇级污水处理厂。截至 2015 年 9 月，2500 吨 / 日的白水洋镇污水处理厂一期工程已投入运行，涌泉、杜桥已动工建设，完成了括苍镇污水处理厂选址。

实施农村生活污水治理。3 年安排 10.12 亿元专项资金用于农村生活污水治理，全面完成 721 个行政村生活污水治理。明确"六统四分"的治理思路和方式，2014 年已经投入资金 2.9 亿元，完成 184 个行政村生活污水治理，新增受益农户约 4.4 万户。同时在终端建设管理上，按照"谁建设，谁管理"的原则，采取终端设施采购、运行维护总承包的方式，引进环保公司负责第一期（5 年）设备的建设和运行维护，切实提高设施运行管理水平，临海市被评为"2014 年度浙江省农村生活污水治理工作优胜市县"。

推进截污纳管工程。实现主城区范围内二级污水管网基本全覆盖，建有 3 座污水提升泵站，污水管网 265 千米，截污率达到 90% 以上；医化园区自 2012 年被列入国家首批循环化改造示范试点园区以来，投入 3500 多万元，全面彻底改建 36 千米公共雨水、污水管道，改"暗管"为"明管"，杜绝企业偷排、漏排。

提升固废处置能力。建成台州市危险废物处置中心，为全国 31 个综合性危险废物处置中心之一，年处置规模为 3.8 万吨，2015 年启动处置规模 100 吨 / 日的焚烧系统三期项目建设。建成括苍医用垃圾处理中心，年处理医用垃圾 3600 吨，为台州市仅有的两个医用垃圾处理中心之一。建成生活垃圾焚烧发电厂，日处理城市生活垃圾 700 吨。完成城市污水处理厂污泥无害化处置工程建设，新增污泥深度脱水干燥 45 吨 / 日。建成临海市病死动物无害化处理中心，每年可无害化处置病死动物 6 万头。启动了东部垃圾焚烧工程前期工作。

实施生态环境改造工程。完善城区绿地系统建设，重点推进综合公园、社区公园、带状绿地等街旁游园绿地建设，成功创建省级森林城市，成为第一批"浙江美丽县城"试点市。开展"四边三化"专项行动，高速公路、国省道公路两侧宜林地段绿化率完成 100%，绿化里程 234.07 千米；河道整治完成 34.03 千米；开展森林村庄创建 100 个。坚持公交优先理念，划定公交专用车道；引导市民践行绿色出行理念，在台州市率先推行公共自行车租赁系统建设和城市绿道建设，投入 7000 万元，建成了 25 千米绿道，投放 4000 辆公共自行车，设置 123 个公共自行车租赁点，实现市区全覆盖。

创模之刮骨疗伤篇

社会经济的高速发展，推动了临海市奔小康的道路，但同时也带来一定的环境污染。对此，临海市坚持以治污为突破口，坚定不移推行产业转型升级，通过关停并转等形式，淘汰落后产能，削减污染物排放总量。

推进重点区域污染整治。2011 年全面关停水洋化工区内化工企业；关停黄礁岩头工业区块 1 家化工企业，整治提升 3 家；2014 年关停淘汰市区周边恶臭项目，实现主城区告别医化恶臭。持续推进医化园区环境污染整治，淘汰重污染项目 50 余个，兼并关停企业 13 家，投入 4.6 亿元全面实施雨污分流工程，建设企业污水 pH、化学需氧量、流量等主要指标在线监控和刷卡排污总量控制系统，建成 30 多套 RTO 废气末端处理设施，建成膜技术深度处理装置 18 套，实施污水处理厂扩容提标改造工程等。

开展重点行业整治。先后开展了铅蓄电池、电镀、金属熔炼、印染、造纸、制革、化工、彩灯、眼镜等行业污染整治，共关停 500 多家污染企业；建成东部电镀园区，8 家电镀企业搬入生产。2014 年，对列入四大行业（印染、造纸、制革、医化）整治的 68 家企业，关停 21 家，整治提升 47 家。启动地方特色产业环境综合整治，淘汰关停低小散、环保不达标企业，其中关停 30 多家休闲用品企业，关停 50 多家彩灯企业。2015 年重点推进眼镜行业大整治，截至 2015 年 7 月底，共开展了 14 次专项执法检查行动，检查眼镜生产企业664 家，责令停产整改 379 家，查封 20 家，立案处罚 49 家，移送公安 3 件。

建立联动执法机制。建立了法院、检察院、纪委、工商、公安、环保等部门环境执法联动协作机制，实行环境信息共享制度，组织开展联合执法行动，2014 年开展了 4 次"零点行动"、5 次"斩污除患"雷霆行动，移交公安案件 26 起，刑拘 38 人，行政拘留 14 人，判决 6 起案件，判刑 17 人，2015年以新环保法实施为契机，进一步强化环境执法，保持打击环境违法的高压态势，截至 2015 年 6 月底共判决环境污染案件 6 起，11 人被追究刑事责任。

完善环保考核机制。强化环保"一票否决制""第一前置权"等强制手段，大幅增加镇（街道）年度目标责任制考核中环保分值，促进环保工作有效落实；结合杜桥镇等省级中心镇、省小城市培育试点镇等发展需要，将部分环保审批、监管等职能下放，在促进当地经济发展同时，更好地落实环保监管工作。

探索建立网格化管理新机制。以政府主责，行政管理操作为主，环保部门及相关部门执法为支撑，构建覆盖全区域所有污染源的环境管理工作网格。全市分四级网格，从市政府主要领导及相关部门负责人到社区、村环保员，上级网格负责下级网格的监督、考核及下达工作任务。环保局按四级网格需要，提供工作计划、执法支撑，通过网格建设和职责明确，形成全市人人参与、政府主导、职能部门配合的工作机制。

创模之水环境治理篇

以"重整山河"的志气、破釜沉舟的决心、铁腕推进的措施，积极推进水环境治理。饮用水水源地牛头山水库常年保持一类水质，市区 7 个监测考核断面，通过实施沿河企业达标整治，全部达到水功能区要求。

积极保障饮用水水源安全。进一步完善水质自动监测体系建设，实现库区水质监测全覆盖，建设了 3 处水质自动监测站，其中两处为水库上游入口处浮动式水质自动监测站；开展两轮饮用水水源安全隐患排查和整治，整改隐患点 30 多处；投入 200 万元改造了牛头山水库及备用水源的原有隔离防护设施；开展引用水源突发事件应急演练，提高应急供水保障能力。自 2011 年开始对牛头山水库上游 4 个镇实施生态补偿政策，共计发放财政补助 2800 余万元。

铁腕推进工业企业废水达标整治。组织开展沿河 200 米范围内工业企业废水排放情况摸排，共计排摸 594 家企业，全面规范环保管理，对非法违规企业进行立案查处；对没有落实环保要求的，进行限期改正；对监管不到位的企业，重新制订监管计划，加强监管，确保重点企业得到有效管理。2013年共立案处罚 108 家，2014 年立案处罚 140 家，2015 年上半年立案处罚 120 家。

率先推行"河长＋警长"联动治水模式。实行"一河一河长、一河一警长、分工负责，统一协调"的工作体制，警长配合河长做好污染水体构成及分布状况统计、涉水矛盾纠纷排查，涉河违法犯罪、治水联动处置、动态管控巡查等具体工作，合力开展水污染治理。

推进城区河道水质提升。投入 1.8 亿元实施东大河东段治污工程、市区河道生态补水项目等 26 项河道专项整治项目，进一步提升市区河道水质；完成安装城区考核河道视频监控点 18 只，利用智能系统对河道进行监控；投入2300 万元实施生活垃圾填埋场渗滤液处理工程。

开展养殖业污染整治。编制《临海市生态畜牧业发展规划》（2015—2020年），积极引导养殖户开展农牧对接、生态养殖，共关停拆除禁养区和河道周边畜禽养殖场 541 家，发放补助资金 840 万元。在浙江省率先开展牛蛙养殖场关停专项行动，全面关停 448 家、养殖面积 2311 亩的牛蛙养殖场，对关停养殖户通过技术培训顺利实现转型升级。

创模之大气污染防治篇

2014 年环境空气 AQI 指数优良率 85.7%，煤炭消费总量降低 2.1%，二氧化硫、氮氧化物排放量分别削减 2.51%、1.04%。截至 2015 年 7 月底，共淘汰黄标车、老旧车 6738 辆，发放财政补贴资金 2500 多万元；全面启动分散式燃煤锅炉改造，开展城市扬尘和餐饮、干洗等行业废气专项治理和特色行业整治。

推进能源消费结构调整，优化产业布局。2015 年计划淘汰改造"五炉"（锅炉、熔炉、茶炉、煤气发生炉、窑炉）538 台，其中在用 210 台，停用328 台。截至 2015 年 8 月底，共淘汰 230 台，完成计划的 43%。截至 2017年底，临海市禁燃区（除集中供热外）全部淘汰改造燃煤锅炉，非禁燃区基本淘汰改造 10 蒸吨 / 小时以下分散燃煤锅炉。逐步优化能源消费结构，使可再生能源占能源消费总量的 4%。实施低硫、低灰分配煤工程，逐步提高清洁煤使用率。推进城区内大气重污染企业搬迁改造，巩固印染、造纸、制革、化工、电镀等重污染高耗能行业整治成果。

开展工业废气治理。开展医化园区"废气治理年"活动。督促企业加强自行检测能力建设，逐步建立与 LDAR（泄漏检测与修复）体系适应的检测能力，重点企业逐步配备在线或便捷式挥发性有机物检测仪提升环保设施监控能力。积极开展挥发性有机污染物调研、评估，分解落实各行业挥发性有机物治理任务。重点深化医化行业挥发性有机物治理，推进涂装、合成革等重点行业挥发性有机物污染整治，完成挥发性有机物治理工程 25 项。

开展城市扬尘和烟尘整治。实施建筑扬尘污染管理办法，将施工企业扬尘污染控制情况纳入建筑企业信用管理系统。强化道路扬尘治理。进一步健全环卫收运体系，生活垃圾和建筑垃圾全部实现密闭运输。实施城市餐饮油烟治理和干洗废气治理，对467家餐饮企业和食堂等餐饮油烟单位，109家服装干洗店全面整治。

加强农村废气污染控制。禁止秸秆焚烧，加快实施农药减量控害增效、测土配方施肥工程。落实农作物病虫害统防统治绿色防控、水旱轮作模式等技术措施。

创模之众志成城篇

着力推进生态文明进学校、进社区、进企业、进农村、进机关工作，切实加强创模工作宣传，提高群众对创建国家环保模范城市工作的知晓率、参与率和认同率。

推进生态系列、绿色系列创建。以生态示范创建为抓手，逐步改善人居环境，提高生态环境质量。截至2015年9月，成功创建省级生态市，通过10个国家级生态镇（街道）、5个省级生态镇（街道）、4个台州市级生态镇街，499个台州市级生态村命名；成功创建国家级绿色学校1所、绿色社区1个、国家环境友好企业1家；省级绿色学校24所、绿色社区7个、绿色企业两家、绿色饭店5家，生态文明教育基地3个；台州市级绿色学校39所、绿色社区10个、生态文明教育基地两个。

广泛开展创模宣传。在"一报两台"开设专栏宣传创模。在临海电视台特别开设《临聚焦》等栏目，公开曝光各类环境违法行为和群众反映强烈的环境污染问题。在城市出入口、主干道、大型广场、公交车候车亭等公共场所、人群比较密集的地方设置宣传标语和公益广告，营造创建氛围。结合"世界环境日""浙江生态日""世界水日、中国水周""世界地球日"等主题纪念活动，印制宣传画报、宣传折页、倡议书和环保袋等，深入学校、企业、村居开展宣传活动。中小学自编环境教育教材，广泛开展主题班会、编发黑板报、编写手抄报等形式广泛开展环境教育。

拓宽全民参与渠道。通过网络、短信、创模简报、生态征文、知识竞赛等形式，广泛发布创建工作动态；成立各类志愿服务队，开展"碧水行动""低碳出行""废物回收"等社会志愿服务活动，扩大群众参与范围；开展"同饮一方水，共护生命源"和"环保模范城市大家创"等大型公益新闻行动，呼吁更多的民间力量参与到保护行动中；通过"12369"环保热线、市长热线、媒体热线等投诉渠道，使群众参与环保创模监督。

组织生态文明建设宣讲团活动。成立生态文明宣讲团，以翔实的资料、生动活泼的形式给市委中心组、党校、学校、社区、企业讲课，邀请国家级专家在临海市大讲堂开展创模及生态文明宣讲，总听众达5万人次。

山脉水脉，家园命脉。临海市12年的创模风雨兼程、继往开来，就为了这一命脉能重新焕发出勃勃生机，让浑浊的重回清澈，干涸的重现波光，难闻的重又清新，纷乱的重见有序，让一切久违的亲切和美好纷至沓来。抬起头，是一片蓝；低下头，是一片绿；再做一个深呼吸，神清气爽，那是怎样的一种幸福和惬意。

临海市"创模"大事记

2003年2月17日，在中共临海市委第十一次代表大会上，临海市提出创建国家环境保护模范城市和国家园林城市，建设人居佳市。

2003年9月1日，召开临海市环保协调小组会议，启动创建国家环保模范城市工作。

2004年4月22日，《临海市创建国家环保模范城市规划》评审会在国际大酒店二楼议政厅召开。

2009年3月11日，浙江省环保厅（浙环发〔2009〕25号）授予临海市人民政府"浙江省环境保护模范城市"称号。

2009年3月16日，浙江省人民政府（浙政发〔2009〕15号）命名临海市人民政府为省级生态市。

2013年6月8日，召开创建国家环保模范城市、水环境整治工作动员会，全面推进国家环保模范城市创建。

2014年4月9日，《临海市创建国家环保模范城市规划》经市政府批准实施。

2014年9月15日，正式向环境保护部递交创建国家环保模范城市申请。

2015年4月22日，召开临海市"多城联创"工作动员大会，动员部署创建国家环保模范城市、全国文明城市、省美丽县城和国家卫生城市复审工作。

2015年5月20~21日，顺利通过浙江省环保厅组织的创建国家环保模范城市省级预评估。

资料来源：蒋贤国、杨金国：《山脉水脉 家园命脉——临海市创建国家环保模范城市展示》，《中国环境报》2015年9月10日，第4版。

 经验借鉴

近年来，临海市积极响应国家政策号召，积极走经济发展与环境保护相协调的道路，将创模和环境综合整治作为近几年的工作重心来抓，以创模助推可持续发展。在政府的关心和支持下，经过临安全市上下的共同努力，创模工作取得了丰硕的成果。临海市的绿色管理经验有如下几条：①高瞻远瞩，精心谋划。例如，面对如何协调经济与环境的可持续性，临海市政府坚持环境模范城市创建的方向，较早地提出创建国家环境保护模范城市和生态市，同步推进国家卫生城市、国家园林城市、国家环境保护模范城市三项创建工作，现在基本实现了"四个化"建设。②加大基础设施投入力度。例如，多年来临海市在环保基础设施建设上的投入累计达到近百亿元，特别是2013~2014年共计投入20亿元建设29项环境保护相关工程项目，2015年计划投入11.3亿元，重点推进23个环保基础设施项目建设。③建立健全绿色发展体制机制。例如，临海通过完善环保考核机制，强化环保"一票否决制""第一前置权"等手段，大幅增加镇（街道）年度目标责任制考核中环保分值，促进环保工作有效落实，在促进经济发展的同时，也更好地落实了环保监管工作。④优化产业布局，减少污染排放。例如，临安市淘汰改造污染落后产能，逐步优化能源消费结构，使可再生能源占能源消费总量的4%，实施低硫、低灰分配煤工程，逐步提高清洁煤使用率，推进城区内大气重污染企业搬迁改造，巩固印染、造纸、制革、化工、电镀等重污染高耗能行业整治成果。⑤广泛开展创模宣传，提高群众的认可度和参与度。例如，临海市在"一报两台"开设专栏宣传创模，在临海电视台特别开设《临聚焦》等栏目，公开曝光各类环境违法行为和群众反映强烈的环境污染问题，深入学校、企业、村居开展宣传活动，扩大群众对创卫工作的认知，并拓宽全民参与创卫的渠道。

四、乐清：把环保优先作为发展价值取向

 案例梗概

1. 乐清加大对环保的投入，在城市发展中树立环保优先的发展理念，建设生态市。

2. 推进经济结构调整，加快产业"腾笼换鸟"，主抓产业项目的 3 个重要环节。

3. 淘汰落后产能，分期分批淘汰污染重、能耗高、长期违法排污、治理无望的企业。

4. 专项整治铸造行业，关闭、取缔环境敏感区内的企业，统一拆除违法违章建筑。

5. 开展环境行为信用等级评价，并责令相关企业在新闻媒体上进行公开道歉。

6. 从群众身边的环境建设着眼，专项治理噪声污染、城市垃圾、河道环境等问题。

关键词：绿色千村行动；环保一票否决制；节能减排；拒绝黑色 GDP；生态补偿

案例全文

　　往事越千年，箫声传古今。乐清市位于浙江省东南部沿海，东临乐清湾，南临瓯江，建县于东晋宁康二年（公元 374 年），相传周灵王太子晋御鹤来此垒台吹箫，乐音清和，故而得名。如今，乐清已发展成为国内闻名的经济大市、旅游强市，并被联合国地名专家组授予"千年古县"的称号。

　　乐清在工业化、城市化快速推进，GDP 总量连续 14 年稳居温州市辖县（市、区）第一位的建设过程中，坚持把环保放在了突出位置，"既要金山银山又要绿水青山"，实现了经济发展与环境保护的良性互动、协调并进。"十一五"期间，乐清市经济在波动曲折中前进，综合实力进一步得到提升。2009 年，全市大气环境质量基本稳定，各项指标年均值符合国家环境空气质量二级标准，地表水质量与上一年基本持平，各饮用水水源地均满足功能区要求。

"千年古县" 期待第 25 张城市金名片

环保模范城市是一个城市综合发展水平、环境质量和社会文明程度的集中反映，是一张含金量非常高的城市名片。近年来，作为一座有着独特的自然禀赋和文化历史的山水城市，乐清已先后荣获中国地名文化遗产千年古县、全国文化先进市、全国体育先进市、全国科普示范市、中国优秀旅游城市、中国民间艺术之乡等 24 张城市金名片，乐清期待着将"环保模范城市"的这张金名片也收入囊中。

乐清市委、市政府高度重视环境保护事业，于 2004 年开始启动环保模范城市创建工作。成立了由市长担任组长的创模工作领导小组，编制了《乐清市国家环保模范城市创建规划》，各项创模工作有序展开。同时，乐清结合国家园林城市、国家卫生城市、全国优秀旅游城市等"六城"联创工作和生态市建设，以"绿色乐清"建设为载体，以构建生态经济体系、生态环境体系和生态文化体系"三大体系"为任务，重点推进雁荡山生态旅游建设和柳市低压电器生态工业建设，深化"生态 115 工程"和"绿色千村行动"，促进了经济、社会与环境的协调发展。乐清全市各项环境指标都有了明显提高，在浙江省城市环境综合整治定量考核中排名不断上升，创模工作取得了明显成效。

2008 年、2009 年两年，乐清市投入环保资金 21 亿元，为创模工作打下了良好的经济社会基础。为进一步改善城市的环境质量，优化经济发展环境，提高区域竞争力，2010 年，乐清市委、市政府决定当年创建省环保模范城市，在此基础上努力创建国家环保模范城市，加快将乐清打造成为社会文明、经济发展、生态良好的宜居宜创业的现代化城市。

环保优先 建设宜居宜创业的生态市

时任乐清市委书记潘孝政认为，"必须把环保优先作为推进今后发展的重要价值取向，在做出发展决策时优先考虑环保影响，在调整经济结构时优先发展清洁产业，在利用有限资源时优先节约环境资源，在新上投资项目时优先进行'环保一票否决制'，在建设公共设施时优先安排环保设施。"

据了解，"十一五"期间，乐清平均每年投入生态市建设资金 1800 万元，利用"千村示范万村整治""清洁乡村行动"等载体，持续开展生态村镇创建，积极鼓励农村建设集中式生活污水处理工程和生活垃圾无害化处理工程，努力在区域内实现生态良性循环，累计建成农村生活污水工程300多个，生活垃圾处理逐步向"户集、村收、镇运、市处理"一体化迈进。全市已建成4个全国环境优美乡镇、11个省级生态乡镇、16个温州市级生态乡镇、67个温州市级生态村。

2008年，乐清在浙江省第一个结合生态环境功能禁止准入区推出了生态补偿政策，2009年乐清市重点安排800万元生态补偿资金用于涉及饮用水水源地的3个乡镇12个村的生活污水处理工程建设。乐清6个禁止准入区和其相关区域工程类项目涉及乐成镇、城北乡、白石镇、淡溪镇、岭底乡和雁荡镇6个乡镇49个村。

为保障饮用水水源安全，"十一五"期间，乐清开展了饮用水水源地周边污染源集中整治工作，重点严查饮用水水源地周边排污企业、"三无"企业等工业污染源以及周边村庄的生活污染源；针对重点地区，以"千百工程""新农村建设"为契机，深入实施"五整治一提高"工程，加快各村生活污水处理建设及生活垃圾收集中转建设。2009年，乐清市环境监测站对全市4个饮用水水源监测点隔月监测，监测表明，全市水库水质普遍优良，13个饮用水水源保护区水源水质基本能满足功能要求。

2009年，乐清城市环境空气质量优于或达到二级标准的天数已达到324天以上；区域环境噪声55.9分贝；单位GDP能耗有所下降；全年没有发生重大环境污染事故和因环境引发的重大群体性事件。

敢于"舍得"　拒绝黑色GDP

"推进节能减排工作，从短期来讲可能会牺牲点GDP和财政收入，但从长远来讲是为了更好地推动经济社会全面、协调、可持续发展。"时任乐清市长姜增尧说，完成节能减排这项"硬任务"，即便发展速度稍微慢一点、经济总量少一点也要在所不惜，这种代价早晚都要付出，早付出就早主动，就能以小代价换来大收益。

近年来，乐清在坚定不移地推进经济结构调整、加快产业"腾笼换鸟"工作的同时，重点抓好产业项目的"上、控、下"3个环节。"上"，就是对有利于优化产业结构、转变经济发展方式的项目，特别是高新技术项目，积极鼓励发展，想方设法扶上马。"控"，就是对高耗能、高污染、低效益的项目提高门槛、严格控制，凡是达不到节能和环保要求的，一律不得审批、核准。"下"，就是对一些落后的生产能力、工艺、技术和设备，尤其是对污染重、能耗高、长期违法排污、改造治理无望的企业，分期分批地淘汰下来。

乐清的芙蓉镇山水灵秀，素有"花村鸟山"之美誉，钻头业是全镇的支柱产业，占据全国市场的2/3。2002年，芙蓉镇被全国工商联评为"中华全国钻头（建工）产业基地"，在产业规模和发展速度上都达到了空前的高度。2007年1月，芙蓉镇提出生态镇建设目标，确定了"产业发展和生态建设"并重的工作思路，着手开展芙蓉钻头业污染专项整治活动。经过两年多的努力，芙蓉工业污水处理工程建设项目投入使用，实现污水处理"全覆盖"，并实行远程在线监控，确保废水稳定达标排放，还"鸟山花村"一个宜居的生态环境。

铸造业是大荆镇的支柱产业，2007年，大荆片区共有166家铸造企业，经过几十年发展，生产规模、品种、产量有了很大提高，但生产工具、设施、工序依然原始、落后，成为大荆镇的主要污染源和主要公害。2007年9月，乐清市对大荆片区的铸造企业开展专项整治，对厂址坐落在基本农田规划区或者环境敏感区内的53家铸造企业，一律予以关闭、取缔，对违法违章建筑进行统一拆除。53家企业有46座冲天炉，2007年用煤总量为5477吨，由此减少SO_2排放量66吨。其余的113家铸造企业一律责令停止生产，就地进行整治，现在这些企业重组成62家，并全部进行设施改造。经过改造，大荆铸造企业形象焕然一新，企业生产和加工也都采取了防污染措施。

乐清环保局还对全市132家环境管理重点企业开展环境行为信用等级评价，责令评定结果为黑色的企业和连续两年评定结果为红色的企业在乐清主要新闻媒体上进行公开道歉；会同乐清市人民银行、银监办事处落实环保政策，推行绿色信贷，防范信贷风险，建立环境违法行为信息月报制度。

倡导生态观念　优化人居环境

城市是文明中心，是人的乐园。乐清在创模工作中，坚持把生态环境质量放在突出位置，从群众身边的环境建设着眼，对噪声污染、城市垃圾、河道环境等问题开展专项治理，使群众切实感受到生态市建设和创建省级环保模范城市带来的变化和实惠。

2009年11月28日，乐清市城市污水处理厂（磐石）一期一阶段工程正式投入试运行。为力争完成"十一五"COD减排任务，乐清市政府出台了《乐清市2010年COD减排整改方案》，以"铁的决心、铁的手腕、铁的纪律"，保质保量快速有效地完成污水管网建设任务，实现磐石污水处理厂COD减排2000吨以上。截至2010年11月，已累计建成101公里的污水管网和11座污水泵站，并投入使用。根据测算，到2011年污水收集量将超过4万吨/日，污水处理厂将达到满负荷并且开始超负荷运行，污水处理厂的二阶段建设工作计划在2012年上半年完工，到时污水处理厂的规模将达到8万吨/日。

柳市垃圾焚烧发电厂是继市污水处理厂之后的又一重大市政项目，2010年1月10日，柳市垃圾焚烧发电工程正式开工，这个工程的建成将从根本上缓解城市发展与垃圾污染之间的矛盾，填补乐清生活垃圾无害化处理的空白。柳市生活垃圾焚烧发电项目，设计占地面积78亩，一期设计规模为日处理生活垃圾800吨，年上网供电量1.59亿度，总投资概算3.37亿元，服务区域覆盖柳市、北白象、黄华、象阳、七里港、翁垟、白石、磐石8个建制镇。

此外，2010年将试运行大荆蒲湾生活垃圾卫生填埋场；建成乐成镇蛎灰窑垃圾填埋场；虹桥东街垃圾中转站已完成土建；柳市镇新光片垃圾中转站完成主体工程建设；北白象镇樟湾垃圾中转站已完成80%，三山中转站已开工建设。

通过创建环保模范城市，乐清的经济社会发展水平得到总体提升，环境质量、环境建设、环境意识得到全面提高，经济环境协调发展，人与自然和谐相处，初步实现了经济与环境"双赢"，走出了一条生产发展、生活富裕、生态良好的文明发展道路。

资料来源：周晓丹：《把环保优先作为发展价值取向》，《中国环境报》2010年11月9日，第7版。

 经验借鉴

乐清通过创建环保模范城市，市民的环保意识和全市环境质量得到全面提高，经济环境协调发展，人与自然和谐相处，初步实现了经济与环境"双赢"，走出了一条生产发展、生活富裕、生态良好的文明发展道路。乐清绿色发展的主要经验如下：①始终把环保优先作为城市发展的理念。例如，乐清在做出发展决策时优先考虑环保影响，在调整经济结构时优先发展清洁产业，在利用有限资源时优先节约环境资源，在新上投资项目时优先进行'环保一票否决制。②政府高度重视，制定绿色发展规划。例如，乐清市委、市政府高度重视环境保护事业，为了顺利创建环保模范城市，成立了由市长担任组长的创模工作领导小组，编制了《乐清市国家环保模范城市创建规划》，确保各项创模工作有序展开。③敢于"舍得"，拒绝黑色 GDP。例如，乐清市积极推进经济结构调整、加快产业"腾笼换鸟"工作；着手开展污染专项整治活动；对铸造企业开展专项整治，对违法违章建筑进行统一拆除；环保局对重点环保企业开展环境行为信用等级评价。④倡导生态观念，优化人居环境。例如，乐清坚持把提升生态环境质量放在突出位置，对群众身边的环境问题实施专项治理，比如噪声污染、城市垃圾、河道环境等问题；开展一系列环保模范活动。乐清的绿色发展之路告诉我们，必须始终把环保作为绿色发展的工作重心，同时敢于拒绝黑色 GDP，绿色发展要惠及百姓，才是城市绿色发展的"长久之计"。

五、临安：共筑"百里画廊、千里画卷"生态梦

案例梗概

1. 临安采用"微动力好氧 + 稳定塘 + 人工湿地"等多种组合模式，处理农村生活污水。

2. 积极探索垃圾减量化、资源化处理的基本制度和有效方法，不断改善人居条件。

3. 建设集镇污水处理厂，微动力污水处理设施，基本实现城镇生活污水处理全覆盖。

4. 全面开展整治重污染高耗能行业污染工作，有效减轻工业污染，推进可持续发展。

5. 逐步淘汰有机上粉工艺、纯手工注汞工艺，实施含汞废气收集处理，规范废气处置。

6. 开展城区小锅炉专项整治，减少高污染燃料煤的使用，彻底消除小锅炉投诉事件。

7. 推进有机废气治理，完成企业、城区所有垃圾中转站废气专项治理和油气回收改造。

8.严格落实环保准入制度，强化环境监测工作，加强环境监察力度，健全联动机制。

关键词：生态文明；污水处理；废气治理；油气回收改造；环保准入

 案例全文

临安，一座距离大都市最近的生态名城。群山环抱、绿水环绕，城在山中，水在城中，生态环境绝佳，素有"真山真水真空气"之美誉，是一座大都市人非常向往的森林城市。近年来，临安紧紧围绕实现杭州西郊现代化生态市建设大跨越战略目标，坚定不移走生态立市之路，通过全市上下努力，已成功创建国家环保模范城市、国家级生态市，并被列为国家级生态文明建设试点市。临安市委、市政府又审时度势，提出了"生态文明先行区"建设的目标任务，确保临安的生态文明建设走在全国前列，保持先行优势。

完善基础设施　提高污染整治成效

农村生活污水处理设施。临安农村共有生活污水处理设施349个，其中微动力污水处理设施64座，集中式和分散式无动力污水池、沼气综合利用等263座，小型人工湿地20余座，阿科蔓生态氧化塘2处。太湖源临目区块的农家乐生活污水处理采用"微动力好氧＋稳定塘＋人工湿地"等多种组合处理模式，脱氮除磷效果明显，出水水质能够达到一级A标准。实现158个行政村的污水治理全覆盖，新增受益农户43695户。

垃圾资源化处置。临安积极探索垃圾减量化、资源化处理的基本制度和有效方法，不断改善人居条件，提升生态环境质量。锦北街道泥川村、岛石镇桥川村等7个村启动太阳能垃圾减量化处置试点工作；具备450吨垃圾日处理能力的临安绿能垃圾焚烧项目于2014年开始运行；2015年，临安宏渡村、闽坞村、迎丰村被列入浙江省农村垃圾减量化、资源化处理试点村。

集镇污水处理厂。截至2015年7月，临安18个镇街共建成集镇污水处理厂13个，微动力污水处理设施6座，累计铺设管网250余千米，拥有污水处理能力3.3万吨／日，基本实现了城镇生活污水处理工程的全覆盖。同时完

成在线自动监控装置安装、调试和联网，建立完善考核通报制度，截至 2015
年 7 月，出水指标和运行负荷均达到要求。

推进减排工程　提升生态环境质量

临安城市污水处理有限公司是临安范围内设计处理能力最大、运行最稳
定、后处理工艺最先进的污水处理公司，污水处理采用的是三沟式氧化沟处
理工艺。截至 2015 年 7 月，完成管网建设 300 余千米，服务城区面积 11.03
平方千米，日平均污水处理量达 5.54 万吨。其 6 万吨 / 日尾水脱氮除磷项目
是国家减排重点项目，占地 215 亩，总投资 1.3 亿元，包括高校植物生态深度
处理系统工程、植物资源化利用加工厂以及相应的配套设备和构筑物。2014
年项目建成以来基本稳定运行，城市污水处理厂尾水排放从原来的一级 B 标
准提升到一级 A 标准。其污泥减量化项目占地 3.4 亩，总投资 2478.31 万元，
采用山东临沂进民水务有限公司的活性污泥处理过程减量技术（SPRAS 工
艺），建设内容为 3 套污泥减量生化系统。2014 年建成运行以来，城市污水
处理厂 6 万吨 / 日水处理系统产生的污泥总量削减 60% 以上，每年节省药耗、
电耗、运输等污泥处理处置费用 500 万元左右。

近年来，临安根据省、市要求，按照"关停淘汰一批、搬迁入园一批、
整治提升一批"的原则，全面开展铅蓄电池、电镀、造纸、印染、化工、节
能灯等重污染高耗能行业 415 家污染整治工作，累计关停淘汰污染企业 138
家，整治企业 277 家；同时结合临安实际情况，又开展山核桃、印制电路板、
铜包钢、装饰纸等特色行业污染整治工作，通过行业整治工作，全市污染行
业主要污染物削减 40% 以上，有效减轻了工业污染，推进各行业健康可持续
发展。

临安市是全国最大的电光源产地之一，年产节能灯灯管占全国的 1/3、全
球的 1/4，临安市的高虹镇被中国照明协会冠为"中国节能电光源制造基地"。
从 1993 年起，经过近 20 年特别是近 5 年来的快速发展，临安节能灯产业规
模快速扩张，产业集聚效应初显，并开始逐步向 LED 等高新产品转型。近几
年来，临安加大了节能灯行业整治力度，从 2004 年开始先后开展了五轮行业
整治工作，逐步淘汰了有机上粉工艺、淘汰了纯手工注汞工艺、禁止使用了
氢氟酸洗管和实施了含汞废气收集处理。截至 2015 年 7 月，节能灯行业已关

停淘汰企业 95 家，完成整治企业 198 家，同时建成宇洁含汞固废处置中心，进一步规范了含汞危废的处置管理，推进了节能灯行业的可持续发展。

在大气治理方面，2015 年以来，临安深入贯彻落实国务院《大气污染防治行动计划》，制定了《临安市 2015 年大气污染防治实施计划暨"西湖蓝"行动环境保障方案》，认真实施"五气共治"工程，以燃煤烟气整治、工业废气治理、黄标车淘汰、餐饮油烟管理、扬尘治理等为重点，扎实推进大气污染防治各项工作，积极改善空气质量，保障人民群众身体健康。浙江杭州大马水泥有限公司和临安华旺热能有限公司两家企业完成脱硝工程改造，并投入稳定运行。针对城区小浴室、开水房的小锅炉废气投诉问题，临安开展了城区小锅炉专项整治，城区 83 家小浴室开水房全部完成整治任务，淘汰 32 家，改造 51 家，减少使用高污染燃料煤 160 余吨、柴 1400 余吨，城区小锅炉投诉彻底消除。在有机废气治理方面，临安制定了《涂装（装备制造）行业挥发性有机物污染整治规范》，有序推进有机废气治理，完成化工、涂装、印制电路板、印染、装饰纸等行业 63 家企业的有机废气治理，城区所有垃圾中转站完成废气专项治理，全市 69 家加油站完成油气回收改造。

强化监测监管 维护群众环境权益

严格环保审批。严格落实环保准入制度，执行"重大建设项目集体审议制度"，对在饮用水水源地保护区范围内或不符合产业政策的项目，坚决予以否决。截至 2015 年 7 月，累计否决了超过 230 亿元的产业项目。

强化环境监测。在 4 个集中式饮用水水源地及青山水库建立水质自动监测站，在 2 个饮用水水源保护区范围内开通水源地风险防控短信提醒功能；市政府和四中分别建有空气自动监测站，实时对临安城区空气质量进行监测并联网发布；66 家重点污染源企业安装在线监测监控系统，青山湖科技城建立了 16 个公共雨水预警平台，提高了监测和预警能力；加大对出境断面水质的监测频次，重点断面坚持每天采样监测；对市域内市级以上实行"河长制"管理的 33 条主要河道建立水质档案，2015 年 166 条"河长制"河道实现监测全覆盖。此外，临安为加强饮用水水源保护工作，建立了杭州地区首创的短信提醒机制，联合电信、移动、联通三大运营商，在里畈和水涛庄两个饮用水水源地开通了饮用水水源保护短信温馨提醒服务，使公众自觉参与到饮用水水源保护的事业中。2015 年以来，共计推送提醒信息 18000 余条。

加强环境监察。以网格化、精细化环境执法管理模式为基础，坚持日常巡查与"飞行监测"、交叉执法相结合，突出节假日、夜间、雨天等特殊时段的巡查，形成打击环境违法行为的高压态势，确保环境安全。2015 年以来，共出动环境监察人员 5901 人次，检查企业 2449 家次，完成点源记录 603 家，下达监察意见书 301 份；组织环保专项执法行动 6 次。

加强应急保障。在全市重点区域共设立 5 个应急物资存放点，构筑"半小时应急圈"，确保在突发性环境应急事件中，应急物资能在半小时内运送到位；组建了应急处置专家组，人员由环境监察人员、重点环境治理公司负责人和相应的专家教授组成，进一步提高复杂环境应急事件的处置能力。

健全联动机制。环保、公安、检察院和法院联合下发了《关于成立临安市环保政法联席会议工作机制的通知》，建立了环保政法联席会议制度；完善执法联动、案件移送、重大案件会商督办、紧急案件联合调查、案件信息共享等工作机制；市公安局治安大队增设环境和食品药品犯罪侦查中队，不断加强环境刑事犯罪打击力度。2014 年，共查处环境违法案件 118 件，其中於潜南山电镀污泥倾倒案、杭州亚中铝业偷排废水案和潜川海龙危废倾倒案 3 起环境污染案件中 12 人被追究刑事责任；2015 年以来，作出行政处罚决定的案件 61 件，其中 4 起涉嫌环境污染犯罪案件移送公安机关，3 人被刑事拘留，2 人被行政拘留。

设置阳光排口。不断提高公众环境保护参与度，保障公众对环境信息的知情权和参与权。实施了 15 家企业的"阳光排口"试点工程，要求排污口设置在厂区外，同时设置标识牌，标志牌上标示管理部门、排口编号、监督电话和联系人，公开排口信息，便于群众监督。

积极开展服务。市环保局制定了"结对村企"工作方案，每位职工结对一个行政村和一家重点企业，定期走访，开展服务。自活动开展以来，指导服务结对的 33 个行政村和 60 家企业达千余人次。在助推青山湖科技城建设方面，积极帮助入驻企业解决项目环保审批等方面的问题，2015 年来先后服务指导企业 200 余次。在"访企解难题 服务零距离"活动中，由局班子领导带队，全面深入负责联系的企业一线进行走访，截至 2015 年 7 月，已办结完成 54 件困难问题。

畅通环境信访渠道，开设"12369、63739110"两路环保热线，实行 24

小时值班制度，第一时间受理、处置环境信访投诉，切实维护群众环境权益。2015 年以来，临安环保局共受理环境信访投诉 548 件，同比下降 4.2%，信访件办结率为 95.6%，满意率为 98.5%。

通过严格环境准入，强化环境监测监管，大力推进"五水共治""一廊十线"、重污染行业整治、污染物减排及生态基础工程建设等重点工作，不断优化生态环境，2014 年临安生态环境状况指数（EI 值）位居浙江省 69 个县（市）、市区评价单元第九位。水环境质量稳定达标，2015 年 1~5 月，全市 5 个集中式饮用水水源地和 4 个出境断面水质稳定达标，其中青何、印渚断面有 4 个月达到 II 类水标准，径山断面有 3 个月达到 II 类水标准。大气质量持续改善，1~5 月，空气质量指数为 86.8，同比下降 17.6；优良天数 115 天，同比增加 25 天；优良率 76.2%，同比提高了 16.2%；PM10、PM2.5 浓度同比分别下降了 18.9 和 17.1。城区噪声 54.3 分贝，达到功能区标准。优良的环境质量为临安打造"山川秀美、城靓村美、生活和美"的"三美临安"奠定了坚实的基础。

资料来源：帅燕、方晨：《临安：共筑"百里画廊、千里画卷"生态梦》，《钱江晚报》2015 年 7 月 1 日，第 L0008 版：临安生活。

 经验借鉴

临安，夯实基层基础，推进生态文明建设，共筑生态梦。提升了生态环境品质，探索出了一条绿色发展之路，有如下几条经验：①加大基础设施建设。例如，临安在农村生活污水处理方面加大设施投入，太湖源临目区块的农家乐生活污水处理采用"微动力好氧＋稳定塘＋人工湿地"等多种组合处理模式，使得资源能有效合理运用，循环利用，受益农户。②顺应绿色发展需要，制定环保规范标准。例如，在有机废气治理方面，临安制定了《涂装（装备制造）行业挥发性有机物污染整治规范》，有序推进有机废气治理，完成化工、涂装、印制电路板、印染、装饰纸等行业 63 家企业的有机废气治理，城区所有垃圾中转站完成废气专项治理。③制定环保监察制度，提高绿色发展保障。例如，临安制定并严格落实环保准入制度，执行"重大建设项目集体审议制度"，对在饮用水水源地保护区范围内或不符合产业政策的项目，坚决予以否决。强化环境监测和监督，完成在线自动监控装置安装、调试和联网，建立完善考核通报制度，出水指标和运行负荷均达到要求。④在绿色管理上大胆创新。例如，临安为加强饮用水水源保护工作，建立了杭州地区首创的短信提醒机制，联合电信、移动、联通三大运营商，在里畈和水涛庄两个饮用水水源地开通了饮用水源保护短信温馨提醒服务，使公众自觉参与到饮用水水源保护。⑤积极开展绿色管理服务。例如，临安环保局制定了"结对村企"工作方案，每位职工结对一个行政村和一家重点企业，定期走访，扎实推进大气污染防治各项工作，积极改善空气质量，保障人民群众身体健康。

六、舟山：渔都港城构筑蓝色屏障

 案例梗概

1. 舟山积极转变经济发展方式，调整产业结构，淘汰重污染项目，发展生态高效农业。
2. 扶持节能产业，创建海洋综合开发试验区，进一步提升生态型海洋经济发展水平。
3. 坚持绿色发展导向，发展附加值高、资源消耗低、环境污染少的生态型海洋产业。
4. 建立健全生态补偿机制和综合考评机制，推进海域、岸线有偿使用制度的完善。
5. 强化推进海洋生态文明建设的法制保障，加大环保执法力度，创新环保执法方式。
6. 完善环境污染应急预案，加大环境监测力度充分运用执法手段，落实环境信访制度。
7. 提高海洋管理和环境保护能力，适度利用海洋资源，配合休渔期，引导渔民转业。

关键词：生态高效农业；循环经济；现代海洋产业；生态补偿机制；环保执法创新

 案例全文

拥有1390个岛屿、11万平方千米海域的浙江省舟山市，是我国唯一以群岛设置的地级城市，素有"东海鱼仓""渔都港城""海天佛国"等美称。

"依海而立"的地理环境构成其独特的生态优势，岛上气候宜人，空气清新；景色秀丽，环境洁净；海洋资源丰富，生物种群多样；海洋文化底蕴深厚，生态文明源远流长。为此，时任浙江省副省长陈加元曾明确要求，要把舟山市构筑成浙江省最重要的蓝色屏障。近年来，舟山坚持科学发展，积极探索特色生态文明建设之路，使"海洋经济强市、海洋文化名城、海岛花园城市、海岛和谐社会"的奋斗目标逐步变为现实。

转方式、调结构，大力发展生态型海洋经济

舟山渔场是世界四大渔场之一，改革开放以来，面对渔业资源严重衰退的现实，舟山积极转变发展方式。

舟山由多年来的"渔、港、景"海洋产业发展模式转型到"港、景、渔"，确立了临港工业在全市经济中的主导地位，以船舶修造、水产加工、海运业、港口物流、海岛旅游等为主导的生态型海洋经济得到较快发展。特别是 2009 年舟山船舶修造业实现产值 432 亿元，占中国 10% 以上，3 家企业名列全球造船业 30 强。

产业结构进一步优化，一批重污染项目逐步淘汰，新引进的项目以效益高、能耗低、污染少为重点。生态高效农业效益显著，"普陀佛茶""晚稻杨梅"等一批绿色农业产品享誉海内外。

现代渔业积极发展生态养殖、水产品精深加工，建立了 14 个国家级、25 个省级生态养殖标准化项目，打响了梭子蟹、大黄鱼、贻贝等著名养殖品牌，水产加工产值稳定在 150 多亿元以上，规模、技术和研发能力处于全国领先水平；生态旅游业蓬勃兴起，国家 5A 旅游景区"海天佛国"普陀山、国家级风景名胜区"沙雕故乡"朱家尖、"南方北戴河"嵊泗列岛等天下闻名。

循环经济加快推进，2010 年垃圾焚烧发电工程、长白风电场等 11 个项目列入浙江省发展循环经济"991 行动计划"（发展循环经济九大重点领域、落实循环经济"九个一批"抓手、实施 100 个左右循环经济重点项目），总投资32 亿元；产业节能技术广泛应用，在船舶行业推广使用了节能型空压机、电焊机等，水产加工业抓好单冻机变频调整节能技术应用及冷库节能技术改造，渔业逐步推广风光互补小型发电节能装置和节能型渔具；在清洁能源利用方面，海水淡化项目总规模达到 3.8 万吨／日；岱山衢山风力发电场实现 48 台

风机全部并网发电，年发电总量在 1 亿度左右。

2010 年以来，舟山抓住大桥贯通运行和舟山海洋综合开发试验区获批的机遇，2010 年 9 月，舟山市委审议通过《关于贯彻省委十二届七次全会精神推进海洋生态文明建设的实施意见》，提出围绕创建舟山海洋综合开发试验区，进一步提升生态型海洋经济发展水平。确定本岛以中国（舟山）海洋科学城为核心，重点布局以港航现代服务业、总部经济、科技研发为主的高新、优质绿色智慧产业体系。金塘、六横等经济大岛做大临港工业，突出海洋产业集聚、升级，打造生态型海洋产业岛。把一批海洋资源丰富的近岸岛、有人岛、特色岛定位为适度开发岛，坚持开发和保护并重，建设成为具有一定实力的港口物流、海洋旅游、新能源示范等功能岛。把一批距市、县城较远的无人岛定位为生态保护岛，对珍稀、濒危物种和海岛、海域生态系统进行重点保护。

坚持绿色发展导向，不断优化海洋产业结构，努力构建附加值高、资源消耗低、环境污染少的生态型现代海洋产业体系。通过集约利用海域、岸线、水资源以及各领域、生产生活环节的节能措施，形成集约型海洋资源利用体系。全面融入与中科院的"432"（浙江新增项目 400 个，互派挂职人员达到 300 人，实现销售收入 200 亿元）合作计划，进一步深化与浙江大学的海洋科研合作，围绕新能源开发、生态型临港工业、节能环保技术等开展平台、人才、项目成果全面对接，着力强化海洋科技和人才支撑。

抓减排、促整治，切实加强环境保护

2005~2010 年，舟山市 GDP 增速在浙江省乃至长三角 16 个城市中名列前茅，但经济发展没有以牺牲环境为代价，而是持续保持了良好的生态环境质量。2009 年，全市环境空气优良率达到 98.9%；县级以上集中式饮用水水源水质达标率 100%；地表水环境功能区水质达标率 100%；全市区域环境噪声均值低于 55 分贝。生态环境状况级别连续多年在浙江省保持优秀。

抓好污染减排和环境整治是保持海岛花园城市蓝天碧水的两个重要法宝。舟山市政府每年将污染减排指标纳入各地经济社会发展综合评价考核体系，确定一批重点减排项目和企业并进行媒体公示接受社会监督。2005~2010 年，投资 3.8 亿元建成 4 个城区污水处理厂和一批集中式工业污水处理厂、乡镇生活污水处理厂。投资 8500 万元的朗熹发电厂在浙江省首次采用海水脱硫工艺，节约淡水、避免二次污染，实现了减排技术创新，脱硫率达 95% 左右。2009 年这个厂又采用"第三方治理"模式启动二期工程环保配套设施建设，填补了国内烟气海水脱硫工程特许经营项目的空白；同时舟山市还自加压力，使全市 4 吨以上煤锅炉全部实现脱硫工作目标。平时坚持在线实时监控、日常监察、监督性监测和突击飞行监测等方式加强环境监管，到 2009 年底，舟山市化学需氧量和二氧化硫排放量分别实现大幅度削减，在浙江省确保完成"十一五"减排任务的地市中名列前茅。

舟山市环境基础设施建设日趋完善，有力促进了环境整治工作。"十一五"以来，舟山累计完成 16 个重点区域、125 家重点企业的污染整治任务，先后组织开展了对电镀、印染、造纸、船舶修造业、水产加工、甲壳素等重点污染行业的专项整治行动。特别是结合地方实际，通过强化监管和环境整治，促进水产、船舶两大行业规范管理、转型升级，使水产加工企业基本按"建设或合建污水处理设施、进入集中式污水处理厂或委托其他企业处理"等方式做到污水达标排放。

船舶修造业规范固废分类暂存场所，实现废铜矿砂综合利用，强化喷漆车间废气治理。

抓创建、聚合力，努力打造海岛花园城市

推进生态文明建设是一个海纳百川、群策群力、高度开放的系统工程，是一个历史的、实践的、发展的过程，舟山秉承浙江"生态立省、生态立市"传统，以生态市建设和环保模范城市创建为载体，集全社会之力共同打造海岛花园城市。

2003 年，舟山在浙江率先编制了《舟山生态市建设规划》，并于第二年通过原国家环保总局评审，通过努力，截至 2010 年 10 月，基本形成"南生活、北生产"的合理布局，市及 4 县区均已获得国家级生态示范区称号，普陀山获全球优秀生态旅游景区称号，全市累计创建两个省级生态县、3 个全国优美乡镇、23 个省级生态乡镇。

生态廊道、生态公益林、沿海防护林、城镇景观林带等一批具有海岛特色的生态建设工程得到有力推进。2009 年，舟山市生态省市建设获省委、省

政府考核优秀，且名列浙江省第一。舟山市当前及今后一个时期将重点围绕环保模范城市创建，进一步完善基础设施建设，借创模之力较好解决机动车尾气监测监管、污泥处置、油气回收等环境难题，争取 2012 年达到国家环保模范城市要求。

在生态市建设和创模过程中，随着生态建设工程和绿色学校、社区、企业等绿色系列创建的持续推进，社会各界的凝聚力和积极性得到充分调动。同时依托广播电视、报纸杂志、网络平台深入开展"市民看创模""6·5"世界环境日专题等宣传活动，生态文明建设氛围进一步增强，公众对生态环保工作满意度进一步提高。据 2010 年国家统计局浙江调查总队调查结果，2009年舟山市公众满意率为 88.09%，分别比前两年提高 10.33 个和 2.22 个百分点，名列浙江省前茅。

建机制、明法制，逐步强化制度保障

建立健全生态补偿机制和综合考评机制，是推进生态文明建设制度保障的重要内容。舟山自 2007 年率先在浙江省探索建立海洋生态补偿机制，落实海洋开发中的生态补偿计划。

在补偿金额上，根据相关法规货币化测算海洋工程项目对海洋环境的损害，由业主对此进行补偿，确保把建设期和运行期对海洋环境的影响降到最低。在补偿方式上，主要通过委托有资质的单位开展渔业资源增殖放流和海藻生态养殖等进行生态修复。全市用于增殖放流、生态养殖的补偿资金累计达 3000 多万元。截至 2010 年 10 月，在完善减排、生态市建设、"811"（浙江省八大水系、11 个地市）环境保护考核机制的基础上，按照各县（区）发展目标定位，逐步实施分类考核评价，加快构建促进海洋生态文明建设的党政领导班子和领导干部综合考核评价机制，健全生态环境质量综合考评奖惩制度。

在完善投融资体制和财税金融扶持政策方面，逐步推进要素配置市场化，探索完善海域、岸线有偿使用制度，按照"政府引导、社会参与、市场运作"原则，引导各类社会资金参与城镇和渔农村的环境基础设施建设、经营。鼓励金融机构加强对清洁生产企业的信贷支持和保险服务。

强化推进海洋生态文明建设的法治保障。加强检察司法工作，依法严厉查处破坏生态、污染环境的案件。加大执法力度，创新执法方式，充实基层环境执法力量。以党政领导干部、企业经营管理人员和青少年为重点加强生态法制宣传教育，形成自觉守法、保护环境的局面。

资料来源：黄最惠：《渔都港城构筑蓝色屏障》，《中国环境报》2010年10月25日，第7版。

 经验借鉴

　　舟山市作为典型的海岛城市，创建了舟山海洋综合开发试验区，并进一步提升了生态型海洋经济发展水平，荣获国家级生态示范区称号，生态建设名列浙江省第一，成为省内空气环境最优的城市。这些成绩是舟山绿色管理实践的成果，有很多值得借鉴的地方，简单来说有以下几点：①优化产业结构，发展生态产业。例如，舟山市优化产业结构，淘汰重污染项目，重点引进效益高、能耗低、污染少的项目，将"渔、港、景"的海洋产业发展模式转型到"港、景、渔"的生态型海洋经济模式，利用海景发展生态旅游业，利用渔业资源发展绿色农业等。②大力推进循环经济，广泛运用产业节能技术。例如，舟山市在产业发展中采用各种脱硫工艺大幅削减污染物排放量，尽可能减少能耗，扩大清洁能源利用率，减少能源排放污染，规范船舶修造业固废分类暂存场所，实现废铜矿砂综合利用。③抓住绿色战略机遇，发展绿色经济。例如，舟山紧紧抓住舟山海洋综合开发试验区获批的机遇，创建以港航现代服务业、总部经济、科技研发为主的高新、优质绿色智慧产业体系，打造生态型海洋产业岛，坚持开发和保护并重。④建立健全生态补偿机制和综合考评机制。例如，舟山逐步实施分类考核评价，健全生态环境质量综合考评奖惩制度，完善投融资体制和财税金融扶持政策，确保把建设期和运行期对海洋环境的影响降到最低。⑤完善环境污染应急预案管理。例如，舟山依靠环境应急、环境监察和环境信访解决环境污染矛盾纠纷。对突发事件做到第一时间处理解决；利用多途径加大环境监测力度，查处环境违法行为，充分运用执法手段，督促企业遵守环保法律；落实环境信访制度，明确各司职责；积极开展整治违法排污企业的专项执法行动等治理大气污染，逐步改善环境。舟山的绿色管理经验充分证实，坚持绿色发展理念，积极进行绿色管理探索，是迈向城市可持续发展的必经之路。

七、宁波：让城市望见山水记住乡愁

 案例梗概

1. 宁波市推进生态修复，如山体修复、水体治理、废弃地利用、绿地系统完善。
2. 构建植物园、湿地田园等生态景观，加强环境整治，实现田园情调融入城市生活。
3. 修补城市文化，对历史遗留古迹进行整合保护，构建完整连贯的历史文化展示系统。
4. 利用现有村庄，打造集果蔬苗木种植、农事体验、农贸市场等于一体的滨江休闲区。
5. 充分运用工业遗存，将老铁路北站、原冷冻厂、海洋渔业公司的废弃房屋进行改造。

关键词：生态修复；城市修补；生态休闲旅游；田园情调；再生态理念

案例全文

怎样的城市，才能让生活更加美好？宁波人的回答，期许着共同的愿景。住在三江口一带的人们，希望生态环境更加优美；生活在海曙老区的居民，想让空间更宜居、历史文化特色更鲜明；在东部新城上班的市民，期待基础设施和公共服务体系更能体现人性关怀……每个居民，都对城市规划建设提出了更高要求。2017年3月，宁波市获批成为第二批国家"城市双修"试点城市。2017年3~5月，宁波各相关部门正在协同合作，紧张编制规划方案，力图从大拆大整模式，向"生态修复、城市修补"转型，挖掘宁波特色，还原历史文化，描绘出一座生态城市的美好未来。

挖掘特色　城市不应千城一面

"城市双修"，即生态修复、城市修补，以实现城市发展模式和治理方式的转型。在海南三亚，人们抓住"滨海生态"这一核心，治理污染、增加绿地、拆除违建、修复湿地，潮汐能够进入公园内部水系，白鹭自由进城与人类和谐相处，果树上街展示生产性景观之美。如今，宁波也走上"城市双修"试点之路，修复、修补的核心定在哪里，将决定宁波未来的特色和形象。

宁波市规划局曾针对专家、市民以及外地游客做过一项调查，结果显示不少人对宁波的印象停留在"商业发达""港口城市"上，对三江六岸、水系相连的生态格局缺乏认可，对宁波这座历史文化名城的认知度也并不高。宁波，曾有着江南的灵气精巧，也有着海港的意气风发。但如今，人们走过一城又一城，似乎千城如一面。在北京大学建筑与景观设计学院院长俞孔坚看来，城市特色退化是改革开放以来快速推进的城市建设产生的副作用，"并非一个人或一群人的问题，而是因为价值观和审美观的时代局限性。"

2015 年 6 月 10 日，海南三亚被列为全国首个"城市双修"试点市。同年 12 月，中央城市工作会议在时隔 37 年之后再次召开，提出要在规划理念和方法上不断创新，要加强城市设计，提倡城市修补。"'城市双修'不是另起炉灶，而是修复、提炼和延续。"宁波市规划局详细规划管理处处长汪琳认为，相比三亚，宁波的城市结构和自然面貌更为复杂，有山有水、依江靠海、有新城也有老城，"三江六岸"这一骨架体系便是宁波应当提炼、延续的城市特色。

截至 2017 年 5 月，宁波已基本确立加快山体修复、水体治理、废弃地利用、绿地系统完善、设施配套欠账填补、公共空间增加、出行条件改善、历史文化保护八方面工作清单，原先"人清空，房拆平"的改造模式必将改变。"让宁波人在城市里望得见山，看得见水，记得住乡愁。"汪琳说。

生态修复　田园情调融入城市生活

仔细翻看中国古代城市史志，多以"形胜"开篇，字里行间是对自然的关注和认知。任何一座城市或依山，或傍水，或以山水兼具作为环境基础。在先人看来，维护山水格局的连续性，便是维护城市的生态安全。然而，城市化改造在成就众多"新都市"的同时，也使城市尺度失衡，生态环境恶化。据相关统计，2002~2013 年，我国每年消耗水泥和钢铁分别占全球的一半和30%。每天都有新的楼宇、道路建成，相应地，河流、绿地、湿地随之退出城市生活空间。宁波也不例外。例如，靠近北仑地区的龙山，因石矿开采遭到破坏，山体不断裸露；发源于东钱湖，流经镇海的小浃江，流域内生态用地近年来快速遭受蚕食。

"用'再生态'理念，修复被破坏的自然环境和地形地貌十分重要。"汪琳介绍，近年来，政府对小浃江水系开展综合整治，水质逐渐改善，但市民与水的联系还不够紧密，"需要结合山体、水体修复，打造都市田园休息区。"带着思索，一份针对小浃江流域 22 平方千米面积的规划已经成型。以龙山为界，宁波将实施差异化修复治理，南侧保留田园风光，北侧引导产业转型。原先家具城、化工厂、建材市场集中的区域，缩减用地规模、改建工业厂房，转型为文创产业区。9 处被开挖区域中，有 5 处山体将进行生态修复，其余 4 处矿坑将改造为植物园、水上乐园等主题公园，并以缆车观光游览线串联。龙山以北，甬江以南区域将利用现有村庄，打造集果蔬苗木种植、农事体验、农贸市场等为一体的滨江休闲及现代农业区。龙山以南则利用现有农田肌理，种植不同农作物，建设生态湿地，形成湿地田园景观。

小浃江以外的城市中心区域，则将系统开展甬江、月湖等水体生态修复。并按照居民出行"300 米见绿、500 米入园"的要求，因地制宜建设"家门口公园"和海绵绿地，加强对水边、路边、山边环境整治和管控。"把田园情调融入城市生活。"这是宁波人对生态的最终愿景，他们希望，城市的未来应当也是"无边光景一时新"。

城市织补　文化碎片重新串联

山水格局决定了城市的自然生态，于山水之上形成的历史文化，则决定了城市的人文气质。"城市双修的'修'字一半指向的是生态，另一半指向的便是文化，生态是修复，文化则需要织补。"汪琳介绍，"补"是将原先破损不足的地方更新、美化，"织"则要将原先散落的文化碎片重新串联，"这是挖掘特色，重塑城市形象的要求，也是满足老百姓提升生活质量的需求。"三亚在修补实践中，将目光聚焦在"补"，因为大量违章建筑影响了滨海城市的景观风貌和空间环境，急需拆除。但宁波规划局将更多期待投向了"织"。

在面积 5.2 平方千米、代表着城市集体记忆的宁波海曙老城片区，一条长约 8.2 千米的"文化紫道"正在规划，在主路、背街小巷上预留专门线路，连接南塘河到老外滩等景观，供市民和游客慢行。沿路装饰统一风格的定制路牌、路面铺装、平面雕刻等进行引导，在重要节点和转接地段则利用青砖、压石等具有宁波特色的材料设计建筑构件，缝合破碎风貌。汪琳告诉记者，"文化紫道"的意义便是整理城市历史文化，构建完整连贯的展示系统，工程并非大拆大整，也无须太多经费。

老城之外，10千米长甬江北岸的传统工业聚集区，一个占地6平方千米的泛文创区规划已经成型。取代传统的滨水工业和商贸业态，公共艺术、路林市场、都市农业等新业态将被引入，同时增设文化公园、城市湿地等休闲空间，宁波大学也将一改封闭校区模式，通过智慧产业与文创走廊向城市开放。

未来的文创港中，新增建筑都不是平地起新楼，而是参照纽约曼哈顿高线公园模式，充分运用工业遗存，例如，老铁路北站、原冷冻厂、海洋渔业公司的废弃房屋，经过结构风险评估后，将被改造成美术馆、艺术市场、音乐市集。背街小巷改造、小区海绵化改造、绿道建设等也正在提升着宁波的城市服务水平。美好的城市，是让市民愿意在此旅行。未来，既有优美滨水生态、宜人建筑尺度，又有历史文化特色的宁波，相信会令更多人乐意停留。

资料来源：汪雁斌：《让城市望见山水记住乡愁》，《浙江日报》2017年5月24日，第9版：生态。

📋 经验借鉴

浙江宁波在成为第二批国家"城市双修"试点城市以来，各相关部门齐心协力，向"生态修复、城市修补"的共同目标迈进，还原历史文化，成就宁波特色，从而使宁波蜕变为一座美丽的生态城市。宁波的绿色管理经验主要有以下几条：①挖掘地方特色，构建地方生态文化。宁波市结合本地环境治理与保护的需求，大力推进生态修复、城市修补，加快山体修复、水体治理、废弃地利用、绿地系统完善，以实现城市发展模式和治理方式的转型。同时，宁波积极提炼与延续"三江六岸"的城市特色，构建并传承了地方生态文化。②生态修复，将田园情调融入城市生活。宁波政府运用"再生态"理念，修复在城市建设过程中被破坏的自然环境与地形地貌，开展水系整合，加强对水边、山边的环境治理，大力构建植物园、湿地田园等生态景观，使田园情调融入到城市生活中。③实施创新管理，塑造绿色城市。宁波市在城市管理理念和方法上不断创新，加强城市设计，提倡城市修补。在修复生态的同时织补城市文化，对历史遗留古迹进行整合保护，构建完整连贯的历史文化展示系统，充分运用工业遗存，改造废弃房屋建筑，使宁波的城市服务水平不断提升，塑造出一个具有历史文化底蕴的绿色城市。宁波的"城市双修"顺利开展，展示给我们的不仅是一座经济发达的名城，更是一座孕育生态气息的文化古城。宁波的绿色管理特色模式值得我们思考与借鉴。

八、磐安：生态保护和经济发展实现"双赢"

 案例梗概

1. 磐安县根据地形地貌和生态建设实际，大力发展生态工业经济，实现生态立县。

2. 以"中国药材之乡""中国生态龙井之乡"等美名为依托，大力发展生态农业。

3. 制定绿色农产品发展规划，出台奖励政策，实行标准化生产与生产全过程管理。

4. 重视保护旅游资源，将待开发的景区列为风景预备区，使景区保持原生态。

5. 着力打造长三角旅游休闲度假基地，促进乡风文明、带动农特产业与服务业的发展。

关键词：生态农业；生态旅游；生态工业；质量监控；制度保障

 案例全文

"贫穷不是生态，发展不能破坏"，磐安县从生态保护和经济发展的困惑中走出，大力实施："生态立县、工业强县、旅居兴县"战略，努力构建和谐磐安、幸福磐安，实现了生态保护和经济发展的"双赢"。

磐安给人的印象：满眼都是绿。其青山绿水上空的蓝天白云都显得特别清纯，产生一种自然美的震慑力。夏季，这里是天然的空调间，凉风习习中耳边是松涛阵阵，泉水潺潺；秋季，满山染色，"停车坐爱枫林晚，霜叶红于二月花"，这里的山水特显灵气与奇俊：千米平板溪、浙中大峡谷、高姥山、百杖潭等好山好水好人让人们流连忘返。"浙中大盆景、天然氧吧城"的磐安，自然生态保护得特别好，全县森林覆盖率75.4%，大气环境质量始终达到Ⅰ级标准，99%的河道水质全年达到一类标准。

在生态环境保护如此优良的国家级生态示范区——磐安，经济发展速度同样傲人、令人惊叹。2005年，磐安县位居全国2008个县（市）县域经济基本竞争力排名491位，近三年年均晋级了162.3位，为全国县域经济基本竞争力提升速度最快的100个县（市）之一。

2006年，磐安县完成生产总值28.3亿元，比上年增长16.5%；财政总收入3.6亿元，比上年增长了17.5%，其中地方财政收入1.86亿元，同比增长15.0%；农民人均纯收入4105元，比上年增长了14.4%。磐安在生态保护和经济发展中实现"双赢"，既很好地保护生态又较快地发展地方经济，这其中透露出磐安人的智慧与责任。

保护中间开发两边　生态工业迈新步

作为经济欠发达地区的磐安，是守着生态过苦日子，还是发挥生态优势发展工业？磐安县认为，要实现经济社会的发展，改变磐安"以工促农工不强、以城带乡城不大"的状况，磐安绕不开工业化的路子。

"工业强县"的提出使"生态立县"没有被简简单单地理解为对生态环境的保护，更有对经济发展的追求。磐安县将发展生态工业作为工业经济唯一选择。根据磐安地形地貌和生态建设实际，磐安按照"两边开发好，中间保护牢"的总体构想，从生产力空间布局角度对全县进行了"两带四区"的划分。国家级自然保护区———大盘山保护区所在的中部和其他生态功能区禁止发展工业，重点开发以新城区为龙头的诸永高速公路产业带和以磐安工业园区为龙头的磐东北台地产业带，优化开发老城区、金磐开发区。

近年来，招商引资一直是磐安县的"一号工程"，但磐安对乡镇的招商引资考核却不尽相同。磐安县针对各乡镇的环境容量、生态承受力调整了乡镇工业考核体制。适宜发展工业的，分值比重相对大；不适宜发展工业的乡镇，大力推进异地开发，提高工业集聚水平。"宁可少一点，也要好一点"，这是磐安县委领导谈到招商选商时常说的一句话。尽管当前磐安县招商引资的"瓶颈"还没有真正打开，困难还很大，但是一直坚持内外资并举、坚持大项目、大企业优先、坚持把招商引资质量放在首位的原则。对有污染的企业，磐安县坚决说"不"。磐安率先在浙江省实行引进、新办企业环保一票否决制。近年来，共有150多家有污染的企业被拒之门外，存在污染的医药化工、电镀企业均被关停。

青山绿水成为磐安招商引资的"金字招牌"，一大批企业落户磐安，2006年9月升格为省级工业园区的磐安工业园区，开发建设中的新城区正成为磐安新的经济增长极。2006年，磐安县规模工业利润总额、外贸出口总额的增幅都位居全市第一。2007年第一季度磐安累计完成工业产值7.1亿元，增长44.2%，增速位居全市第二，实现销售6.7亿元，增长47%，销售增速位居全市第一。工业用电量增长25.5%，增幅位居全市第一。磐安的工业经济取得了长足的发展。

利用得天独厚资源 农业生产绿色化

在大力发展生态工业的同时，围绕农业增效、农民增收，磐安县利用得天独厚的生态资源优势，以"中国药材之乡""中国香菇之乡""中国生态龙井之乡"的美名为依托，大力发展生态农业，引导农民、农业企业进行绿色化生产，走"基地化、品牌化、标准化"之路，使当地中药材、食用菌、高山蔬菜等传统农业产业得到有效提升，使当地农民鼓起了"钱袋子"。

磐安县在浙江省率先提出禁止高毒、高残留农药的使用，同时制定了浙江省第一个县级绿色农产品发展规划，编制了绿色生态农业示范县规划。磐安还专门出台政策对农民、企业建立无公害农产品基地、有机农产品基地，通过国际、国内无公害、绿色、有机标志认证进行奖励。全县已先后设立了25个无公害农药专柜，全县每户农户都拥有一本《无公害农药使用指南》，在推广使用生物农药的同时，还引进了频振式杀虫灯。

为实现从种植到餐桌的全过程质量控制，磐安县积极推进标准化生产，共制定县级地方无公害生产标准化12个，起草省市级标准13个，已基本建立起涵盖各大农业支柱产业主要品种的标准化生产体系。磐安县还投入100多万元，建立了农产品质量检测中心，使农产品走向市场又多了一道安全屏障。

绿色生产的观念已深入人心，食用菌生产对灌木资源有一定的破坏，磐安在向外转移食用菌产业减少种植量的同时，利用车木加工的边角料，利用废菌棒发展食用菌生产，成为浙江省循环经济的典范。

绿色生产带来了大市场，换来了高身价。磐安县的香菇、茶叶、中药材一次次成功跨越国际贸易的绿色壁垒，远销世界各地。磐安已成为全国重要的香菇出口集散地，年出口量达到 1.1 万吨，占全国出口量的 1/3。

为提高农产品的附加值，磐安县还努力做好深加工文章。磐安县已创办了多家饮片加工厂、中药企业。中药材深加工给当地药农带来了实惠，推动了当地种植业和流通业的发展。磐安特产城、新渥中药材市场的交易额不断攀升。浙江"浙八味"特产市场在磐安新城区已正式开工兴建。磐安中药材产业正由资源优势向商品优势转变，正由中药材种植大县向市场大县、加工强县跨越。

各地游客纷至沓来　真山真水变金银

磐安县委、县政府对磐安生态环境始终如一的保护，使磐安优良的生态环境在发展生态农业、招商引资过程中成为特殊资本。近年来，磐安县大力实施的"旅居兴县"战略，更是有了主战场。

经普查，磐安全县共有自然旅游资源单体 143 个。其中 18 个为"优良级旅游资源"。同时，充分保护挖掘人文资源，源头文化、茶文化、菇文化、名人文化为磐安的山水增添了内涵。2006 年，有"茶文化活化石"之称的玉山古茶场和婺州孔氏南宗——榉溪孔氏家庙被命名为国家级重点文物保护单位。此外，磐安县还重视旅游资源的保护，将待开发的景区列为风景预备区，严禁林木采伐、排放污水，山体开挖等，使景区保持原生态。"江南游、自然在磐安"，磐安县着力打造长三角旅游休闲度假基地。花溪风景区为省级风景名胜区，是磐安县首个开发的景点。被称为天下一绝的"千米平板长溪"吸引了上海、杭州及周边县市的游客。门票收入每个黄金周都创下一个新纪录。2007 年"五一"日均游客达到两万。

近年来，磐安县相继开发了浙中大峡谷、高姥山、百杖潭景区。以"农家乐"为主要内容的乡村游，也越来越受到游客的推崇。尖山镇管头村在老村改造中，将用玄武岩石建造的老房子保留下来，以"乌石村"为特色开发农家乐。村里还专门成立了农家乐旅游服务中心，将乌石村推销到了上海。

现在上海 20 多家旅行社和村里建立了合作关系。当地的茶叶、小京生、香榧在家门口就销售一空。外来游客还将城市文明带进了山村，管头村相继成立了篮球队、古民乐队、舞蹈队，促进了乡风文明。如今，"空气也卖钱"成了广大山区农民的最大感受。随着景区的一个个开发，外地游客的一拨拨到来，农家乐的兴旺，昔日沉寂的深山变得车来车往，广大农民因此捧上旅游饭碗，走上致富路。

旅游业的兴旺，带动了农特产业、服务业的发展。2006 年，全县旅游收入达到 6805 万元。磐安经济的发展，为生态建设注入更多的资金。全县累计已完成生态环境改善子项目 232 个，投入生态建设资金 2.2 亿元，减少水土流失面积 100 多平方千米，农村污水处理工作走在浙江省前列。全县创建生态乡镇 14 个、生态村 104 个，一大批农村污水、垃圾处理设施已经建成并投入运营。据了解，"十一五"期间，磐安共安排 99 个生态和基础设施建设项目，总投资达 9.8 亿元。磐安县不仅在生态建设方面大投入，在交通等基础设施建设上更是不遗余力，这也为磐安经济的发展注入了强大的动力。2003 年以来，交通建设成了磐安县基础设施建设当中的重头戏。虽然磐安县每年的财政收入不高，但是磐安每年都挤出 2000 万元以上的财政资金用于交通建设。

近年来，诸永高速磐安段、40 省道、62 省道、42 省道、磐新线、怀万线等建设与改造工程纷纷动工，乡村康庄道路建设全面铺开。2005 年，磐安县交通基础设施建设累计完成投资 6.8 亿元，占磐安县全社会固定资产投资总额 12.7 亿元的 53.5%。到 2006 年底，磐安全县所有行政村均通上了康庄公路。截至 2007 年底，县内省道、县道改造将基本完工。随着诸永高速的建成通车，届时，磐安将不再偏远，将真正成为浙江省交通的中心点，磐安将更好地融入浙中城市群，融入沿海经济带。磐安的工业经济、旅游经济将迈上更高的台阶。

明确帮扶政策标准　社会保障制度化

磐安经济的发展，磐安县委、县政府将更多关注的目光投向了民生，促进了社会的和谐与稳定。长期以来，山区的孩子仍和父辈们求学时一样，每个周末到学校总是带上一罐霉干菜、豆腐乳，在大热天霉干菜长出白毛了，扒掉菜上的白毛继续下饭，这对磐安山区的孩子来说是习以为常的事。伙食直接影响学生的营养状况。2004 年，磐安县率先在浙江省以政府补助、社会捐助的形式推出"爱心营养餐"工程，让山区的孩子每周能吃上两餐至三餐新鲜的菜肴。几年来，共募集社会资金 35 万元，县乡财政累计投入 150 多万元。如今，全县 7800 多名农村寄宿生每一餐吃上了热菜热饭，告别了常年吃霉干菜求学的历史。

在全县农村实施"草房、泥房、危房"改造之后，2005 年以来，磐安县结合残疾人安心房改造、下山脱贫，大力实施低保安居工程和城区住房困难户安置工程，对住房困难户实行资金补助的同时，还实行贴息贷款。

近年来，磐安县以低保为基础，着重在破解困难户"看病难、盖房难、子女上学难"上下功夫，建立起了医疗救助、教育救助、灾害救助等综合性的救助体系。年初，县农办、县民政局、县残联、县教育局等部门就专门编印了小册子由联系单位、乡镇分发到群众手中，各项救助做到有章可循，让群众在什么情况下可享受什么补助一目了然，使"送温暖"由解一时之急、保过冬，走上了年初有调查、对象有档案、帮扶有标准、时时有落实、年底有检查的制度化之路。

现在，磐安县对低保对象的救助已跳出单纯救助生活的框框，向全方位、综合性的救助发展。低保比例居浙江省前三位，低保标准和医疗救助标准位居浙江省欠发达地区前列。近年来，医疗救助门槛不断降低，"五保户"、城镇三无对象实行"零起点"救助，意外伤害因故无法获得赔偿者、精神病人、外来人口均被纳入救助对象。贫困高中生最低每年补助 1000 元，贫困大学生除有助学基金救助外，每学年还可补助 2000 元，同时，还能由农村低保转为城镇低保。

磐安县有关部门除了积极帮助困难户从事来料加工、发展养殖业、种植业，还举办了生活困难户、残疾人就业专场推介会，仅在 2007 年就让 140 多名生活困难对象、残疾人实现了就业。同时，磐安县还在浙江省率先做实社保个人账户，养老保险支付能力处于浙江省前列。

百姓要安居乐业，平安是最大的民生。磐安县委、县政府历来重视社会治安综合治理，重视社会热点、难点问题的调处和解决。全县连续 11 年没有发生重大群体性事件，连续 6 年没有省、市挂牌督办的重大矛盾纠纷，"平安磐安"建设得到巩固。

"十一五"时期，磐安将按照"对接沿海经济带，融入浙中城市群，建设生态休闲城"的形象定位和建设目标，以科学发展观为统领，以新农村建设为载体，围绕基本实现全面小康社会目标和"十一五"经济社会发展规划，大力实施"生态立县、工业强县、旅居兴县"战略，全力推进经济建设、和谐社会建设和党的建设，着力加快绿色农产品基地、清洁工业生产基地和"长三角"地区休闲度假基地建设。磐安的明天一定会更加美好！

资料来源：陈一波、徐晓恩：《磐安：生态保护和经济发展实现双赢》，《浙江日报》2007 年 6 月 9 日，第 8 版。

 经验借鉴

近年来，磐安县从生态保护和经济发展的困惑中走出，探索适合自己的发展方式，实现了生态保护和经济发展的"双赢"，并获得"国家级生态示范区""全国创建文明小城镇示范点"等颇多荣誉称号。磐安县绿色发展的成功并不是一蹴而就的，我们从中可以凝练出以下几点经验：①大力发展生态工业经济，实现生态立县。作为经济欠发达地区的磐安县，要实现经济发展离不开工业化，磐安县抛开传统思维模式，根据磐安地形地貌和生态建设实际，将发展生态工业作为工业经济的唯一选择。招商引资的同时坚持将生态放在第一位，拒绝污染企业。②农业绿色生产基地化、标准化、品牌化。磐安县利用优良的生态资源优势，大力发展生态农业，引导农民、农业企业进行绿色标准化生产。此举不但使当地传统农业得到有效提升，也让当地农民逐渐富裕起来。与此同时，制定绿色农产品发展规划，出台奖励政策，实行标准化生产与生产全过程的质量监控。磐安还致力于农产品附加值的提升，使中药材产业向商品优势转变。③保持原生态风景，开发生态旅游业。磐安县重视旅游资源的保护，将待开发的景区列为风景预备区，使景区保持原生态。着力打造长三角旅游休闲度假基地，相继开发了浙中大峡谷、高姥山、百杖潭等景区，不仅吸引了数量可观的游客，还促进了乡风文明、带动了农特产业与服务业的发展。磐安县的"生态立县、工业强县、旅居兴县"战略，不但加快了绿色农产品基地、清洁工业生产基地和"长三角"地区休闲度假基地的建设，还使磐安县真正成为生态经济强县，磐安县的模式值得当代社会学习与借鉴。

本篇启发思考题

1. 国家环保模范城市的建设管理中如何体现"绿水青山就是金山银山"？

2. 为什么要创建国家环保模范城市？

3. 国家环保模范城市需要哪些体制机制作为绿色管理的保障？

4. 国家环保模范城市的建设管理受哪些因素的影响？

5. 国家环保模范城市的建设管理需要哪些配套政策？

6. 国家环保模范城市创建中有哪些绿色管理思路？

7. 如何完善国家环保模范城市的立法工作？

8. 如何做好国家环境模范城市的绿色管理创新？

9. 怎样开展国家环境模范城市的绿色考评管理？

10. 政府应如何推动国家环保模范城市的绿色管理升级？

第三篇

森林城市建设和绿色管理

一、建德：大自然绘就的山水画卷

 案例梗概

1. 建德积极响应"五水共治"，实施"治水、治气、治土壤"，守住城市绿色发展的根基。
2. 启动三江两岸生态景观保护和绿道建设项目，呵护三江两岸的生态系统。
3. 实行绿道与旅游业结合，将绿道作为旅游业的产业，实现旅游业的产业升级。
4. 与浙旅集团、景域集团签署合作协议，打造全域旅游核心区，发展绿色旅游业。
5. 启动"三江口九韵漫村渔家小镇"项目，发展乡镇旅游、文创、农业等产业。
6. 秉承以人为本的原则，引入人性化、地方性的设计，增强绿道对市民、游客的吸引力。
7. 注重文化建设，推广"慢、雅、闲"的生活理念以及"建功立德"的建德文化。

关键词：建德绿道；绿色旅游；生态之路；综合整治；德文化

 案例全文

全域景区化　推进产业转型升级

"绿水青山就是金山银山"，以此为信仰，建德以"服务业兴市"谋求转型升级。如何以生态之美撬动产业之美、发展之美？如何充分挖掘区位优势，将美丽江城打造成"长三角生态旅游目的地"？建德以全域景区化为抓手，为城市转型升级、绿色发展寻求新的切入点。

这是一座美到可以直接用感官去体验的城市。新安江、富春江、兰江穿境而过，乌龙山蜿蜒如龙，一幅大自然大手笔绘制的"富春山居图"铺陈在建德的山水之间。来自中国第一座自行建造的新安江水电站，从70米高大坝底喷涌而出的江水绕城东去，水温常年保持14~17℃。17℃的新安江传奇、如梦似幻的白沙奇雾与现代化的城市相映成辉，共同书写着江城建德的标识性符号，在中国城市发展史上定格为亮丽的一帧画卷。

"生态是核心竞争力，承载着城市的健康、活力和绿色发展的潜力。"建德人深知这一点，在保持经济社会发展速度不变，为城市化、工业化提交亮眼成绩单的同时，建德始终恪守生态与发展的平衡，用轰轰烈烈的"五水共治"以及治水、治气、治土壤"三大战役"，守牢城市发展的生态基底。近年来，国家级生态示范区、国家园林城市、全国首批模范城市、省级森林城市等荣誉接连花落建德，建德人一次次向世人证明着自己卓越的产业布局和智慧统筹能力。

历经3年的建设，2015年，一条18千米的临江绿道使隐匿在山水深处的纯粹之美脱颖而出，串自然景致成链，连人文传奇为线，继"白沙奇雾"之后，又一个建德城市符号悄然写就。走在"融杭接西"、跨越赶超快节奏道路上的建德"绿起来、静下来、慢下来"了，城市气质更加清新优雅，而绿道传递出的低碳、环保、健康绿色理念，正重塑着建德人新的生活格局和精神风貌。在浙江省的生态版图上，新安江、富春江、钱塘江（以下简称三江）是极具生态战略意义的存在，既是杭州主要饮用水水源地，也是杭州市最重要的生态红线和生态安全屏障。三江流域的生态质量直接影响杭州市的城市品质和"两美"浙江建设成效。

为更好地呵护三江两岸的生态系统，2011年，杭州启动三江两岸生态景观保护和建设项目，融景观与生态功能为一体的绿道无疑是其中的重头戏。《杭州市"三江两岸"绿道规划》明确指出，"'三江两岸'绿道全程起自杭州市区钱塘江两岸最东端，向西沿江一直延伸到上游淳安千岛湖，与千岛湖环湖绿道相连。"全长18千米、地处七里扬帆景区核心区域的三江两岸·建德绿道（以下简称建德绿道），联接着严陵问古、双塔凌云、三都渔村、七里扬帆、子胥野渡、葫芦飞瀑等自然景观，俨然是杭州市旅游西进的重要节点。

新常态背景下，处于杭州—黄山黄金生态旅游线上的建德，迫切需要谋求旅游业转型升级。2014年，建德市以全域旅游为抓手，吹响了"新崛起"

的号角，部署"1+2+X"旅游发展格局，营造"山水漫村"的生活方式，从而延长游客在建德游玩和消费时间。其中，"1"指新安江——富春江旅游黄金发展轴，建德绿道恰居其中。

当杭州市旅游西进的大趋势与建德全域旅游的热潮交汇，建德绿道便被提升到了历史性高度，对建德来说，生态底蕴深厚的绿道不再是单一的城市景观，已然是城市发展第三产业、实现健康可持续发展的重要资源。

建德绿道总投资 9600 万元，东起乾潭镇，西至梅城严东关，全程沿胥溪与富春江江岸设计，森林覆盖率接近 90%，跨越富春江国家森林公园七里扬帆景区 250 平方千米的无人区，一路皆是原生态、纯天然的自然景观。根据部署，未来，建德还将在绿道上开展多种形式的徒步、慢跑、骑游活动，与水上帆船、游船等形成水陆联动、景观互补。穿行于山水之间的建德绿道，凭借对沿线景观和乡村旅游业态的串联带动作用，成为盘活建德全域景观的一颗关键"落子"。

开辟建德绿道 融合建德人文与生态

建德的人文，天生骄傲；建德的山水，秀势并融。而建德人文和生态精华浓缩在一段蜿蜒盘旋的建德绿道里。这是一片不经人世烟火惊扰的纯粹之境。在这里，大自然以舒展的方式生长。绿色的草蔓、烂漫的山花和突兀的岩石，任意一种排列组合都是一幅布局巧妙的画作；江水拍打着堤岸，深绿色的水草和湖上的皮划艇随风摇晃，偶尔几只松鼠急匆匆蹿上了树枝，几只鸥鸟惊扰了一江碧波；远处，巍峨的乌龙山与气势雄浑的富春江"小三峡"和谐相守，富春江国家森林公园的无人区保持着亘古的神秘和高贵……妙趣横生的自然小品与大开大合的山水之势融为一体，成就了建德绿道开阔和包容的个性禀赋。

这是一条镌刻着历史、承载着建德人集体记忆的绿道。楚国名将伍子胥带着家仇国恨出昭关一路狂奔，流落至此，"子胥渡"边，见证了春秋国事的兴衰更替；宋江和方腊大战乌龙岭，双方损兵折将，战事惨烈，"点将台"上，几多豪情和遗憾依旧回响在耳际；"一泓清水明如镜，时有鸣禽静里听"的怡然自得，"野旷天低树，江清月近人"的怅然兴叹。在建德绿道间走一回，便能获得人文与自然的双重体验。

　　自然与人文的完美融合，成就了建德绿道纯粹的自然之美，建德绿道被业界公认为"最具旅游开发价值的沿江精品绿道"。随着绿道功能不断完善，由此带来的经济和民生价值逐渐凸显。2016 年 5 月，建德市和浙旅集团、景域集团签署合作协议，将在建德打造全域旅游核心区，加上"五水共治"、小城镇环境综合整治等专项行动的深入推进，生态环境更是有了质的飞跃。"蝶来姚坞""江南秘境"等综合体接踵而至，总投资约 35.1 亿元的三江口九韵漫村渔家小镇项目正式启动，乾潭、梅城、三都等乡镇旅游、文创、农业产业风生水起，业态不断丰富，沿线乡镇因此走上了美丽乡村升级版发展之路。

　　在七里泷乌石滩景区，杭州富春开元芳草地乡村酒店投资 2 亿元建设酒店项目正在紧张施工。据了解，之所以选择落户，投资方正是看中了该景区"内湖清澈见底，四周群山环抱，地理环境优越"的生态底蕴。项目建成后，将与水上帆船、游船等形成水陆联动的互补景观。项目预计于 2018 年 1 月初开始试营业，可提供 200 余个就业岗位，年接待游客可达数万人次。

　　三都镇抓住三江两岸和全域旅游发展契机，通过协调沿江建筑景观、山水景观及旅游交通功能，打造出一条"山青、水清、景优、静悠"的沿江生态景观、旅游休闲廊道。三江口渔村、春江源果蔬乐园、松口、凤凰、前源、寿峰等多点开花。2016 年，全镇接待游客 25.2 万人次，旅游收入 1500 余万元，创建德乡村旅游点新高。绿道溢出效应持续扩大，使三都对资本的吸引力不断增强：澳门温爵国际投资的 13.7 亿元天镜湖健康特色小镇项目于 2016 年底签约；浙旅集团、景域集团投资 8 亿元的江南渔村项目也在 2017 年 5 月开工。三都沿江休闲绿道"以 2000 万元绿道建设撬动 20 亿元投资"一时成为美谈。

　　有人说，绿道的一切都是关于人以及他们对土地的尊重和热爱。它肩负着人们对理想环境的投资，是通往高品质生活的纽带。2015 年 8 月 25 日，建德绿道揭开它神秘的面纱，正式对外免费开放。自此，建德绿道深度参与着建德人的幸福生活，也悄然改变了建德和建德人的精神风貌。

　　秉承着以人为本的原则，建德绿道通过提升安全舒适性、活动丰富性及引入地方性设计等方式，增强绿道对市民、游客的吸引力，为人们创造了与自然亲近的充裕空间。18 千米的绿道由滨江景观道、栈道、廊桥、观景平台及驿站等构成。三米宽的道路设计，满足骑行和散步双重需要，沿途设置了溪西畈、子胥渡、富家坞、乌石滩、方门、严东关等多个驿站，并配备电瓶车、自行车服务站等设施。每到清晨或黄昏，假日或节庆日，绿道便成为附近市民的首选休闲地，约上三五个好友，或骑行，或散步，或慢跑，闲散的心情、健康的活力、远足的豪情在这里自由交融。慢悠悠地欣赏富春江两岸的五彩秋景，随手拍一张江南气质的山水大片，累了就在沿途的驿站小憩一番，或在竹雨轩中品茗，享受世外桃源般的惬意，建德人的生活节奏因此慢了下来。

绿道，使低碳、环保、健康的理念走进了建德人的日常生活。在此过程中，以"绿道"为核心自觉形成的集体意识，正成为当代建德人精神文明体系中的重要部分。建德人发自肺腑地爱着自己的绿道，并用丰富多彩的形式表达着对这条家门口的最美绿道的喜爱之情。绿道开通后，乾潭中学教师蒋海平和周道泉便有了将绿道作为剪纸作品模板的念头。其后，两位教师多次利用闲暇时间到绿道考察、创作。耗时一年半，制成了长 8.5 米、宽 0.8 米的巨幅剪纸作品《新富春山居图》，作品中，从乾潭镇子胥公园起途经葫芦瀑布、双塔凌云等 12 处代表性景点至梅城，每一处凉亭、石桥、石柱、石鼓等建筑都被刻画得栩栩如生、细致精准。严州中学新安江校区、新安江中学等中学的老师们组成了传承教授"德文化"的使者，在建德绿道的山水之间，用剪纸、茶艺、古筝、国画、瑜伽、古诗朗诵等不同形式，推广"慢、雅、闲"的生活理念以及"建功立德"的建德文化。

在 2017 年"浙江省十大经典绿道"评选活动中，建德人更是拧成了一股绳，心往一处使，以 279 万投票数阐释着拳拳赤子心和对本地生态文化的高度认同，而这，恰恰是一座城市更珍贵、更值得永久留存的精神财富。

随着高铁时代的到来，苦练内功的建德势必将迎来新一轮的跨越升级。未来的建德，转角就能遇见风景，绿色发展的时代故事，将在美丽江城处处开花，集生态、富民、精神价值为一体的建德绿道，无疑是最绚丽的一枝。

资料来源: 佚名：《建德绿道 大自然绘就的山水画卷 纯粹之美 生态之路 幸福之道》，《浙江日报》2017 年 8 月 25 日，第 7 版。

 经验借鉴

建德充分挖掘区位优势，以全域景区化为抓手，为城市绿色发展寻求新的切入点，实现了生态之美与产业之美、发展之美的完美融合。总体来说，建德绿色发展的主要经验有以下几点：①坚持绿色发展理念，守牢城市发展的生态基底。以绿色发展理念的引领，建德不以牺牲环境为代价来换取经济的发展，始终坚持五水共治与治水、治气、治土，确保生态根基不被破坏，在保证经济发展的同时，注重生态与发展之间的平衡。②实现"旅游业＋绿色发展"的融合，推动绿色产业升级。建德以全区旅游产业为抓手，在绿道上开展多种形式娱乐项目，加上绿道景观和乡村旅游业态的串联带动作用，为当地旅游业增添助力。③创新发展方式，扩大绿色发展规模。由点及面，由面成体，绘制建德绿色发展蓝图。建德将绿道打造全域旅游核心区，辐射乡镇旅游、文创、农业产业等产业，最终形成城市的绿色旅游服务业，实现了绿色产业发展的转型升级。④充分利用区域特色，打造绿色特色文化，为绿色产业发展助力。建德在绿道建设中引入地方性设计，完美地契合了当地的风俗，使"慢、雅、闲"的生活理念以及"建功立德"的建德文化深入民心。"建德绿道"的成功实施正是"绿水青山就是金山银山"理念的践行，这充分说明了绿色发展与经济发展不是互相矛盾的，而是相辅相成的，同时，建德绿道为浙江省县市绿色发展贡献了建德智慧。

二、瑞安：绿色瑞安　美丽城市生态家园

案例梗概

1. 瑞安市建设绿色围城、精品公园、森林通道、景观江河、园林社区、生态产业六大工程。
2. 开展绿化造林工作，建设公园、绿地、城郊森林、湿地等景观，出台绿化政策。
3. 解决林地资源不足的问题，政府向农民租地并给予其补偿，保障农民的利益。
4. 加大水环境整治力度，治理飞云江流域、温瑞塘河等河流污染，净化饮用水水源。
5. 加强环境监管，加大淘汰落后产能力度，设立节能降耗专项资金，提升环境质量。

关键词：绿化造林；林地资源；水环境整治；环境监管；节能降耗

案例全文

穿行在绿树成荫、鲜花簇拥的罗阳大道，漫步于苍翠碧绿、融合现代景观的万松公园，越来越多的瑞安市民深切感受到，满目的绿色已经成为瑞安城市的主色调。2012 年，瑞安市深入开展绿色围城、精品公园、森林通道、景观江河、园林社区、生态产业六大工程建设，从有形的平原绿化、沿江绿道建设，到无形的节能减排工作，新增绿化面积 3.5 万亩，建成森林通道 70 千米，城市人均公园绿地面积提高到 9.05 平方米、增加了近 1 倍，促使生产生活从高消耗、高排放逐步向绿色低碳宜居转变，瑞安正向山水秀美、绿树成荫、空气清新、景色怡人的生态之城大步迈进。

城乡遍绿 提升城市形象

瑞安枕山面海，飞云江穿境而过，隆山、烟墩山、马鞍山散落城中，温瑞塘河、环城河在城中流淌，碧波荡漾，绿荫成带，一派江南水乡景致。陆地面积 1271 平方千米，其中林业用地就占了 105.84 万亩，占 55.6%，全市森林覆盖率达 44.88%。但随着工业化和城市化的快速推进，城市人口急剧增长，瑞安城区建筑密、绿化疏、楼高树矮，城市呈现"钢铁水泥化"态势，难以满足群众日益增长的生活品质要求和对绿色的需求，人口、资源、环境之间的矛盾日益突出，经济社会发展受资源环境的制约越来越突出，调整发展模式、改善生态环境，已成为瑞安持续发展、绿色发展的迫切需要。

近年来，瑞安市越来越重视绿化造林工作，城市绿化建设经历了从扩张量到提升质的阶段。"原先这里是一个黑灯瞎火、杂草丛生且垃圾成堆的地方，建起了绿化景观带后，环境大变样。附近居民散步又多了一个好去处。"冬日的一抹暖阳里，居住在罗阳大道附近的戴阿姨就会约上邻居，带上家里的小孩，到罗阳大道西侧的沿河景观，散步聊天。"环境美了，生活在这感觉更幸福了。"说完，戴阿姨爽朗地笑了。罗阳大道西侧的沿河景观带边上，就是 2012 年 4 月底开工建设的瑞祥公园。瑞祥公园占地 92 亩，整体风格强调"自然生态、富有人文气息"，是体现瑞安自然山水特色的城市新景观。罗阳大道滨河绿地、周岙小公园等同样面貌一新。

"环境是最稀缺的资源，生态是最宝贵的财富"，时任瑞安市委书记陈建明表示："建设生态文明，是关系民生福祉、关乎瑞安未来的长远大计。我们要坚持绿色发展的理念，深入实施生态立市战略，加快打造美丽城市、美丽乡村。"在领导的重视下，瑞安人民开始清晰地认识到，绿是城市富有生命力的基础设施。"3 年投入 12 亿元，完成平原绿化 6.4 万亩"——如此大投入、大规模，相当于瑞安前 60 年的总和。这样的雄心壮志，可谓史无前例。

"一年搭框架、两年补内功、三年城乡绿"，按照这一既定目标，瑞安开始了轰轰烈烈的绿化建设。在城镇，瑞安紧盯"五创一建"目标要求，以破难攻坚大行动为抓手，启动城乡卫生大革命，突出加强重点区域环境综合整治，顺利通过省级卫生城市复评。强势推进"违必拆、七先拆"，拆改结合、拆绿结合，拆除违章建筑 335 万平方米。利用城中空隙与边角地块进行绿化，对厂房、大楼的屋顶和居民墙壁垂直绿化，增加现有城市绿地的乔木比重。利用城镇周边林地和森林资源丰富的优势，在每个镇启动建设 1 个以上城郊森林（湿地）公园，满足城市人群"开门见树、亲近自然"的生态渴望。

在村居，投入资金 4000 万元实施 230 多个镇村绿化项目，出台绿化补助和扶持政策，突出"乡土、乔木、常绿"理念，鼓励居民在闲置庭院和房前屋后种植经济树种。仙降街道东川村等 138 个村居被命名为"温州市森林村庄"，陶山镇上呇村等 12 个村成为温州市"绿化示范村"，马屿镇、高楼镇被命名为"森林城镇"。城乡绿化大框架逐步拉开，勾勒出城乡一体化格局的雏形；城乡内部绿化体系密切跟进，着力提升城市形象。点上绿色成景、线上绿色成荫、面上绿色成片的城乡绿色景观跃入眼帘。

绿色经济 增绿就是增收

环境既是城市的门面，也是城市的名片，一座城市的环境优劣事关城市发展的快慢和兴衰成败。环境友好，不但能让老百姓满意，更能为经济转型升级注入新的活力。在这场声势浩荡的造绿行动中，瑞安借机发展绿色经济，各乡镇、项目的重要举措验证了"增绿就是增收"的硬道理。

马屿镇建设"省级森林城镇"的重要举措就是在 56 省道马屿段两侧

10~40米不等的区域，由政府统一租地造林，打造森林通道，共涉及团社等15个村726亩土地。与以往向村民征地不同的是，这次，马屿镇政府采取了向农户租地的方式，以每年每亩500元的价格给予村民补偿，租用期限20年，期满后林木所有权、经营权归农户所有。"把地租给政府造林，地还是自己的，省心不说，收入还不少，被租地的村民都非常支持。"马屿镇团社村一位村民介绍，2012年每亩的租金是140元，2013年租给镇里种植苗木，每亩可获补助500元。"这比以前好多了，另外，种植苗木还可起到净化空气、美化环境的作用，何乐而不为呢？"对镇政府来说，政府不用征地就有效解决了林地资源不足的问题，同时农民的利益也得到了保障，此举可谓"双赢"。

此外，马屿镇还引导鼓励种植大户也来56省道沿线长期从事苗木基地建设，镇政府给予每年每亩300元的租地补贴，促进当地绿化苗木尤其是大中规格苗木产业的形成和快速发展，也为瑞安全市平原绿化和森林城市创建提供苗木。通过租地造林建基地，马屿镇的绿化建设将迈上"快车道"。

飞云江中游，一条令人瞩目的飞云江高楼段绿道正在建设中。该绿道位于飞云江高楼大桥至塔石大桥河段，全长13.2千米，总投资11亿元，其中，景观绿道部分概算投资4亿元。高楼镇旅游资源丰富，飞云江高楼段绿道建成后，将吸引大量游客前来体验观光，带动农民创业就业，进一步拉近城乡空间。

飞云江高楼段绿道工程是借鉴"他山之石"的成果，分景观绿道、防洪堤和橡胶坝三项子工程，集防洪减灾、生态修复、旅游观光为一体。打造绿色慢行休闲系统则是工程一大亮点。绿色慢行休闲系统包括12千米的自驾车道、20千米的自行车道和人行游步道、5千米的水上绿道。绿道沿线大量的绿化和景观设置将把绿道打造成一个狭长的滨水大公园，以滕结瓜，串起沿线景点和村庄，沿途设置果林等8个驿站，仿古建筑的服务区，竹林迷宫，江滩休闲运动，户外拓展运动，婚庆纪念林等项目，可供广大市民散步、休闲、观光、健身。建成后，相当于新增加一个面积达6600亩的大公园，将是瑞安最具特色的休闲旅游品牌。

增绿就是增收，绿化带来的经济效益，燃烧了老百姓造绿的激情。生态文明造绿于无形。大张旗鼓地建设平原绿化和沿江绿道是让人看得见、摸得着，乘势推进的生态文明建设则"造绿"于无形，同样让人深有体会。如果说，瑞安人对绿的需求一直停留在"要绿化"的表层，那么通过无形的生态文明建设，这个观念逐渐开始向"想绿化"转变。

2012 年，瑞安加大生态环境和水环境整治力度，治理飞云江流域污染，深化整治温瑞塘河，启动瑞平塘河综合治理，加强对饮用水水源的保护，促进河流水质持续改善。加大环境执法监管，强化污染源头控制，着力解决废气、烟尘、噪声和固体废物污染等突出环境问题，确保各类污染物总量明显下降。大力推进市污水处理厂二期和江南、马屿污水处理厂建设，启动陶山、湖岭、高楼污水处理工程建设，逐步健全东部污水收集管网，全面提高城市防治污染的能力。在 2012 年第 4 季度温州市行政执法局组织的城镇供水企业水质安全检查中，瑞安市市区自来水水质安全管理成绩突出，连续三年名列温州各县（市、区）第一。

从多方面推进生态建设和农村环境保护。设立 1000 万元节能降耗专项资金，加大淘汰落后产能力度，促进生态农业大力发展，通过绿色食品、有机食品、无公害食品认证 46 个，建成绿色无公害农产品基地 17.9 万亩。全市累计建成村级生活污水处理设施 300 套，铺设农村生活污水排污管网 349 千米。强化饮用水水源保护，市本级集中式饮用水水源地水质达标率达到 100%，全市 54 个村、6.32 万群众的"吃水难"问题得到解决。

积极弘扬生态文明，建立生态环保志愿者大队和村级生态环保联络员队伍，组织开展环保主题读书节活动，加强绿色系列创建，建成国家级绿色学校 1 所，省级绿色社区 5 个、绿色学校 11 所、绿色家庭 20 户。

党的十八大开创了社会主义生态文明建设的新纪元，生态环保工作站到了更高的战略起点上。2013 年，瑞安将继续加强生态建设，深入整治生态环境，大力开展水、空气、土壤等污染防治工作，不断提升环境质量；着力保护开发生态资源，努力保持清新空气、清洁水源、干净土壤；大力推进资源节约集约利用，严格落实节能减排目标责任制，大力发展低碳经济、循环经济；大力推进省级生态市建设，加快建成江北二期、江南污水处理厂、市垃圾焚烧发电厂和镇街垃圾站等环卫配套设施，广泛开展生态镇街、生态村创建，全面深化生态文明宣传教育，努力建设资源节约型、环境友好型社会。

"在家开门见树，走出去随处见绿，四季可闻花香。"如此美好的城乡绿景越来越贴近瑞安百姓。瑞安，这座美丽城市生态家园将用绿的力量，提升整个城市的幸福指数，为其增添新的生机与活力。

　　资料来源：朱郁星：《绿色瑞安　美丽城市生态家园》，《浙江日报》2013年1月24日，第12版。

 经验借鉴

　　近年来，绿色成了瑞安城的主色调，这得益于瑞安绿色围城、精品公园、森林通道、景观江河、园林社区、生态产业六大工程的建设。在生态城市建设的过程中，瑞安探索出自己的一条特色之路。我们从瑞安的城市绿色管理中得出以下启示：①坚持绿色发展理念，实施绿色发展战略。例如，瑞安市政府将"环境是最稀缺的资源，生态是最宝贵的财富"的理念运用到城市的建设和管理中，深入实施生态立市战略，加快打造美丽城市、美丽乡村。在领导的重视下，瑞安人民开始清晰地认识到，绿是城市富有生命力的基础设施。②出台绿色发展政策，支持城市绿化建设。瑞安市出台了绿化补助和相关扶持政策，因地制宜地开展绿化造林工作，开工建设公园、绿地、城郊森林、湿地等景观，实施村镇绿化项目，使瑞安的城市绿化得到质的提升，在造福人民的同时也提升了城市形象。③加大资金投入，促进绿色产业升级。例如，瑞安市设立1000万元节能降耗专项资金，加大淘汰落后产能力度，促进生态农业大力发展，建成绿色无公害农产品基地17.9万亩，为经济增长注入绿色活力，点燃人民造绿热情。④创新管理方式，解决环境保护问题。例如，瑞安市政府创新运用新办法，向农民租地并给予其补偿，解决了林地资源问题的同时也保障了农民的利益。⑤加强生态文明建设，加大环境执法监管力度。瑞安加大生态环境和水环境整治力度，治理飞云江流域污染，深化整治温瑞塘河等促进河流水质持续改善，同时，加大环境执法监管，强化污染源头控制，着力解决废气、烟尘、噪声和固体废物污染等突出环境问题，确保各类污染物总量明显下降。瑞安在建设资源节约型、环境友好型社会上做足了努力，这座美丽的生态家园将用绿的力量，提升整个城市的幸福指数。瑞安的特色升级之路值得当代探索绿色发展的城市借鉴。

三、台州：走"两山"之路　树美丽浙江样板

 案例梗概

1. 台州实施综合整治，治水治气治土切实改善环境质量，实现经济发展和环境改善。
2. 坚持政策引领，打好转型升级"组合拳"，实施循环经济政策推进减排绿色发展。
3. 深化生态示范创建，开展环境综合整治构建生态安全屏障，打造美丽浙江样板。
4. 完善功能区位划定新机制，探索环境管理审批新机制，深入改革"最多跑一次"。
5. 建立环境执法监管新机制，创立生态文明宣教新机制，激发环保活力潜力。

关键词：综合整治；循环化改造；煤炭减量替代；污水"零直排"；体制机制改革

 案例全文

　　台州市拥有大量传统产业，这些传统产业带来经济利益的同时，也带来巨大的环境污染监管和治理成本。然而，梳理台州经济发展和环境质量发展过程却会发现，在经济发展的同时，环境质量也在得到改善。2016年，台州不仅实现生产总值3842.81亿元，增速居浙江省第四，而且生态环境状况指数排名浙江省第二，最近被国务院办公厅通报表彰为"全国环境治理工程项目推进快，重点区域大气、重点流域水环境质量明显改善"的四个城市之一，也是浙江省唯一入选的城市。

治水治气治土　切实改善环境质量

　　椒江葭沚泾曾经是条黑臭河，它的变化让周边市民感到欣喜。"以前这里的水又黑又臭，谁到岸边都得捂着鼻子，你看现在环境多好。"

这只是台州多年治水的一个缩影，而水环境改善的背后，是一整套水环境系统整治机制的建立，是获得浙江省"五水共治"首批大禹鼎的特色经验。为大力推进"五水共治"，台州创新实施"河长＋警长＋环保卫士"制度，实施劣Ⅴ类水体3年消除行动和水十条考核达标行动，不仅全市8个省控劣Ⅴ类断面已消除5个，15个市控劣Ⅴ类断面已消除7个，获得了2016年交接断面水质评价优秀，而且将再接再厉，在2017年全面剿灭劣Ⅴ类水质断面和小微水体。

台州还出台实施了《台州市饮用水水源保护规划》，争取到中央财政资金1.28亿元，在扎实推进长潭水库全国良好湖泊生态环境保护试点的同时，切实保障了县级以上集中式饮用水水源地水质达标率稳定达到100%。

空气质量也是老百姓时刻都能感受到的环境问题。经过多年治理，台州主城区告别了化工恶臭，全面完成了浙江省下达的燃煤锅炉、黄标车和老旧车淘汰任务，以及县以上城市主干道与次干道机械化清扫的目标。实现了2016年PM2.5同比下降12.7%，空气优良率92.5%，同比上升2.4%，首次达到国家环境空气质量二级标准。在环境保护部发布的《2016中国环境状况公报》，以及2017年5月重点区域和74个城市空气质量状况中，台州市环境空气质量分别排名全国第十位和第八位。

土壤污染近年来越来越受人关注，台州全面推进"治土"先行区建设，完成金属资源再生产业基地国家"城市矿产"示范试点项目，通过环境保护部"圈区管理"验收。出台《台州市土壤污染综合防治先行区建设方案》，加快台州国家土壤污染综合防治先行区项目建设，启动土壤环境质量详查工作，开展并完成约1400家企业的初步排查，确定了754家企业、4个重点区域和3个重点乡镇为土壤环境质量农用地详查布设重点点位。推进污染场地治理修复与风险管控治理工程，启动两家化工企业退役场地修复工程，开展3家电镀厂退役场地风险评估，对135亩农用地实施修复。

倒逼转型升级　推进减排绿色发展

仍在进行传统优势产业智慧化绿色化发展的台州，要走出生态文明之路并不轻松。几年前，台州就已经决定跳出"先污染，后治理"的老路，坚决打好环境整治"组合拳"，走上生态与经济同步发展的新路。

政策引领，是台州走上生态与经济同步发展的关键。台州市委、市政府先后颁布实施了《关于建设生态市的决定》《关于全面推进台州生态市建设的若干意见》《关于落实科学发展观加强环境保护的实施意见》《关于推进生态文明建设的决定》等一系列政策制度，为转型升级"组合拳"提供了明确指引。

实施循环经济建设。编制了《台州市循环经济发展"十三五"规划》，积极创建国家级循环经济示范城市，大力实施循环经济"991"行动计划。开展国家、省循环经济试点工作，已有5个园区开展了循环化改造，5个园区启动循环化改造实施方案编制工作。

推进低碳绿色发展。设立市级应对气候变化领导小组，出台温室气体清单实施方案，完成温室气体清单及企业碳排放报告工作，椒江区景园社区被列为省级低碳小区示范试点。

加快淘汰落后产能。2016年，完成4个行业23家企业落后产能淘汰任务，淘汰造纸两万吨、铸造3.45万吨、电镀27.6万升、烧结砖窑2.36亿标准砖。并在此基础上，自加任务淘汰橡胶50万米、鞋业3.32万双。

严控企业排放能耗。严格实施固定资产投资项目节能评估和审查制度，严格控制新上高耗能项目，有效控制新增用能。强化煤炭消费总量控制，严把涉煤新建项目准入，新上耗煤项目实行煤炭减量替代，大力推进园区集中供热。继续加大对重点耗能、耗水企业的清洁生产审核力度，审核范围从工业企业拓展到全社会领域。

整治提升重点行业。完成医化、电镀、固废拆解、造纸、印染、制革等重污染行业整治提升，对全市医化、电镀、印染、造纸、制革五大重污染行业仅保留企业220家，其中205家集聚在园区内，入园集聚率达93.2%。

此外，台州积极推进了7个工业集聚区污水"零直排"治理，以及155家重点行业和特色行业整治提升。

多措并举合推　打造美丽建设样板

近年来，台州市以"绿水青山就是金山银山"重要思想为指引，坚定"八八战略"总纲，积极推进"山海水城、和合圣地、制造之都"建设，着力打造生态示范创建、基础设施完善、环境综合整治、森林城市建设和生态安全构筑等美丽建设的台州样板。

深化生态示范创建。建成市级美丽乡村精品村 20 个、美丽乡村示范乡镇 10 个；实现省级以上生态县（市、区）全覆盖，并获省级生态市命名。

完善城乡基础设施。加强城镇生活垃圾收集处理，编制实施城市生活垃圾分类 5 年行动计划，有序推进生活垃圾分类试点，城区生活垃圾分类收集覆盖面超过 55%，农村实现垃圾处理"日产日清"。启动实施 860 个建制村农村生活污水治理，新增受益农户 20.67 万户。

开展环境综合整治。在浙江省率先召开小城镇环境综合整治行动会议，设立小城镇综合整治行动领导小组和办公室，出台实施方案和考核办法，开展"秋季卫生大整治"和"百日攻坚"行动，全面加强小城镇环境管理。

加快森林城市建设。成功创建"国家森林城市"。积极推进仙居国家公园试点，加强仙居括苍山省级自然保护区规范化建设。推进椒江大陈、玉环披山两个省级海洋特别保护区规范化建设。

构建生态安全屏障。建成避灾安置场所 2385 家，推进气象灾害综合监测和预报预警系统建设，实现部门间气象灾害监测设施统筹规划、建设备案和资源共享。

体制机制改革　激发环保活力潜力

在工业发展与环境保护、城市发展与生态文明建设同步推进过程中，台州坚持不断深化生态文明建设体制机制改革，创新和完善各项工作机制，进一步激发生态环保工作活力、潜力，持续保障环境质量和环境安全。

完善功能区位划定新机制。统筹考虑生产、生活、生态空间布局，严格划定生态红线，全面实施环境功能区划和水环境功能区方案。

探索环境管理审批新机制。统筹推进排污许可证"一证式"管理和环保审批制度改革省级试点。制定《台州市排污许可证改革试点工作方案》，整合行政审批、"三同时"验收与总量管理。实施"豁免、备案、简化、认可、补办、下放""六个一批"分类差别化审批，出台《关于深化环保审批制度改革服务经济社会发展的意见》。创新"区域环评＋环境标准""一窗受理＋集成服务""微信申报＋网上办理"形式，深入推进"最多跑一次"改革。

建立环境执法监管新机制。打造"属地管理、分级负责、全面覆盖、责任到人"的网格化环保监管体系，出台《实施环境保护网格化监管工作细则》《台州市污染源日常环境监管双随机抽查制度管理规定》和环境违法"黑名单"制度，推进建立综合执法和乡镇（街道）环保办公室。2016年，查封扣押案件数和行政拘留人数浙江省第一，限停产、刑事拘留案件和人数浙江省第二。

创新生态文明宣教新机制。开展"五水共治""'6·5'世界环境日"暨"环保法律人在行动"等一系列环境宣传教育活动。2016年，台州市公众生态环境满意度排名浙江省第三，比2011年上升了7位。

资料来源：台州市环保局：《台州：走"两山"之路　树美丽浙江样板》，《中国环境报》2017年6月28日，第5版。

 经验借鉴

在梳理台州市经济发展和环境质量发展的过程中我们可以发现，台州市在经济发展的同时，环境质量也得到了明显的改善，这为很多其他省市的绿色发展做出了表率。台州市之所以能够实现经济和环境双发展，主要有以下几点经验值得借鉴：①制定长远的绿色生态发展规划。例如，台州市政府出台实施了《台州市饮用水水源保护规划》，在扎实推进长潭水库全国良好湖泊生态环境保护试点的同时，切实保障了县级以上集中式饮用水水源地水质达标率稳定达到100%。②完善绿色发展制度，推进环境治理和经济发展。例如，台州市率先颁布实施了《关于建设生态市的决定》等一系列政策制度，进一步全面地淘汰落后产能，同时对企业排放的能耗进行严格把控，对重点行业如电镀、造纸等进行整治提升，加快推进绿色低碳的发展，跳出了"先污染后治理"的老路，走上了经济和环境共同发展的道路。③重视环境风险评估管理。例如，台州严格实施固定资产投资项目节能评估，严格控制新上高耗能项目，有效控制新增用能，强化煤炭消费总量控制，大力推进园区集中供热。④在体制机制方面加以改革。台州市在功能区位划定、环境管理审批、环境执法监管以及创新生态文明宣教方面都设立了新机制。台州市在绿色管理方面取得的巨大成果说明，坚决打好环境治理的"组合拳"，在经济发展的同时打造适宜环境，在发展的过程中坚持绿色道路，践行绿色发展理念，是当今城市探索绿色发展道路过程中应当学习借鉴的宝贵经验。

四、诸暨：生态文明建设的诸暨路径

 案例梗概

1. 诸暨建设"6+2 现代产业体系"，推进生态文明建设，实现产业转型升级。
2. 以"壮士断腕"精神严格把关经济发展，以生态保护为前提审批项目，促进发展。
3. 实施河流交界断面水质保护管理考核制度保护母亲河，通过铁腕整治优化环境。
4. 响应创建全国优美镇乡活动，"绿色系列"单位遍地开花，营造生态文化氛围。
5. 坚持把生态乐居作为城市的核心价值来追求，加快建立城市生态四大体系。

关键词：现代产业体系；严格审批项目；优美乡镇；生态乐居；绿色经济

 案例全文

　　绿水青山，就是诸暨的金山银山；生态优势，就是诸暨的潜在优势。这就是诸暨市的生态理念，正越来越成为全市上下的共识。从 2003 年提出建设生态市的目标，到 2006 年将"生态诸暨"列入"四个诸暨"的总体布局，再到 2010 年进一步吹响创建国家级生态市的号角，诸暨市生态文明建设的目标越来越远大、越来越明晰。

转型升级　突出生态理念

　　推进生态文明建设，产业最关键。诸暨市委、市政府在实施转型升级、优化产业结构中，始终把生态作为优先要素予以考虑。他们制订出台的保增长、促转型的若干经济政策，以及新构建工业六大主导产业和现代服务业、现代农业为内容的"6+2"现代产业体系，都体现了生态理念。

　　2010 年来，负责项目审批的诸暨市经贸局工作人员，不断被一些新名词所吸引：生命探测仪、环境卫星数据接收处理系统、数码除尘芯片、高端马达系统、LED 等。据统计，在 2010 年诸暨市千万元以上的 360 多个投资项目中，这样的新兴项目有 130 多个，占总数的 40% 以上，明显多于往年。新兴产业项目增多，打破了诸暨市原有的产业格局。2009 年上马的一批光伏产业项目，逐步进入产能释放期。"弘晨光伏""光益光能""日月旺"等企业，订单都排到了 2011 年四五月。2010 年上半年，光能产业实现销售 7.1 亿元，同比增长 626%。

环保产业也势头看好。占地 2800 亩的环保产业园区和浙江省环保装备科技创新服务平台初具规模。海亮集团浙大海元汽车尾气检测设备项目，开创诸暨企业进军汽车尾气检测领域先河；菲达、天洁、信雅达、东方、永洁等企业已进入全国环保装备行业百强，成为颇具知名度的骨干龙头企业。截至 2010 年 8 月，诸暨市出现了牌头、安华、店口、枫桥、市区 5 个环保新能源产业区，并形成了"一轴五片"的空间格局。

与此同时，袜业、珍珠、铜加工及新型材料、机电装备制造、纺织服装等其他五大产业，也开始向生态型转身。富润集团将废旧军装回收后，经过加工处理，做成帐篷、毛巾被、手套、袜子等几十种新产品。骄狮汇袜业开发的生态增氧防臭袜、生态增氧止痒袜、生态增氧抗疲劳袜、生态珍珠护肤袜，因功能效果佳、舒适时尚而且低碳，被联合国相中，进入了上海世博会联合国馆。诸暨市还以有机、绿色农产品开发与休闲观光农业为主要内容，全面推动农业生态经济发展。截至 2010 年 8 月，建成了生态农业休闲观光旅游点 32 个。第三产业也出现了高增长势头。2009 年，一二三产业实现增加值 178.44 亿元，同比增长 13%，高于 GDP 增幅 3.5 个百分点。

节能减排　发展生态经济

"可批可不批的项目，坚决不批；可关可不关的企业，坚决关掉。"诸暨市对落后产能的淘汰，毫不含糊，其勇气不亚于壮士断腕。一组数据最能说明问题。从 2007 年开始，诸暨共拆除小熔铸炉 2015 只，石灰窑 175 座，小砖瓦窑 79 座，大轮窑 35 座。

项目审批，以生态保护为前提。凡是不符合生态环保和节能要求的项目，一律不批。2006 年以来，因环保不合要求而被挡之门外的项目有 59 项。其中有一个总投资达 12 亿元的二甲苯项目，也没例外。

在淘汰落后产能、严把项目准入关的同时，诸暨市还狠抓节能减排工作。诸暨市将节能减排完成情况列入镇乡（街道）岗位目标责任制考核，并实行一票否决。诸暨市委、市政府每年安排推进节能减排专项资金，2009 年达 1100 万元。

在水泥行业，诸暨对市内 5 条水泥回转窑生产线进行余热发电节能技术改造，累计投入 1.5 亿多元，年节约标准煤 4.89 万吨，年削减二氧化碳排放量 5.46 万吨。近 3 年来，诸暨组织企业实施节能项目 48 只，总投资约 9.43 亿元，可直接和间接节能近 14.23 万吨标准煤，节水 234.68 万立方米。

在推进企业节能减排过程中，诸暨市可谓新招迭出。它们推行污染物排放总量指标有偿使用制度，开创全国先河；在此基础上，又推行了排污权抵押贷款。这两项创新举措，在浙江省和全国产生了较大影响。

作为省级循环经济试点基地，诸暨市的循环文章也做得十分出色。2006 年以来，诸暨先后有 20 个项目列为省和绍兴市发展循环经济示范工程。山下湖珍珠加工园区、店口铜加工园区和大唐袜业产业区，开展了省级循环经济与生态化改造。

从循环中掏来真金白银的企业，不胜枚举。海亮集团年利用再生铜 4 万多吨，直接收益 3510 万元；富润集团通过回收定型机废气余热、回收淡碱、实施中水回用，年可节约成本 4000 余万元；大唐镇通过推行塑料再生技术，年可新增产值 3.5 亿元。一个绿色企业簇群，在诸暨逐渐形成。至 2010 年 8 月，有 150 多家企业通过 ISO 14000 认证，49 家企业通过省、绍兴市绿色企业考核。

铁腕整治　优化生态环境

浦阳江，被诸暨人亲热地称为"母亲河"。为保护母亲河，诸暨市实施了河流交界断面水质保护管理考核制度，对全市镇乡（街道）45 个重点交界断面水质，进行每月监测，每季度通报，并与经济奖惩挂钩。

未经审批的 50 多家轧砂场，被一律关停，轧砂设施全部被拆。经审批许可的 6 家轧砂场，都建起了污染防治设施，严禁轧砂废水、泥浆进入河道、水库。浦阳江干、支流 100 米范围的 106 家规模畜禽养殖场，也被全部"请出"；为保持江面洁净，诸暨市环保部门专门配备了江面巡逻船，组建了江面保洁队。截至 2010 年 8 月，诸暨市正在酝酿"河流段长制"考核，对浦阳江及主要支流实施镇乡（街道）分段考核。

诸暨市现有日处理能力 10 万吨的污水处理厂一座，另有一座日处理 8 万吨的污水处理厂也已启动建设。城市污水处理问题解决了，但集镇污水怎么处理，对不少地方来说，仍是一个十分头痛的问题。诸暨市通过加大镇级污水处理工程的建设步伐，这一问题正在逐步得到解决。市政府拨出补助资金 1700 万元，专门用于镇级污水处理厂建设的奖励。

截至 2010 年 8 月，店口镇、枫桥镇、牌头镇等镇级污水处理厂，已全部完成 BOT 招商。其中，一期工程投资 1.2 亿元、日处理能力 2 万吨的店口镇污水处理厂厂区、污水管网、泵站都已开始全面施工。他们将采取"混凝、沉淀、过滤、消毒"深度处理工艺，使排放的水能够达到城市景观用水的标准。

在农村，诸暨大规模采用厌氧酸化加人工湿地处理模式，使农村的生活污水得到很好的处理。截至 2010 年 8 月，诸暨市 467 个行政村中有 205 个村推行了这种处理办法，累计建成污水处理池 1.8 万余只。诸暨市的目标是：截至 2010 年底，全市污水集中收集率达到 70% 以上；到 2015 年，实现市域范围内污水处理全覆盖，所有集镇污水全部达标排放。同时，农村的生活垃圾也得了集中处理。诸暨建成了垃圾中转站 25 座，设置了垃圾站房（桶）1.6 万只，使全市农村的垃圾，真正做到了"户集、村收、镇运、市处理"，农村的环境面貌发生极大的变化。

环境污染整治，诸暨市每年都有专项行动：2007 年是整治小熔铸、土制石灰窑、砖瓦窑、涉铅行业；2008 年是向珍珠加工行业、城区烟尘、水域养殖、固体废物"开刀"；2009 年则是将城区餐饮业、农家乐、防水材料、畜禽养殖作为整治对象。到 2010 年 8 月，总投资 700 万元的生态湿地——白塔湖流域生态恢复工程基本完成。山下湖珍珠加工园区、诸暨经济开发区环境污染整治顺利通过省级验收。

以创促建　营造生态文化

生态文化基地众多，是诸暨市生态建设的又一鲜明特色。最近，诸暨市传出喜讯：诸暨的东和乡、马剑镇，双双获得全国环境优美镇乡称号。而在此前，大唐镇、五泄镇已经获此殊荣。

创建全国环境优美镇乡活动，始于 2003 年，由国家环保部组织发起。其入选门槛相当高，仅考核指标就有 26 个大项。诸暨市在 4 个乡镇获得这个称号的基础上，又有 2 个乡镇做好了迎检的准备。至于省市生态乡镇、村和绿色企业、绿色社区，更是队伍庞大。截至 2009 年，诸暨市已累计建成 148 个全国、省、绍兴市等各级生态镇乡（村）和 162 个绿色社区、绿色学校等"绿色系列"单位，可谓遍地开花。诸暨市还将以东白山省级自然保护区为龙头，建设 50 个市级自然保护小区，总保护面积占土地总面积的 5% 以上，为野生动植物、自然生态、自然景观撑起了"保护伞"。

在创建生态文化中，诸暨市巧设载体。每年组织开展"清洁家园、美化环境""万人洁美大行动"等群众性爱国卫生运动，开展"同饮一江水、保护母亲河""青春与生态同行""关注社区环保、共建绿色家园"等主题教育活动。最近，诸暨网网友，还自发到安华镇、王家井镇等地，分发保护母亲河的倡议书，开展浦阳江流域河流保洁活动。

新农村建设，也向环境整治与生态建设保护工程倾斜。2010 年，诸暨市投入近 3 亿元，用于扶持新农村建设，其中将有近一半资金重点支持村庄基础设施配套工程、农村环境综合整治工程、农村生态建设保护工程等。2010 年，诸暨市又有 60 个村庄列入"千村示范、万村整治"工程。从 2005 年开始，诸暨市每年切出 1000 万元财政资金，对农村饮用水重要水源地的东白湖、陈宅、岭北等镇进行生态补偿。

最近，诸暨市委做出了大城市建设的决定，提出要坚持把生态乐居作为城市的核心价值来追求，以创建国家生态市为载体，扎实构建生态经济、生态环境、生态文化、生态保障四大体系，加快形成符合生态要求的产业结构、增长方式和消费模式。一个山清水秀、富饶美丽的暨阳城正向我们阔步走来……

资料来源：佚名：《生态文明建设的诸暨路径》，《浙江日报》2010 年 8 月 13 日，第 3 版。

经验借鉴

从 2003 年提出建设生态市的目标，到 2006 年将"生态诸暨"列入"四个诸暨"的总体布局，再到 2010 年进一步吹响创建国家级生态市的号角，诸暨市生态文明建设的目标越来越远大、越来越明晰。诸暨市探索出了一条生态文明建设色彩鲜明的诸暨路径，诸暨市将外部不经济朝着外部经济发展，致力于消除前代对后代、当代对后代的不利影响。进一步打造绿水青山的美丽诸暨；进一步落实具有生态优势的富饶诸暨。诸暨市绿色管理的主要经验有以下几条：①实施转型升级、优化产业结构，始终把生态作为优先要素。诸暨市委、市政府制定出台了保增长、促转型的若干经济政策，以及新构建工业六大主导产业和现代服务业、现代农业为内容的"6+2"现代产业体系。这充分体现了外部性经济理论，工业的转型所产生的效益使广大人民群众受益。②为人民考虑，推动农业经济发展。诸暨市还以有机、绿色农产品开发与休闲观光农业为主要内容，全面推动农业生态经济发展。这不但维持了良性循环的生态系统，更减少了垃圾废料的产生，实现了人与自然和谐相处。③淘汰落后产能、严把项目准入关，狠抓节能减排工作。诸暨将节能减排完成情况列入镇乡（街道）岗位目标责任制考核，并实行一票否决，在地方上产生了巨大的效应。④勇于创新，敢为人先。诸暨市建设市级自然保护小区，开展群众性爱国卫生运动，并对农村饮用水重要水源地的东白湖、陈宅、岭北等镇进行生态补偿等措施。一系列政策和活动的开展符合可持续发展理论，及时在生态系统受到干扰的时候大大地保持了其生产力。

五、龙泉："两山"路上看变迁

 案例梗概

1. 龙泉市坚守生态红线，实践"两山"理论，始终秉持"两山论断"。

2. 突出抓好种植业、养殖业，实现来料加工、农家乐民宿、农村电子商务快速发展。

3. 推进"三改一拆"，发动群众主动拆违拆破，稳步推进旧城改造，建设城市道路网。

4. 排查全市工业企业污染情况，建立起一企一档案，分别制订具体整治方案。

5. 流转林权，在保护林农切身利益的同时消除林业生产经营者的后顾之忧。

6. 开展生态旅游业，积极建设美丽乡村，构建绿水青山中的特色小镇，发展绿色经济。

关键词：生态红线；"三改一拆"；生态旅游；整治涉污企业；生态惠民

 案例全文

十多年前，时任浙江省委书记的习近平同志第七次在丽水调研时，鲜明提出"绿水青山就是金山银山，对丽水来说尤为如此"，告诫丽水"守住了这方净土，就守住了'金饭碗'"。龙泉坚持"绿水青山就是金山银山"的发展理念，倾力呵护一方绿水青山，谋划经济社会转型升级，终于迎来了美丽经济大时代：美丽城乡"颜值担当"，生态红利喷涌释放，"弯道超车"势头强劲。大道至简，却是知易行难。龙泉循迹"两山论断"的路径，迎着社会经济转型的风口，以稳健自信的脚步，用加速度建设了一个望得见山水，记得住乡愁，用绿色发展厚植的美丽龙泉。

坚守生态红线

群山环抱，林海连绵。一脚踏入，五官感知的全是绿。

绿，源于一张蓝图绘到底的不懈努力。龙泉市委、市政府始终秉承"绿水青山就是金山银山"这一科学论断，一年接着一年抓，一任接着一任干。龙泉市干部群众在生产、生活中，努力践行生态文明，"造绿护绿"成了每个人的自觉行动。

城北乡东书村72岁的老人姜洪飞说，自己的三轮电动车车头比别人多了一个空的易拉罐，"它是我随身携带的'烟灰缸'。"作为一名老烟枪，姜洪飞日抽香烟3包以上，以往每天随手扔出的烟头有60多个，为了让东书村更加干净、整洁，2015年以来，他就随身携带自制烟灰缸，专门收集烟灰与烟头。

2015年，该村还设立了农药包装物兑换点，每天都有村民拿着农药瓶前来兑换生活用品。前些天，村民毛正昌又拎着一袋农药瓶来到兑换点，向老板换了三块肥皂，"这是我第二次用农药瓶换小物品，也算是为洁化美化村庄做贡献"。可以说"绿水青山就是金山银山"不仅在老百姓心中生根发芽，也潜移默化于日常生活的点点滴滴，保护生态成为村民的自觉行动。

实践"两山"，生态修复，治水为先。龙泉将水环境综合整治作为主要抓手来推进生态市创建，并在浙江省率先开启了让乡镇长担任各自责任区域河段长的先河，"河段长制"雏形初现。同时坚持不懈联动开展治气、治土、治尘、治污，全域化开展畜禽养殖污染整治，推动城乡环境持续优化。2016年上半年，龙泉空气质量优良率99.3%，PM2.5平均浓度26微克/立方米，空气质量排名浙江省第一；地表水断面水质、出境地表水交接断面水质、饮用水水源地水质达标率均为100%。撕开口子，重点整治。在全域推进"六边三化三美"工作中，龙泉出色开展"洁净乡村、花样农家"创建，美丽乡村亮丽蝶变，逐步从"一处美"迈向"一片美"，"外在美"迈向"内涵美"，"一时美"迈向"持久美"。"垃圾革命"和"厕所革命"，让原本"脏乱差"的边角变成一条条生机盎然的生态绿道、一片片花木扶疏的河滨绿地，宜草种草、宜林植林。截至2016年8月，龙泉森林覆盖率高达84.2%。

从2013年开始，龙泉持续推进"三改一拆"，坚持动真碰硬敢啃"硬骨头"，发动群众主动拆违拆破，完成"三改"149万平方米，拆除违建128万平方米，计划截至2016年底，70%的乡镇（街道）创成无违建达标乡镇（街道）、90%的村（社区）创成无违建达标村（社区）。2014年，宝溪乡溪头村因为出色的新农村建设，喜获"中国人居环境范例奖"。

在全面完成第一批城市"六个一"并启动第二批"六个一"项目上，龙泉稳步推进江滨北岸等旧城改造，抓好城市道路网建设，打通龙翔路等城市"断头路"，城市功能得到完善，成功创建国家园林城市，国家历史文化名城创建通过预验收，西街入选首批中国历史文化街区，推进治堵、治乱、治脏，实施"鲜花进城"工程，城市环境和秩序不断改观。

优化能源结构、淘汰落后产能、着力节能减排、深化清洁生产等举措让蓝天白云长驻龙泉。近年来，龙泉以壮士断腕的力度以治促转，关停、淘汰、改造提升高污染、高耗能、设备工艺落后的企业，不仅万元GDP能耗下降率超额完成"十一五"规划、"十二五"规划节能降耗考核任务，而且成功创建了47家清洁生产企业和5家绿色企业，并通过排查全市工业企业污染情况，建立一企一档案，分别制订具体整治方案，做到涉污违建企业整治全覆盖。

龙泉就像被一双"魔术之手",拂去了工业化进程中留下的沉疴宿疾,实现了脱胎换骨般的蜕变,迎来了青山绿水的翩然而归,最终赢得"生态高地、非遗宝地、人文胜地、长寿福地"美名。

打开"两山"通道

夏日早晨,上垟镇种植大户郑自友正跟几个工人在地头上忙碌着。在他身后是 2012 年至今陆续种下的 2000 亩香榧,初结的果子正随风摇曳。"每亩 40 棵,还套种着茶叶。等 2017 年开春,按市场价估算,套种的茶叶能卖 120 万元;入秋后、3000 斤青果能卖 12 万元,往后每年果子的数量还能成倍地翻。"郑自友指着连片的果园说。

老郑原本在福建做木材生意,偶然间了解到种植香榧、茶叶等经济树种前景好,于是毅然回家承包山地。起先都是东家承包三四亩,西家承包五六亩,不成片,而且是跟林农私底下签的协议。"手上拿着上百本林权证,心里还是不踏实。"郑自友说,林业经营投入大,投资期限长,回报慢,万一投入后农户反悔,损失就大了。

2013 年 8 月,郑自友的这块心病终于随着《龙泉市林地经营权流转证登记管理办法(试行)》的推出不治而愈,林地经营权流转证作为证明林地流转关系和权益的有效凭证,并作为林地流转受让方实现林权抵押、林木采伐和其他行政审批等事项的权益证明,在保护林农切身利益不受损害的同时,也消除了林业生产经营者的后顾之忧。自此,龙泉林权改革终于破解了"最后一公里"。如今,龙泉已成为浙江省林权流转面积最多,流转率最高的县。截至 2016 年 8 月,龙泉市近 20 万农民中,已有 2 万多人流转了林权,并直接因此获益。生态变现,也让村民环境意识大大提升。"以前是砍树,如今是看树。"城北乡内双溪村村民毛石玄林说,"我们村大片的原始次森林都是宝贝,就连自家的毛竹也是隔一年才砍一回。"

生态旅游业可谓"绿水青山与金山银山"的最佳结合。"这两天的房间已经订满了,实在抱歉,下次请您提前预订。"入夏后,西街街道下樟村 9 家民宿 66 个床位几乎全部客满,经营"半坞云耕茶等花开"民宿的老板赵林方每天要推掉好几个这样的预订客户,"这周入住的客人都是早在半个多月前就订了的,现在订的已经要排到月底了"。

让"山景"带来"钱景"，火热的民宿经济只是龙泉"美丽经济"的缩影。美丽"山舍"成为游客的心头"不舍"，龙泉累计发展农家乐（民宿）375家，床位2668张。2016年上半年，龙泉市接待游客276万人次，同比增长9.6%，对GDP增长贡献率达到49.8%。三次产业结构实现了从"二三一"到"三二一"的历史性转变。

与火热的"民宿经济"比翼齐飞的还有当地的"土货经济"。为让"山货"走出"山门"，龙泉大力推进农业标准化生产、品牌化经营、电商化营销，创建了"龙泉茹""金观音"等区域农产品品牌，有超过80余种农产品上网销售。2015年，龙泉农村电子商务销售额达3.09亿元。

近日，位于上垟镇的"中国青瓷小镇"青瓷文化园提升改造一期工程正如火如荼进行中。按照工程计划，2016年10月，这个远近闻名的"特色小镇"，将以全新的姿态迎接游客。历史经典产业，邂逅绿水青山。上垟镇曾是龙泉制瓷业的中心，也是现代龙泉青瓷的发祥地。得益于"三改一拆"和美丽乡村建设，龙泉倾力打造的上垟"中国青瓷小镇"项目，不仅盘活了废弃的老瓷厂，带动青瓷产业、生态旅游业的快速发展，成为振兴历史经典文化产业的一个示范样本。

"良禽择木而栖"，近年来，"绿水青山"正渐渐成为吸引资本、人才等要素的重要条件。通过"生态+"这座桥梁，龙泉依托绿水青山，吸引了上市公司科伦药业控股子公司浙江国镜药业有限公司投资10亿元建设高标准自动生产流水线、隐居集团等大项目纷纷落户，成为市域经济增长的"新亮点"。

加速生态惠民

以前，竹垟畲族乡罗墩村雷子兴一家6口人年收入只有2万元，通过从事肉鸡养殖，仅4个月就新增收3.6万元。通过"输血"与"造血"双管齐下，龙泉农民增收致富步伐明显加快。翻看龙泉发展报表，有组数字格外引人注目：2016年上半年，农村常住居民人均可支配收入9413元，增幅9.4%，比丽水平均水平高出951元。

数字的背后，是龙泉人走过的一串串生动演绎绿色发展的脚印。一大早，安仁镇东湖小区的陈文彩来料加工点已是一片繁忙的景象，20多名工人低头各自忙活，有的踩平车，有的折遮阳布，有的配辅件，有的打包，这个280

平方米的小车间，2015 年仅淘宝店铺的销售总额就超过了 600 万元，旺季时一天要接 500 多个单子。陈文彩原本和兄弟三人在江苏省南通市办了一个加工四件套的小厂，生意也还不错，但他看到近年来家乡的飞速发展，村子越来越美，交通越来越方便，便萌生了回乡创业的念头，就近照顾年老的父母。如今，陈文彩再次创业成功，他笑着说还要继续扩大规模："接下来，我不仅要在丽水再建一个销售网点，还将新建一个大厂房，争取 2017 年销售额达到 1000 万元。"

近年来，龙泉高度重视农民增收，不仅突出抓好种植业、养殖业、外出务工"老三宝"，也大力扶持来料加工、农家乐民宿、农村电子商务"新三宝"，其中仅来料加工一项，从业人员就达 2 万人，2015 年发放加工费 2.6 亿元，人均近万元。

整洁透亮的两层洋房，崭新的家具，白墙上的大红"福"字，处处透着欢乐喜庆的年味儿。从查田镇石隆行政村黄麻岱自然村整村搬迁工程中受益的范香娥一家，正在屏南镇百步村的新居中欢欢喜喜地迎接 2015 年春节。生活环境、生活质量的提高，让范香娥特别期待这个新年。"我已经 96 岁了，没想到还能走出大山，住进新房。"范香娥坐在敞亮的院子里晒着暖融融的太阳，乐呵呵地说。山下的好日子让这个耄耋老人感慨万千。"去年（2015 年）镇里提出要把我们村搬出大山，果然不到一年，就真的让我住进这敞亮的新房了。现在，儿子在附近的工厂打工，孙子、孙媳妇到市区的一家企业上班，我看病也方便了，这个年真要好好庆祝！"

就在这一年，龙泉共有 1400 人实现异地搬迁。也是这一年，龙泉精准扶贫助力 7028 户 17326 名低收入农户打赢翻身仗，全面消除了年人均收入 4600 元以下贫困现象，摘掉了欠发达的"穷帽子"。同时，龙泉还启动了创业就业"百千万"三年行动，即培育百名创业团队及精英人才，培养千名产业技工人才，培训万名就业创业人员，招工、教育等措施优先向贫困户倾斜，推动以创业促就业、以就业促增收。八都镇署网村发展乡村旅游，在项目建设招工时，优先照顾低收入农户，村民雷水德通过务工，一天有 120 元的收入，全年仅这一项就增收 9000 多元。

大力推进生态惠民，切实提高群众的获得感、幸福感。龙泉深入推进美丽城乡建设，先后创成了国家森林城市、国家园林城市、全国生态建设示范县（市）、中国生态旅游最具魅力城市等。2016 年 6 月，顺利通过省考核组的考核验收，取得了创建国家卫生城市的"入场券"，市民生活满意度排名浙江省前列。

美是一种竞争力，在长三角地区，浙江最有竞争力的就是生态。对于龙泉来说，生态更是最宝贵的资源、最明显的优势、最美丽的名片，也是后发赶超的最大潜力。可以说，蓝天白云、青山绿水是龙泉长远发展的最大本钱。龙泉的发展历程生动地印证了"两山"科学论断的理论智慧、实践价值与民生情怀。站在新的起点，龙泉必将在"两山"科学论断的指引下再谋新篇，开启更具想象力的未来！

资料来源：叶炜婷：《龙泉："两山"路上看变迁》，《丽水日报》2016 年 8 月 9 日，第 5 版。

 经验借鉴

龙泉市坚持"绿水青山就是金山银山"的发展理念，迎着社会经济转型的风口，以稳健自信的步伐，遵循"两山论断"的路径，构建出一个望得见山水，记得住乡愁的美丽小城。龙泉市的成功以"绿"字凸显，其绿色管理的经验主要有以下几点：①坚守生态红线，实践"两山"理论。龙泉市委、市政府始终秉持"两山论断"，全市干部群众积极实践生态文明建设，"造绿护绿"成了每个人的自觉行动。与此同时，积极治水，将水治理作为环境综合整治的关键点，推动城乡环境持续优化。②加强环境风险排查力度，提升环境污染整治效率。龙泉市积极发动群众主动拆违拆破，稳步推进江滨北岸等旧城改造，抓好城市道路网建设，并通过排查全市工业企业污染情况，建立起一企一档案，分别制订具体整治方案，做到涉污违规企业整治全覆盖，优化升级资源利用效率，保护了生态环境。③生态变现，提高人们环境保护意识。龙泉市使 2 万多人流转了林权，并直接因此获益，在保护林农切身利益的同时也消除了林业生产经营者的后顾之忧，使人们的环境保护意识大大增强。④因地制宜，发展绿色产业。龙泉结合当地实际，积极建设美丽乡村，构建绿水青山中的特色小镇，大力发展"民宿经济"与"土货经济"使三次产业结构由"二三一"转变为"三二一"，发展生态旅游业。⑤实行生态惠民政策。龙泉高度重视农民增收，不仅突出抓好种植业、养殖业、外出务工"老三宝"，也大力扶持来料加工、农家乐民宿、农村电子商务"新三宝"，真正实现了生活环境、人民生活质量水平的提高，切实提高了龙泉人的幸福感。龙泉的成功生动印证了"两山理论"的智慧与民生情怀，社会的发展必然需要一定理论的支撑，当代社会企业应迎合政府政策导向，实现价值蜕变。

六、永嘉：青山常在　绿水长流

 案例梗概

1. 永嘉坚持改革创新，积极为企业搭建创新平台和提供优惠政策，推进持续健康发展。
2. 建造拦河大闸坝，阻隔了浊流与清流的汇合，形成庞大的清流水域。
3. 联动推进沿岸拆违、清淤保洁、截污纳管、两岸绿化，引进清淤固化一体化技术。
4. 全面打响楠溪江旅游品牌，加快带动特色农家乐等产业发展，释放更多红利。
5. 建设高标准的美丽乡村精品旅游风景线，规范景区滩林、沿溪两侧经营秩序。

关键词：工业4.0；机器换人；拦河坝建设；亮点区块打造；美丽田园

 案例全文

"十三五"规划开局之年，永嘉县抢抓机遇，锐意改革，奋发进取，以"三区两美"建设为主载体，主动适应经济发展新常态，沉着应对各种风险挑战，全力抓好改革发展稳定各项工作，全县经济社会保持了平稳健康发展的势头，多项经济社会发展指标在全市实现了排名进位，成为全市唯一的省级森林休闲养生建设试点县、省级生态工业发展试点县，连续两年获得全市考绩优秀单位。

2015年，永嘉实现地区生产总值330.92亿元，增长8.5%；一般公共预算收入26.36亿元，增长8.2%；限上固定资产投资273.88亿元，增长13.6%；城镇居民人均可支配收入35161元，农村居民人均可支配收入16938元，分别增长8.8%和10%，成功跻身2015全国县域经济竞争力和发展潜力

"双百强县"行列，永嘉这座千年古县正焕发着勃勃生机。日前，永嘉县结合自身实际，制定了扩大有效投资、经济转型升级、城市转型发展、环境综合整治、改善民生事业等20个重点工作"三年行动计划"，向着建设现代化山水宜居城市的目标奋力前进。

"工业4.0"提升发展后劲

在报喜鸟集团的"智能"制衣流水线上，每台缝纫机前均有一台电脑屏幕，显示着每一道工序生产的要求和进度。如今，越来越多的永嘉企业在"机器换人"，积极融入"互联网+"。永嘉县已从"永嘉制造"迈向"永嘉智造"，正式进入"工业4.0"时代，2016年目标要实现工业总产值590亿元。

工业占据永嘉经济的半壁江山，面对当前严峻复杂的宏观经济形势，要实现工业经济的持续健康发展，必须在创新上下功夫，实现"永嘉制造"向"永嘉智造"转变。永嘉坚持把改革创新作为推动发展方式转变的强大动力，积极为企业搭建创新平台和提供优惠政策，2015年在全市率先组建了省级重点技术联盟，出台了"零土地"技改政策，成功入选浙江省"两化"深度融合国家示范区和全市唯一的省级生态工业发展试点单位。

在政府创新政策的引领和驱动下，永嘉企业主动对接"互联网+双创+《中国制造2025》"发展趋势，积极发挥企业创新主体作用，2015年报喜鸟在国内率先实现"工业4.0"智能制造，成为浙江省唯一入选国家互联网与工业融合试点企业；奥康、红蜻蜓双双入选"浙江省十大网络零售商"，其中红蜻蜓还跻身全国电子商务示范企业。2016年，永嘉县也连续第三年入选中国电子商务百佳县榜单。

以鞋服、泵阀、教育设备和玩具等产业为主的永嘉县，2014年以来，在"智能制造"上成为一个先行者。来自永嘉县经信局的信息显示，2014年以来，永嘉县一些上规模的企业纷纷进行"机器换人"，2015年该工业技改投资达41.11亿元，同比增长31.5%，增速名列全市第二，其中部分企业甚至引入智能自动化生产设备，一步迈入"工业4.0"时代。

"大手笔"建设瓯江北岸

楠溪江潮汐江段浊流将华丽转身成"楠溪湖",这项前无古人的大胆想法已经着手规划:在楠溪江与瓯江的衔接处建造一座拦河大闸坝,将涨落的潮水牢牢挡在楠溪江之外,楠溪江感潮段由此变为清流,形成上至沙头供水工程,下至楠溪江口达9.8平方千米的庞大清流水域。

这项规模空前的浩大工程有众多衍生物:永嘉县城截弯取直防洪工程;发展水上体育,开展游泳、帆船、赛艇、皮划艇、水球等水上运动;打造大型水上乐园、大型四季穹顶游泳馆;建设国家级村落式老人康养与学习中心;开发若干新精英移居村落;开发水城景观房产与主题地产,等等。

永嘉与温州市区仅一江之隔,两岸之间有九桥相连,到温州机场仅半个多小时,是沪杭等地进入温州的"北大门"。永嘉依托区位交通优势,按照跨江融合发展的理念,坚持亮点区块打造和城市有机更新同步推进,2015年总投资210亿元的三江立体城的一期全部结顶,立体城二期、世贸中心一期成功出让,清水埠城中村改造项目顺利启动,一座现代化新城正在瓯江北岸冉冉升起。

当前,永嘉正朝着建设向温州市区看齐的城市形态的目标,全力推进两大亮点区块建设,其中温州山水智城·楠溪新区,规划面积77平方千米,通过设立300亿元引导基金,计划8年时间带动投资2000亿元,努力打造成为温州都市区的新坐标。黄田高铁新城将学习借鉴杭州东站枢纽和城东新城建设的经验与模式,以站场布局带动新城建设,最终实现站城同步融合发展。

优质生态资源助人添寿

永嘉县最新百岁老人人数统计数据日前出炉:2016年新增百岁老人52位,总数达143位,比2015年增加了12位,增长率达9.16%,人数创历年最多,百岁老人总数继续位居温州各县(市、区)前列。

映衬在这组数据背后是绿水青山带来的优美环境,得天独厚的生态环境是永嘉最宝贵的财富,有着巨大的比较优势和发展潜力。永嘉人在守好上天赋予的这片绿水青山的同时,努力让它变成源源不断的金山银山。

如今,永嘉桥头镇菇溪河边上的居民们,每天清晨又多了一个新去处。

家门口新建成的菇溪滨水公园，由 4 个滨水主题公园组成，小道、绿化、广场、亲水平台等一应俱全，令人心旷神怡。类似菇溪滨水公园这样的主题特色滨水公园，2015 年永嘉县共建了 45 个，成为当地居民观赏、休闲、游憩、健身、文化交流的"新宠"。

按照"全域景观、全域旅游"的发展思路，坚持以治水为突破口，将"水岸同治"作为源头治污、防止反弹的根本举措，联动推进沿岸拆违、清淤保洁、截污纳管、两岸绿化，率先引进浙江省先进、全市唯一的清淤固化一体化技术，全力打造一批精品示范河道，让永嘉继续因水而美、因水而兴。

环境的整治带动了楠溪江旅游的整体提升，接待游客数和旅游总收入年均保持 20% 以上增长。2016 年 3 月下旬，时任浙江省旅游局副局长的杨建武率省评审组到永嘉县评审楠溪江国家 5A 级景区创建景观质量，经过实地考察和资源评审，评审专家组认为楠溪江景区基本具备国家 5A 级景区创建资源条件，近期将上报国家旅游局。接下来，永嘉将围绕打造全国著名旅游目的地的目标，以国家 5A 级旅游景区创建和国际标准的自行车栈道建设为核心，全面打响楠溪江旅游品牌，加快带动特色农家乐、精品民宿等产业发展，释放更多红利给农村和农民，真正把生态优势转化为经济优势。

美丽乡村让人安居乐业

据介绍，"楠溪湖"的设想一旦成为现实，这处碧流水域面积是杭州西湖的两倍，无疑是引人瞩目的"五水共治"神妙大手笔，值得温州人期待！

在 2013 年成功举办浙江省美丽乡村现场会后，永嘉在美丽乡村建设的道路上不仅没有停步，而且脚步更加坚定、更加有力。在原有取得成果的基础上，永嘉把村庄作为小景点来打造，村头、桥头、门头、田头等"四头"作为村庄的门面是重要视觉节点，以美丽乡村示范县创建为载体，由"工、青、妇"和农办及文明办等为牵头单位，发动全民参与，开展"三百三千"创建活动，2016 年要在全县打造一百个特色村头、一百个休闲桥头、一百个美丽田头、三千个精致门头。

高标准建设 5 条"全省（浙江省）领先、令人震撼"的美丽乡村精品线，《永嘉县美丽乡村精品线（风景线）建设实施方案》日前启动，建设大若岩镇大东村—大若岩镇大若村、鹤盛镇上湾村—鹤盛镇岭上人家、岩头镇苍坡村—岩头镇下日川村、耕读小院—大若村、鹤盛镇下岙村—房车露营基地5条美丽乡村风景线，在统一设计的基础上建成可复制、可推广模式。

全方位整治沿路、沿溪周边环境，使美丽乡村从"一处美"迈向"一片美"。根据《永嘉县美丽乡村沿溪沿路环境综合整治实施方案》，日前启动对楠溪江核心景区和主要交通节点的环境整治，规范景区滩林、沿溪两侧经营秩序，加强沿路绿化美化和打造视线范围内的美丽田园。

在改善乡村外在形象的同时，高度重视精神文明的提升，深入开展农村文化体育建设提升年活动，按照"赛演联动、贯穿全年"的思路，2015年共举办各类活动2000多场，参与的村民群众超过20万人次，获得了广大群众的一致点赞。

资料来源：梁建国：《青山常在　绿水长流》，《温州日报》2016年6月1日，第4版。

 经验借鉴

永嘉县的发展始终紧扣"绿色"与"智能"两大基本点。从这两个基本点出发并结合本地所处的区位因素与环境特点，积极践行习总书记在浙江时提出的"绿水青山就是金山银山"的论断，在绿色发展理论的支撑下，注重人与自然的和谐发展。永嘉在城市绿色建设和管理方面的主要经验有以下几条：①立足可持续发展，做好绿色发展规划。例如，永嘉县结合自身实际，制定了扩大有效投资、经济转型升级、城市转型发展、环境综合整治、改善民生事业等20个重点工作"三年行动计划"，向着建设现代化山水宜居城市的目标奋力前进。②实施政策创新，发展生态工业。例如，永嘉坚持把改革创新作为推动发展方式转变的强大动力，出台了"零土地"技改政策，积极为企业搭建创新平台和提供优惠政策，促进"永嘉制造"向"永嘉智造"转变，推进工业经济持续健康发展。③实施监督管理，规范城市绿色改造。例如，永嘉把村庄作为小景点来打造，将村头、桥头、门头、田头"四头"作为村庄的门面是重要视觉节点，并设立相应部门进行管理监督，规范乡村景观建设，在这些基础环境改造美化的基础上，绿色旅游才能得到真正的发展。④加强绿色发展基础设施建设。例如，永嘉在楠溪江与瓯江的衔接处建造一座拦河大闸坝，楠溪江感潮段由此变为清流，形成上至沙头供水工程，下至楠溪江口达 9.8 平方千米的庞大清流水域。打造大型水上乐园、大型四季穹顶游泳馆，建设国家级村落式老人康养与学习中心，建设高铁新枢纽等，为城市绿色发展积蓄力量。永嘉立足绿色建设，利用城市区位因素寻找适合自己的绿色发展方向，为众多小型城市绿色发展提供了良好的示范。

七、桐庐：全城共创国家森林城市

 案例梗概

1. 桐庐完成瑶琳森林公园森林康养基地实证与国家级森林康养基地培育提升工作。
2. 用绿地数量和绿化水平来作为衡量一座城市品质的标准，提高绿色发展水平。
3. 重点建设森林生态产业，打造"山清、水秀、民富、县强"的国家森林城市。
4. 围绕"绿色发展"理念，完善顶层设计，高位"领跑"森林休闲养生产业，开展康养建设。
5. 重点实施森林增绿、提升品质、湿地共建等，激发群众的绿化积极性。

关键词：森林抚育；森林康养基地；绿化造林；固碳减排；森林生态网络

 案例全文

中国最美县，山水森林城。桐庐这座中外游客眼中秀色可人的城市，在相继获得国际人居环境示范县、国家级生态县、国家园林县城、中国最美县、中国长寿之乡、中华宝钢环境奖、"中国最美银杏村落"等殊荣后，2017年又斩获全国文明城市荣誉，为创建国家森林城市奠定了基础。

阳春三月，鸟语花香，万物复苏，植树播绿正当时。2018 年 3 月 12 日上午，朱华、方毅等桐庐县四套班子领导在梅蓉脚踩泥泞，握锹填土，与150 余名机关干部投入到植树活动中，齐心协力种下一棵棵树苗。在植树现场，参加义务植树的机关干部们分工协作、干劲十足，合力栽下了银杏、水杉、垂柳等 1000 多株树苗，以实际行动推进国家森林城市创建工作，全力打造"森林之肺"。截至 2018 年 3 月，桐庐县干部群众参加义务植树活动共计13.24 万人次，种植树苗 11.32 万株。

城如人　贵有品

一座城市的品质，不仅在于林立的高楼大厦和四通八达的马路，还在于绿地的数量和绿化的水平。国家森林城市，既反映了一个城市生态建设的整体水平，也是给予城市绿化与生态文明建设的至高荣誉。

据了解，为汇聚创森强大合力，加快推进桐庐国土绿化和国家森林城市创建工作，2018 年，桐庐县以市领导的植树活动为示范，计划完成义务植树16.3 万人次，义务植树基地（含认养认建基地）30 个，面积 150 亩。同时实施平原绿化 2000 亩，建设珍贵彩色健康森林 7000 亩，森林抚育 1 万亩，幼林抚育 1.5 万，木材战略储备林 1000 亩。完成瑶琳森林公园康养基地医学实证与 2 个国家级森林康养基地的培育提升工作，承办好国际森林疗养杭州论坛，申报全国森林旅游示范县，争创浙江省森林休闲养生城市。

"截至 2018 年 3 月，我们结合《桐庐县域总体规划》《桐庐县城城市绿地系统规划》等规划，已编制完成《桐庐县国家森林城市建设总体规划》（2016~2025 年）。桐庐县将在城市建成区新增绿地面积 378.6 公顷，其中新增公园绿地面积 167.3 公顷，同时新增绿化造林面积 5373.7 公顷，2019 年成功创建国家森林城市，2022 年通过国家森林城市复查。"桐庐县负责国家森林城市创建工作的负责人徐红卫说。

出门见绿　家在丛林

"绿树村边合，青山廓外斜。"诗人描绘的田园胜景，如今越来越成为人们心中的桃源。截至 2017 年，我国已共计有 137 个县市成功创建国家森林城市，作为国家发展战略，森林城市建设已被列入"十三五"规划 165 项重大工程项目之中。

根据桐庐县山水相依的特点，县委、县政府提出了打造"山清水秀民富县强的美丽中国桐庐样本"的建设发展方向，2016 年，桐庐提出了"中国最美县·山水森林城"为桐庐县创建国家森林城市的建设目标。通过创建国家森林城市，构建一个"山水林田湖城一体""城乡森林环境一体""森林城市文脉一体"的森林城市格局，把桐庐建设成一个森林生态网络健全、森林生态文化繁荣、森林生态产业领先、森林生态保护完善的"山清、水秀、民富、县强"的国家森林城市。

桐庐自 2017 年 3 月启动创建国家森林城市以来，为不断提升桐庐的城市竞争力，围绕"绿色发展"理念，不断完善顶层设计，高位"领跑"森林休闲养生产业，康养建设成果丰硕喜人。大奇山、健康城森林康养基地被列入第二批全国森林康养基地试点，新丰民族村被命名为浙江省生态文化基地，大奇山、瑶琳、白云源森林公园被评为杭州最美森林公园，南堡湿地被评为杭州最美湿地……截至 2018 年 3 月，共建成省、市、县各级森林公园 16 个，省级森林特色小镇 3 个，省级森林人家 6 个，浙江省森林城镇 4 个，省级森林村庄 15 个，市级园林绿化村 79 个，同时规划湿地面积 5145.48 公顷，其中省级湿地公园 2 个。

同步共享　绿染画城

桐庐县农业和林业局局长金焕梁指出："一座森林环抱、绿意盎然的城市，必定是充满生机和活力的城市。我们希望通过国家森林城市创建，让市民走出家门进花园、进树林，让人们亲近自然、享受绿色，让城乡居民更直接享受全县经济社会发展和生态环境改善的成果。"

在接下来的创建关键时期，桐庐将围绕创建指标，重点针对未达标部分指标，制定攻坚措施，重点实施森林进城增绿、森林廊道环城、森林镇村同创、森林湿地共建等八大工程，坚持增加绿量与提升品质并重、造林与管护并重、"大地种绿"与"心中播绿"并重，加快实施创森项目，确保创建圆满成功。

绿色是美，也是生产力。科学研究表明，森林蓄积每生长 1 立方米，平均吸收 1.83 吨二氧化碳，释放出 1.62 吨氧气。造林就是固碳，绿化等同于减排。"让人人共享绿色发展成果，才能激发广大群众的绿化积极性。"桐庐县农业和林业局局长金焕梁表示。"桐庐，这座被绿意环抱的城市，必将与森林相拥，与生态相融，未来一个'山清水秀、民富县强的美丽中国桐庐样本'

必将跃现在桐庐大地。"

资料来源：方向东、钟玲：《推进国土绿化，全城共创国家森林城市》，《钱江晚报》2018年3月16日，第M0005版。

 经验借鉴

桐庐县作为中国最美县，山水森林城，以实际行动推进国家森林城市创建工作。桐庐的绿色管理经验主要有以下几方面：①坚持绿色发展理念。桐庐县自启动创建国家森林城市以来，为不断提升桐庐的城市竞争力，围绕"绿色发展"理念，不断完善顶层设计，高位"领跑"森林休闲养生产业，建设森林康养基地试点、最美森林公园等，康养建设成果丰硕喜人。②长远布局，制定绿色发展规划。例如，桐庐政府结合《桐庐县域总体规划》《桐庐县城城市绿地系统规划》等规划，编制完成《桐庐县国家森林城市建设总体规划》（2016～2025年），在城市建成区新增绿化造林面积，积极组织和参与义务植树活动，打造森林之肺。③因地制宜，构建森林城市格局。例如，根据桐庐县山水相依的特点，桐庐县委、县政府提出了打造"山清、水秀、民富、县强的美丽中国桐庐样本"的建设发展方向，提出"中国最美县·山水森林城"为桐庐县创建国家森林城市的建设目标。通过创建国家森林城市，构建一个"山水林田湖城一体""城乡森林环境一体""森林城市文脉一体"的森林城市格局。④充分利用森林资源，打造绿色城市。以森林资源为依托，把桐庐建设成一个森林生态网络健全、森林生态文化繁荣、森林生态产业领先、森林生态保护完善的"山清、水秀、民富、县强"的国家森林城市。⑤重点攻坚，同步共享。例如，桐庐围绕创建指标，重点针对未达标部分指标，制定攻坚措施，重点实施森林进城增绿、森林廊道环城、森林镇村同创、森林湿地共建等八大工程，让人人共享绿色发展成果，激发广大群众的绿化积极性。桐庐绿色管理经验做法不仅大大增加了当地的森林绿化面积，促进了城市与生态的融合发展，也进一步提升了桐庐的经济效益，打造出了一个"美丽桐庐样本"。

本篇启发思考题

1. 如何理解国家森林城市的管理核心？

2. 国家森林城市的绿色管理有哪些突出的特点？

3. 如何构建国家森林城市的绿色空间布局？

4. 政府和市场如何相互配合推动国家森林城市绿色发展？

5. 国家森林城市如何将环境治理压力转变为绿色发展机会？

6. 国家森林城市如何在绿色管理中提升绿色发展的竞争力？

7. 如何完善国家森林城市管理的体制机制？

8. 国家森林城市应如何布局城市产业发展？

9. 如何优化国家森林城市的资源配置？

10. 如何加强国家森林城市的环境监管？

第四篇

美丽城市建设和绿色管理

一、杭州：打造"美丽中国"杭州样本

 案例梗概

1. 杭州借环保督查促进产业转型升级，解决长年累月环保问题，实现"腾笼换鸟"。

2. 全面启动清洁排放区建设，深化五气共治，全市空气质量得到明显改善。

3. 全面剿除劣 V 类水，打造污水直排区、河长制升级版，着力提升水环境质量。

4. 实施"土十条"，强化有害固废"减量化、资源化、无害化"处置，让土地更洁净。

5. 深化体制机制改革创新，强化环保主体责任，划定并严守生态保护红线。

6. 提升环境安全保障能力，强化环境风险排查和监管，实现严格执法，让环境更安全。

关键词：督查整改；保卫蓝天；五水共治"再深入"；土壤治理；产业升级

 案例全文

日前，浙江省杭州市副市长缪承潮对杭州市环保工作指出："2017 年，环保系统上下一心、众志成城、奋力拼搏，持续推进水、大气和土壤环境综合整治，全力做好中央环保督查迎检工作，较好完成了年度任务，值得充分肯定。望再接再厉，再创佳绩。"能得到杭州市领导如此肯定，环保工作自然有优秀的一面。2017 年，杭州市大气、水环境质量水平创近 5 年来新高：优良天数 271 天，PM 2.5 下降 8.6%；全面消除劣 V 断面，水功能区达标率上升 7.7 个百分点，达到 92.3%。2017 年杭州市环保系统在环境保护部和浙江省领导

以及杭州市领导的指导、关心、支持下，紧紧围绕改善环境质量核心，全力做好"中央环保督查"迎检工作，大力开展水环境、大气环境和土壤环境的整治，积极推动解决突出环境问题，工作中涌现了许多亮点。

借环保督查之力促转型升级

2017 年 8 月 11 日至 9 月 11 日中央环保督查期间，杭州市环保系统抽调人员集中办公，主动担负迎检工作主力军。完成资料报送 26 批（次）446 项 2335 份，配合开展问询谈话；全市共收到督察组受理并转办信访件 32 批（次）共 1591 件（其中重点件 52 件），截至 2017 年底共办结 1515 件；全市共出动检查人员 4.44 万人（次），检查企业 2.65 万家（次），刑事拘留 9 人，行政拘留 8 人，约谈 161 人，问责 60 人。

杭州市以中央环保督察为契机，动真碰硬，解决长期积累的环保突出问题，促进产业转型升级和"腾笼换鸟"。例如，解决了余杭杭徽高速公路噪声扰民、江干区宣家埠部队区域"散乱污"小作坊、西湖区双浦镇等"低小散乱污"、富阳区碳黑加工厂等一批环境"老大难"问题。临安、萧山等地开展砖瓦、卫浴等行业全面整治，关停了一批"四无"企业。垃圾焚烧、污泥和飞灰处置等环境基础设施"老大难"问题得到突破性推进，饮用水水源保护得到加强。这些都促进了产业转型升级，并为发展腾出了空间。

启动建设清洁排放区让天更蓝

杭州出台了《杭州市建设全市域大气"清洁排放区"的实施意见》，全面启动"清洁排放区"建设，不断深化"五气共治"。一是聚焦"工业废气"治理。开展县以上城市建成区范围大气重污染企业关停转迁，在部分地区进行重污染行业整体腾退。2017 年来，淘汰落后和严重过剩产能企业 170 家。深入开展挥发性有机物污染防治专项行动，完成治理 233 家。二是加强"燃煤烟气"治理。全面淘汰 10 蒸吨 / 小时（含）以下高污染燃料锅炉。杭州市 133 台热电锅炉已全部完成超低排放改造或关停；147 台 10 蒸吨 / 小时以上高污染燃料工业锅炉除部分关停外全部完成清洁化工程改造。三是全面治理车船尾气。全面淘汰黄标车，推动公交车全面清洁化。率先出台国Ⅲ柴油车淘汰补助实施细则，累计淘汰老旧车 2.31 万辆。推进公交、环卫、渣土等重型柴油车车载尾气排放检测系统的安装工作。四是科技治理扬尘灰气。推广工业化装配式建筑，推进雾炮、自动冲洗、工地扬尘在线监控等新技术。推进渣土运输密闭化改造，市区已完成改造 3200 余辆。五是协同治理"城乡废气"。制定新建小区配套设置餐饮功能用房技术指引，深入推进无证无照餐饮企业综合治理；出台城市干洗业废气排放规范化整治方案，初步建立干洗行业废气防治工作部门协同机制；实施全市域秸秆禁烧，不断提高秸秆利用率。

经过努力，2017 年，全市空气优良天数累计 271 天，同比增加 11 天，优良率达到了 74.2%。市区 PM 2.5 平均浓度为 44.6 微克 / 立方米，同比下降8.6%。2013~2017 年，市区 PM 2.5 指标数据持续下降，分别为 70 微克 / 立方米、64.6 微克 / 立方米、57 微克 / 立方米、48.8 微克 / 立方米、44.6 微克 / 立方米；全年环境优良天数持续增加，分别为 217 天、228 天、242 天、260 天、271 天；年霾日数分别为 185 天、154 天、127 天、92 天、68 天，逐年减少。

全面剿除劣 V 类让水更清

杭州市以污水零直排区建设和河长制为抓手，加强基础设施建设，着力提升水环境质量。一是全面剿除劣 V 类水。抓住"截、清、治、修"四大环节，杭州市 9 个县控以上劣 V 类断面全面完成消劣目标，1256 个劣 V 类小微水体全部完成报结销号。二是打造污水零直排区升级版。制定并实施截污纳管、雨污分流、大市政配套等行动计划，新增污水管网 393.86 千米，完成截污纳管和雨污分流项目 705 个，加快推进临平净水厂和七格污水处理厂建设，污水处理能力得到不断提升。三是推进重污染行业整治提升。整治涉水企业50 家，开展涉水行业清洁化改造，累计削减废水排放量 15 万吨以上。四是强化饮用水源保护工作。开展饮用水水源安全隐患排查和整改，县级以上饮用水水源地全部完成合格（规范）治理。五是打造河长制升级版，健全四级河长体系，率先在浙江省建立湖长制，制定并公布全市河湖名录，建立六大工作制度，深化"河长 APP"智慧管理，加大信息公开力度，打造"智慧治水"杭州样本。

水环境质量由此稳步提升，2017 年全市 52 个市控以上断面中，满足功能要求的断面 48 个，达标率为 92.3%，同比增加 7.7 个百分点。其中，

Ⅰ～Ⅲ类水质断面 46 个，占 88.5%，同比增加 3.8 个百分点。杭州市顺利通过剿灭劣Ⅴ类水省级复核验收。浙江省对市交接断面评价结果优秀，断面水质达标率 89.5%，较 2017 年同期上升 10.5 个百分点。县级以上集中式饮用水水源地水质达标率为 100%。

实施"土十条"让土地更洁净

如何让我们身边的土地更安全、环保？杭州市坚持以土壤和固废环境安全为目标，推进实施《杭州市土壤污染防治工作方案》十大方面 25 类 61 项任务，强化有害固废"减量化、资源化、无害化"处置。一是开展全市土壤污染状况详查，初步建立土壤环境监测网络，编制污染地块治理修复规划，建立治理修复项目库。二是严格危险废物规范化管理，持续推进危险废物源头管理精细化、贮存转运规范化、过程监控信息化、设施布局科学化、利用处置无害化。三是开展固废环保专项检查，建立多部门协作监管机制，组织开展医疗废物、废铅酸蓄电池、废矿物油、污泥等专项检查，并对检查结果进行通报。四是推动固废处置设施建设，建成并投运第二工业固废处置中心项目，医疗废物处置能力扩建至 4 万吨／年。

深化体制改革让监管更到位

深化体制机制改革创新，可以在管理上取得事半功倍的效果，为生态文明和美丽杭州建设工作增强保障，提升动力。一是强化环境保护主体责任。制定了《杭州市环境保护督察方案》《杭州市党政领导干部生态环境损害责任追究实施办法（试行）》，由市委、市政府印发实施，强化地方党委政府、部门生态环境保护责任，落实"党政同责""一岗双责"要求。2017 年 12 月，组织对 6 个重点区（县）、两家市直部门开展市级环境保护专项督查。共核查问题 69 个，问询谈话 76 人（次），调阅资料 123 份，现场检查点位 65 处。二是深化环保行政审批制度"放管服"改革。推进环保"最多跑一次"改革，市级 22 项（主项）事项全部进驻中心综合窗口，并实现"网上申请、快递送达、电子归档"3 个全覆盖。三是划定并严守生态保护红线。划定并上报全市生态保护红线，红线面积达到 5622.24 平方千米，占杭州市国土面积的

33.37%。强化空间、总量、项目"三位一体"的环境准入制度，优化空间开发格局。同时，完善流域生态补偿公共财政制度和加强对浙江省市重点项目重大工程服务保障。

强化执法让环境更安全

近年来，杭州市一直坚持打造"环境监管最严格城市"，全力维护环境安全，打击违法行为。一是开展"铁拳"等系列环保专项执法行动。2017年，杭州市环境执法共出动8.56万人（次），检查企业3.67万家（次），立案查处行政处罚案件2423件、罚款金额1.22亿元，同比增长22.9%和29.2%，其中罚款金额首次突破亿元，创历史之最。共移送涉嫌环境污染犯罪案件29件，刑事拘留71人，移送适用行政拘留环境违法案件71件，行政拘留72人，同比增长53.8%和66.3%。加大《环保法》配套办法执行力度，实施按日计罚4件，查封扣押98件，停产限产53件。二是提升环境安全保障能力。启动环境应急响应19次，因处置得当均未构成突发环境事件。组织开展边界联合执法，打击废塑料跨界倾倒等违法行为。三是强化排查和化解环境风险。全年处理环境信访1.9万件，同比下降27%。开展环境污染矛盾纠纷排查化解工作，共化解174起。开展环境风险隐患排查，及时化解了一批环境风险，整改隐患73处。健全环境应急预案体系，建成市突发环境事件应急决策指挥系统。开展千岛湖饮用水水源突发环境事件应急演练。夯实环境应急救援体系，完成8个市级应急物资库和1个省级应急物资库建设。四是强化环境日常监管。全面落实污染源日常监管双随机抽查，探索建立"一单、两库、一细则"。强化在线监控执法、加强建筑工地夜间施工管理、开展"绿色护考"等专项活动。同时，稳步推进总量减排，主要污染物排放持续削减；扎根环保服务职能，环境科研支撑能力再提升；加强了环境保护宣传教育工作和环保队伍党风作风建设。

新的一年紧抓机遇稳步走

当前，杭州市正遇上"后峰会、前亚运"和拥江发展时期，是环保事业难得的发展机遇。2018年，杭州市环保系统将不断完善生态文明体制机制，打好污染防治攻坚战，持续提升生态环境质量。以"两山"发展理念为指引，深入推进绿色发展。积极推动杭州市形成节约资源和保护环境的空间格局、产业结构、生产方式、生活方式，确保杭州市经济、社会和环境协调发展取得新的成效。以环境质量改善为核心导向，着力解决突出环境问题。深入开展大气、水、土壤等污染治理攻坚，大幅削减主要污染物排放量，打赢蓝天保卫战。实施最严格的生态环境保护制度，打造最严格环境监管城市升级版。以"美丽中国"样本建设为目标，加大生态系统保护力度。统筹山水林田湖草系统治理，严守生态保护红线，优化生态安全屏障体系；坚持保护第一，生态优先，推进"拥江发展"战略，提升城市生态建设和环境保护水平。以体制机制改革创新为动力，完善生态环境监管体制。切实落实浙江省环保垂直管理制度改革的总体部署，建立健全条块结合、各司其职、权责明确、保障有力、权威高效的环保管理体制。

督查整改"四到位"

前不久，中央环保督察组进行了反馈。对此，杭州市委市政府提出了"领导到位、措施到位、问责到位、公开到位"要求，落实各项督查整改工作。杭州市环保系统将按照"四到位"要求，精心组织编制整改方案，加强对整改工作的督查督办。结合实施杭州市级环保督查工作，对中央环保督查问题整改完成情况及时组织"回头看"，确保整改各项任务百分百完成。对中央环保督查反馈中提出的7个突出环境问题，高度重视、深入整改和持续跟进，按照"一事一案"落实专人跟踪督办。对环保督查期间处理的信访件实施"表格化、清单式"管理，采取专案盯办，做好跟踪回访、疏导引导，防止信访反弹、问题反复。

保卫蓝天打硬仗

从2013年至2017年5年来，杭州市区蓝天天数持续上升，PM 2.5指标数据连续下降，气象观测霾天数持续下降。在大气治理上，初步实现"一升两降"。

接下来的蓝天保卫战，杭州市将砥砺前行。2018年正在制订打赢蓝天保卫战 3 年作战计划和 2018 年实施方案，全面推进大气清洁排放区建设。一是巩固燃煤烟气治理成果。制定实施燃煤锅炉超低排放地方标准，推广安装超低排放在线监控设施，强化达标排放监管。会同相关部门研究推进局部区域热力规划调整，逐步合并减少热电锅炉数量。二是强化工业废气治理。在完成 10 蒸吨以下燃煤锅炉淘汰的基础上，逐步实施生物质锅炉淘汰替换（改用天然气）；加强臭氧防治研究，深化挥发性有机污染物治理，制定实施涂装、化纤等行业挥发性有机物地方排放标准，开展重点挥发性有机物排放源在线监测。

同时，加大车船尾气治理。推进国Ⅲ柴油货运车、混凝土车辆、渣土运输车、环卫车淘汰和清洁化更新，研究推行使用国Ⅵ汽柴油；启动高排放非道路移动机械禁止使用区域的划定工作。强化扬尘污染防治。督促实施建设工地扬尘标准化管理，对各类建设、房屋拆除等工程施工扬尘污染加大防控力度，积极推进抑尘、在线监控设备等新技术的应用推广，大力推进装配式建筑。实施预拌混凝土企业绿色转型升级 3 年行动计划。统筹推进城乡废气污染治理。加强大气污染区域联防联控。进一步完善网格化监管机制，强化对露天秸秆、垃圾焚烧的监管；推进餐饮油烟废气污染综合治理，修改完善《杭州市服务行业环境保护管理办法》，厘清各部门职责，建立长效监管机制。

"五水共治"再深入

2014 年以来，杭州市在"五水共治"重大工程中，出实招、上项目、创特色、攻难点，治水各项工作纵深推进。已经完成了 71 条垃圾河、277 条黑臭河治理，2017 年又全面剿除劣Ⅴ类水。下一步，将全面落实"水十条"各项重点任务。一是打造全域 2.0 版零直排区，实施精准化的雨污分流，巩固剿劣成果。二是加强饮用水水源保护区监管，清理保护区内的违规建设项目，强化保护区内风险防范。加强工业集聚区水污染防治，开展六大重点行业清洁化改造。三是加强重点流域环境综合整治，深化河长制、湖长制建设，对水环境问题突出的区域进行专项督查，确保饮用水水源安全。四是开展农村生活污水治理提升，逐步将前几年建成的无动力设施提标改造改为有动力设施。以畜禽养殖为重点，强化农业面源污染整治。同时，加速推进重点水环境基础设施建设，力争在未来几年全市污水处理能力增加 103 万吨 / 日。

土壤治理上台阶

近年来，"毒土地"成为社会关注的热点。杭州市在管理好工业用地的同时，将抓紧完成农用地土壤污染状况详查，以基本管控建设用地和农用地土壤环境风险为目标，开展场地污染排查，污染地块和污染耕地修复整理和风险管控工作。建立环保、国土、规划、建设等部门参加的信息通报机制，制定污染地块修复规划并组织实施，确保土地安全开发利用。加强固体废物及化学品污染防治，构建固体废物闭环式监控体系，提升固体废物监管水平。加强固废环境基础设施建设，切实解决环境基础设施能力不足、不配套等问题。

传统产业再升级

传统产业的转型升级，是绿色发展必经之路。2018年杭州市将进一步推动传统产业改造提升，充分利用环保政策、法规、标准、措施倒逼产业转型升级和结构调整。坚持"减存量、控增量"两手并进，把"散乱污"企业整治作为供给侧改革重要举措，推动杭州市二次产业实现升级。"减存量"方面，关停转迁一批饮用水水源上游、城市上风向的重污染、高耗能企业。会同经济信息化等部门积极推行先进的符合绿色发展要求的清洁生产工艺、装备、技术，加强清洁生产审核。推广使用密闭化生产设备、水性材料等。"控增量"方面，优化产业空间布局，严控新建污染项目，协同发展改革部门制定出台有利于绿色发展的产业导向目录，在水源地上游和城市上风向禁止发展化工等重污染高风险产业。

"拥江发展"全融入

浙江省的"母亲河"——钱塘江，横贯杭州市域，是生态保护建设的重要区域，也是杭州城市发展的重要轴带。2017年底，杭州市委、市政府出台《关于实施"拥江发展"战略的意见》以及《拥江发展四年行动计划（2018~2021年）》。实施"拥江发展"战略，事关杭州市长远发展的一项重大决策，是推进杭州市一流城市和世界名城建设的重要部署。

作为环保部门，要主动全面融入"拥江发展"战略，坚持保护第一、生态优先，推进城市生态转型，优化城市环境品质，提升城市宜居水平。科学谋划钱塘江和两岸地区发展，努力建设钱塘江世界一流滨水区域。一是做好规划引领。编制实施《杭州市"拥江发展"生态保护与建设专项规划》，严格实施环境治理、生态修复，构筑点线面结合的钱塘江流域生态格局和山青水净天蓝的流域环境，打造全国生态文明发展新高地。二是构建钱塘江流域生态体系。严守生态保护红线，推进沿江主体功能区和生态环境功能区规划落地。优化城市、河道空间规划，留足通风廊道。三是加大环境综合治理力度。调整优化沿江产业结构，钱塘江和苕溪两岸不发展有污染的产业。统筹推进环境基础设施建设。加大富阳造纸、萧山印染、建德化工等落后产能和重污染、高耗能产业淘汰力度。强化千岛湖富营养化控制和钱塘江干流蓝藻控制。四是实施岸线修复与生态修复。对沿江可视范围内的废弃矿山、施工场、废弃堆放场等实施关停、清理、复垦或生态化改造。加大乡村环境综合整治力度，深化生态村、美丽乡村建设。同时，要加强环境安全保障和能力支撑，优化生态文明体制机制建设，切实加强党风廉政建设和环保队伍能力建设。

2018年，杭州市将按照"五位一体"总体布局和"四个全面"战略布局，坚持人与自然和谐共生的基本方略，坚持改善环境质量核心导向，努力建设"美丽中国"的杭州样本。

资料来源：钟兆盈：《紧抓"后峰会、前亚运"和拥江发展机遇打造"美丽中国"杭州样本》，《中国环境报》2018年3月12日，第5版。

 经验借鉴

2017年，杭州市大气、水环境质量水平创近5年来新高。杭州大力开展水环境、大气环境和土壤环境的整治的城市绿色管理工作中，涌现出很多工作亮点。从杭州样本中，可以得出城市绿色管理的以下几点经验：①利用绿色创新技术，提高生态环保效应。例如，杭州市采用新技术全面推动污水治理工程，让河里的水更清，提高居民居住的满意度，让生态环境发挥出更高的效应。②深入践行绿色发展理念，集中开展环境整治。例如，杭州市以"两山"理念重要思想为指引，动真碰硬解决长期积累的环保突出问题，深入开展城市治水治土治气，减少城市污染，促进产业转型升级，为发展腾出了空间。③强化监管，下重锤治理污染。例如，为强化监管，杭州市政府有效推行岗位责任制，强化地方党委政府、部门生态环境保护责任，落实"党政同责""一岗双责"要求，重点打击环境违法犯罪，做到不姑息，不放弃。④利用绿色政策法规，推进传统产业升级。例如，杭州充分利用环保政策、法规、标准、措施倒逼产业转型升级和结构调整，对传统企业进行清洁化改造，重视绿色发展，禁止发展化工等重污染高风险产业。⑤把握战略机遇，完善绿色管理体制机制。例如，杭州市正遇上"后峰会、前亚运"和拥江发展时期，是环保事业难得的发展机遇，杭州市环保系统以此为契机，不断完善生态文明体制机制，打好污染防治攻坚战，持续提升生态环境质量。从杭州绿色发展改革经验可知，绿色经济发展需要持续推进，多管齐下，深化监督的同时，更要肯下功夫深入调研，从而找寻绿色发展的新机会，以强化人与自然的和谐共生。

二、桐庐：奋勇当先　逐梦美丽中国

 案例梗概

1. 桐庐深入实施"生态立县"战略，大力推行生态文明建设，打造"美丽桐庐"。
2. 开展"清洁荻浦"行动，通过治水实现乡镇发展蝶变，推进人与自然和谐共处。
3. 探索出一条从政府主导走向基层自治的社会治理新路径，推动垃圾生产科学投放。
4. 构建高质量生态化经济体系，大力发展民宿经济，依托山水资源努力做好"生态+"。
5. 做好顶层设计，形成一系列重大生态文明制度体系，将"保护生态"形成日常习惯。

关键词：生态立县；治理污水；垃圾分类；生态经济体系；"生态+"

 案例全文

　　逐梦美丽中国，杭州砥砺先行，桐庐奋勇当先。当下，广大人民群众热切期盼加快提高生态环境质量。桐庐县积极回应人民群众所想、所盼、所急，深入实施"生态立县"战略，努力践行"绿水青山就是金山银山"理念，大力推进生态文明建设，不断满足人民群众日益增长的优美生态环境需要。

实干出成果。桐庐县广大干部群众多年来不懈努力，终结出累累硕果——不仅成功创成首批"浙江省生态文明建设示范县""全国生态保护和建设典型示范区"，还被命名为"两美浙江特色体验地"。

绿色发展是"以生态促发展，以发展强生态"，实现生态产业化、产业生态化，走出一条生态、生产双提升的路子。在"生态立县"的引领下，"产业强县"的制度设计以及与之配套的改革措施紧随其后。一个生态、生产、生活融合共生的"美丽桐庐"正在显露真容。

"美丽桐庐"建设更需要全体桐庐人的参与，"全民兴县"应运而生。紧紧依靠人民群众，桐庐有着更远大的目标：到2021年，要全面建成富春江、分水江世界级生态带，实现"一片山林更绿、一方水土更清、一座城市更美、一县百姓更富"，创建成为国家生态文明建设示范县，绘就"美丽中国桐庐样本"。

坚持人与自然和谐共生　生态环境美丽多彩

从杭州市区出发，沿长深高速行驶，在深澳互通下高速后沿溪边再开几分钟，就到了桐庐县的荻浦古村。在村内转一圈，干净整洁的马路、白墙黛瓦的民居、清澈见底的小溪、一望无际的花海、生活悠闲的村民等一一映入眼帘，一派人与自然和谐共生的景象，令人陶醉。很难想象，在几年前，这里还是一个"脏乱差"的村子——违章建房、乱搭乱建；整个村落的水系由于疏于清理，致使村内沟、渠淤积、堵塞。

"蝶变"就从治水开始：对荻浦古村的水塘、溪流进行清淤，使全村的水系恢复流动；开展农村生活污水治理，将所有农户的生活污水进行纳管，采用厌氧加人工湿地的方式进行处理；对村内池塘进行生态化改造，通过塘底清淤，引流活水，种植荷花、水草等水生植物，修复池塘的生态系统，再现了清澈的池塘水和游动的小鱼虾。同时，结合"清洁荻浦"行动，开展大树进村和美丽庭院建设，使古村容貌焕然一新。如今的荻浦村，已是一个浙江省3A景区村庄。

荻浦古村的变化，是近年来桐庐县把解决突出生态环境问题作为民生优先领域的一个缩影。治水、治气、治废、三改一拆、美丽公路建设等生态环境整治与提升是重点。2017 年桐庐县空气质量优良天数为 336 天，优良率达 92.1%，提升 1.1 个百分点，总体水平为新标准（AQI）实施以来最好；全县 114 条主要河流全部达到Ⅲ类以上水质，Ⅰ～Ⅱ类水质河道比例达到 86.7%，比 2017 年同期增加了 4.3%；完成河库塘清淤 23.09 万平方米，新增污水管网 48.10 千米，对全县 359 个农村生活污水处理工程进行整改提升。自"无违建县"创建工作开展以来，桐庐县累计拆除各类违法建筑 536.22 万平方米，腾出土地面积 254 万平方米，拆后土地利用率达到 93.9%。

一个个枯燥数字背后，是桐庐县在生态保护中的坚定立场——这座"中国最美县城"正在进行一场人与自然和谐相处的"试验"。在这场"试验"中，最为润物细无声的，就是垃圾分类在城乡居民中的推广与普及——这是人民群众的自觉行动，最能体现生态保护在桐庐县的深入人心。先通过一组数字来看桐庐县在垃圾分类攻坚战中的治理成效：到 2018 年 3 月，桐庐 32.3 万农村人口、94 个机关事业单位、36 个小区全部参与垃圾分类；垃圾分类知晓率达到 100%，分类覆盖率达到 90% 以上。

桐庐取得如此成效的经验，概括起来就是两句话：源头减量化、末端资源化。源头减量化，就是在农村和县城小区通过制定相应制度实行垃圾分类，减少垃圾生产量；末端资源化，就是多元化探索"垃圾肥饲养蚯蚓""垃圾肥种植蔬果"等施用模式，并借助科研机构力量深化垃圾有机肥研发工作，进一步提升产品附加值。

有关专家指出，桐庐县垃圾治理最突出的贡献，就是"探索出一条从政府主导走向基层自治的社会治理新路径"。垃圾生产实现了从"随意投、定点投到科学投"的演变，垃圾分类从农村延伸到城市，从机关延伸到企业，如今已成一种常态、一种习惯，实现了"人改变环境、环境改变人"的双重效果，全县生活垃圾源头分类正确投放率和农户收集率已达 85% 以上。"像保护眼睛一样保护生态环境，像对待生命一样对待生态环境"，已经成为桐庐县广大人民群众的共识。在政府主导下，一系列生态保护的举措已经改变了人们的生活习惯，"节约优先、保护优先、自然恢复为主"也渐成桐庐人民的行为准则。

构建高质量现代经济体系　生态产业初显规模

如何不断拓宽"绿水青山向金山银山"转变的路径，推进"生态产业化，产业生态化"，是桐庐县主政者一直在思考的问题。在构建高质量现代化经济体系之时，桐庐县始终坚持绿色发展，依托生态优势发展大智造产业、大健康产业、大旅游产业、文化创意产业、生产性服务业、现代农业等相关产业，构建节约资源和保护环境的产业结构。

钟山乡钟山村下畈，青翠茶山下挨着的"一处小院"，伫立于半山腰。在外漂泊 24 年后，王慧英回到从小成长之处，办起了特色民宿，开始了新的创业。生态环境好了，最直接的效应就是游客多了。桐庐县顺势而为，推进全域旅游，实现乡村振兴新突破。其中一个抓手，就是大力发展民宿经济。桐庐安排民宿发展专项资金 3000 万元，出台乡村民宿管理办法，组建民宿行业协会，着力打造有山、有水、有乡愁、有规范高质量的桐庐特色民宿，涌现出一批大众民宿和精品民宿。到 2018 年 6 月，桐庐县有民宿床位 1 万余张，经营户 570 多家。不止大旅游产业，依托桐庐生态优势强劲发展的还有大智造产业、大健康产业。桐庐如何推进"生态产业化"，先来听一则故事。

2017 年以来，大奇山下富春山健康城内已先后成功引进了爱唯（国际）细胞工程与再生医学产学研基地项目、郎景和健康管理中心、光华国际精准医疗中心等一大批重大项目，一个依托山水而建的"医、养、动"三位一体、拥有全产业链的大健康产业高地，正在这里崛起。

谈及落户桐庐的原因，光华国际精准医疗中心项目负责人刘鹏说："从高速一拐下来像是'穿越'了——天空迅速变得碧蓝如洗，入眼就是大面积的青山绿水。这样优美的生态环境太让我们惊喜了。"

"生态是桐庐的根。推进生态产业化的关键，就在于充分利用生态环境这一最大优势，做好'生态＋'的文章。"如今已成为桐庐人的共识。"产业生态化"，除了发展的产业必须符合生态要求、与自然生态高度融合外，其发展的产业必须形成产业链和生态圈。归根结底，就是自然生态如诗如画，产业生态自成体系。安防产品高端制造业是桐庐大智造产业的重要一环。自来到桐庐后，海康威视已吸引杭州里德通信有限公司、杭州苏和盛印刷有限公司等一批配套项目接踵而至，形成了一条较为完善的安防产品制造产业链。

在绿色产业建构中，桐庐正在推进"两带五区多点"产业空间布局——

"两带"是推进富春江、分水江沿江升级发展，将沿线区域紧密串联、融合发展，打造两大产业发展带；"五区"则是重点推进富春江科技城、富春山健康城、迎春商务区、富春江（芦茨）乡村慢生活体验区、高铁新城"五区"平台建设，培育多个特色产业板块。力争到2021年，大智造、大健康、大旅游三大产业占GDP的比重达到80%以上；院士、"国千"等高层次人才达到30人以上；单位GDP能耗、单位GDP用水量、单位GDP二氧化碳排放量分别下降17%、23%、18%以上。一个绿色发展理念更好落地、高质量快速发展的大桐庐正在重新构建。

形成生态环境保护重大机制　生态文化深入人心

生态环境保护是否到位，不仅要看一时一地的整治效果，更要看长久保护机制的建立——要用最严格制度最严密法治保护生态环境，加快制度创新，强化制度执行，让制度成为刚性的约束和不可触碰的"高压线"。通俗地理解，就是要让生态文化深入人心，把保护生态这颗"种子"植入每一个人的潜意识里。就像斑马线前要礼让行人这种良好行为习惯的养成，开始都是依靠制度规范，最后成为每一位车主的潜意识习惯。

2016年12月，桐庐县提出"生态立县"战略，这就从顶层设计上确立了生态环境之于桐庐县的意义——是深化生态文明建设的必然选择，是建设"大花园""大湾区"、融入杭州"拥江发展"的有效载体，是强化县域统筹发展的内在要求，是实现经济健康发展的基础支撑。

桐庐县"生态立县"战略坚持保护优先、合理利用，以人为本、富民惠民，改革创新、绿色发展，文化引领、全民参与，从多方面提出了生态环境保护的要求，让保护生态环境成为桐庐市民们日常生活中"最平常不过的事"。

有了县域的顶层设计之后，桐庐出台了一系列生态文明重大制度，基本形成源头预防、过程控制、责任追究的生态文明制度体系。比如，践行"最多跑一次"改革，桐庐县在杭州市率先出台了《桐庐经济开发区（富春江科技城）"区域环评＋环境标准"改革实施方案》，制定桐庐经济开发区（富春江科技城）项目准入环境标准和环评审批负面清单，实行清单式管理，根据项目建设对环境影响的程度，推行免环评手续、网上在线备案、降低环评等级、精简环评内容、承诺备案管理、创新环保"三同时"管理六项措施。

再如，2017年初，桐庐县在富春江镇率先试行环境治理工程管理PPP模式，为生态环保工作注入新活力，实现生态保护和资源利用结合，经济效益和社会效益共赢。还有，为进一步保护生态环境和自然资源，2018年5月底，桐庐县人民检察院在桐庐环保局设立检察院派驻环保部门检察官办公室，从而强化行政执法与司法联动，依法从严从重打击环境违法犯罪。

更重要的是，桐庐县探索和创新"美丽基金"、"无保洁员村"、星级评比等十余种基层自治管理模式，让节约资源和保护环境的生产生活方式成为各界的自觉行为，从而实现"官治"向"民治"转变。在分水镇后岩村，村民自发创建了每年不少于10万元的后岩村"美丽基金"，主要用于奖励在垃圾分类、河道保洁、环境保护中表现突出的农户。这有效提升了村民自觉保护环境的意识，激励村民在河道管理等重点工作中"肯干、愿干、乐干"。

从2014年开始，桐庐县以"村村都无保洁员、人人都是保洁员"为目标开展"无保洁员村"创建工作，鼓励村民做好垃圾分类、房前屋后卫生管理、河道保洁等工作。截至2018年6月，桐庐县182个行政村已有40个行政村取消保洁员。有良好制度的规范与约束，生态文化正在渐入桐庐县人民群众的心。相信随着生态建设的持续推进，桐庐县生态文化将成为又一张"金名片"。

资料来源：雷燕、唐骏垚：《逐梦美丽中国　桐庐奋勇当先》，《浙江日报》2018年6月5日，第8版。

 经验借鉴

作为杭州的后花园，桐庐紧紧跟随着杭州的脚步，逐梦美丽中国。近年来，桐庐发生了天翻地覆的变化，结出了硕果累累，不但被首批为"浙江省生态文明建设示范县""全国生态保护和建设典型示范区"，还被命名为"两美浙江特色体验地。"桐庐的绿色管理经验可以归分为以下几点：①坚持人与自然和谐共生，生态环境美丽多彩。近年来，桐庐县把解决突出生态环境问题作为民生优先领域，将治水、治气、治废、"三改一拆"等生态环境的整治与提升作为重点，其中获浦古村的巨大变化就是一个很好的体现。同时，由于采用源头减量化和末端资源化的战略，桐庐县在垃圾分类攻坚战中也获得了巨大治理成效，真正践行了可持续发展的理念，像保护眼睛一样保护环境，像对待生命一样对待生态环境。②坚持绿色发展，构建高质量现代经济体系。桐庐县主政者一直在思考如何不断拓宽"绿水青山向金山银山"转变的路径。桐庐大力保护生态环境，进而使游客数量大幅增多，桐庐借势推进全域旅游，大力发展了民宿经济。③桐庐积极推进"生态产业化"，先后成功引进了注入光华国际精准医疗中心等一大批重点项目，依托着山水建造了"医、养、动"三位一体。而后还有"产业生态化"，桐庐正在推进"两带五区多点"产业空间布局，力图使绿色发展的理念更好地落地。④形成生态环境保护重大机制。桐庐县于2016年提出了"生态立县"战略，而后出台了一系列生态文明重大制度，形成了较为完善的生态文明制度体系，例如践行"最多跑一次"改革，又如试行环境治理工程管理PPP模式，检察院加强了环境执法地力度，村民也自发创建了"美丽基金"。桐庐县正在绿色发展的道路上渐行渐远。

三、武义：走好绿色转型路，打好美丽生态牌

案例梗概

1. 武义坚持"生态立县"发展战略，打好环境治护养"组合拳"，推进绿色系列创建活动。

2. 依托当地良好生态资源，推进国家农村产业融合发展试点，加快培育有机农业品牌。

3. 锚定产业转型大方向，推进工业生态化建设方针，打造产业创新服务综合体。

4. 利用原生态的自然山水和浓郁的知青文化，有力带动周边乡村游发展和农产品促销。

5. 依托电商和超市的平台，强化就业培训和政策扶持，引导农民借"船"出海、触"网"创业。

关键词： 生态立县；产业转型；乡村旅游；农村电商；工业生态化

案例全文

粉荷碧叶香飘十里，这是柳城畲族镇"十里荷花"的初夏献礼；百花齐放，绚烂的色彩交织出生机勃勃的画卷，这是王宅"花田小镇"的花海之约。武义，这座因水闻名、因水而美的温泉名城，如今生态环境美不胜收，"绿水青山就是金山银山"的中国实践在这里得到充分体现。

近年来，武义坚持走"绿色转型、美丽富民"之路，深入实施"生态立县、工业强县、文旅富县、科创兴县"发展战略，奋力前行。2017 年，武义荣膺全球可持续城市与人居环境奖中分量最重、竞争最激烈的"全球绿色城市"奖项，全球仅三个城市获得此荣誉。首次亮相世界舞台的"绿富美"武义，给来自世界五大洲的友人留下了深刻印象。发展特色农业，打响旅游品牌，淘汰"低小散"，搭建科技平台，围绕打造金义都市区生态公园、养生庄园、科创乐园坐标定位，武义全力以赴推动绿色转型、美丽富民，亮点频频。

2018 年第一季度，武义实现地区生产总值 50.12 亿元，增长 7.3%；财政总收入 14.94 亿元，增长 9.2%；城镇和农村常住居民人均可支配收入分别达到 12511 元和 5319 元，增长 8.8% 和 9.9%。

推进"生态立县"筑牢生态基底

在武义，常常能看到一群红领新青年身穿志愿者服饰，在河边清扫垃圾、保护环境。2018 年以来，武义政府围绕"美丽河湖"创建要求，结合乡村振兴工作实际，发动红领新青年参与"最美河塘"创建。按照每个乡镇至少创建一条（个）"最美河塘"的要求，治水办、团县委全程参与创建指导，并对创建工作予以资金支持。到 2018 年 5 月，已征集创建项目 29 个。

生态资源是武义的最大优势。一直以来，武义坚持"生态立县"发展战略，打好环境"治、护、养"组合拳，空气优良天数 326 天，空气质量优良率 90%，荣获"全球绿色城市、国家生态文明建设示范县、中国有机茶之乡、中国有机国药基地、中国温泉养生生态产业示范区、全国生态旅游示范县、世界养生旅游胜地、中国宜居宜业典范县、全国生态养生产业示范基地"等称号。

为建立长效机制，筑牢生态防线，武义严格落实河长制、排污口"一口三哨"、养殖场"一场一策"等长效监管机制，截至 2017 年底基本消灭Ⅴ类水体。强势推进"两路两侧""四边三化"及农村"两乱"整治提升，广泛开展"厕所革命"，深化垃圾分类减量化处理和生态洗衣房建设，全面消除生态廊道沿线"赤膊墙"。积极推进企业废气、扬尘、垃圾焚烧等治理行动，启动餐厨资源再利用处置项目建设，加大节能减排降耗力度，确保 PM2.5 年均浓度目标值达到浙江省控要求。细化落实主体功能区规划，推进平原绿化、林相改造和森林扩面提质，加快水利标准化项目创建，新建生态休闲绿道 5000 米以上。强化生态发展导向，积极开展绿色学校、绿色家庭、绿色社区等绿色系列创建活动，在全社会倡导勤俭节约、绿色低碳、环保优先的生活方式和消费模式。

截至 2018 年 5 月，武义 29 条干支流均实现"可游泳"，连续两次荣获浙江省治水最高荣誉"大禹鼎"。全县 45 个乡镇交接断面均保持Ⅲ类以上水质；累计拆除违法建筑面积 28.8 万平方米，拆后土地利用率达 86%；46 个市级生态廊道项目开工率达 87%。

厚植生态优势做好有机文章

近日，在武义县大田乡徐村的有机蓝莓基地里，成熟的蓝莓挂满枝头。基地主人张群英介绍，2018 年她在对蓝莓进行有机培育的基础上，还引入富含矿物质的矿泉水进行浇灌，蓝莓的品质提升了一大截。优质的蓝莓引得上海、温州、杭州等地游客纷至沓来，还有不少超市前来订购，产品供不应求。

作为传统农业大县，武义依托当地良好生态资源，围绕建设"有机农业第一县"目标，推进国家农村产业融合发展试点，加快培育有机农业品牌。在制定《有机茶生产地方标准》《无公害武义宣莲》等 11 个地方农业标准的基础上，初步形成茶叶、优质水果、食用菌、蔬菜和畜牧业等有机产业优势，成功创建全国首批有机产品认证示范区、国家级出口茶叶质量安全示范区，被列为国家农村产业融合发展试点示范县。

金德星是武义最早从事有机鱼放养的专业户。2010 年前后，他成立浙江源口生态农业有限公司，在源口水库养殖有机鱼。取得成功后，他又在浙江省第二大水库丽水龙泉的紧水滩养殖有机鱼，年产 35 万千克，产品俏销上海等地。

更香茶业公司是武义县最知名的农业企业之一。近些年，他们把自己的有机之手伸到了江西、广西等地。2008 年，为配合有机茶生产，公司在广西横县建立面积达 200 多亩的有机茉莉花种植基地。该基地先后通过国内和国际双重有机认证，填补了当时全国有机茉莉花种植领域的空白。公司管理人员金国庆说，公司里有机茶种养能人辈出，下一步还将异地开发更多的有机资源。

"武义是国内较早发展有机农产品的县域之一，有机理念已经深入人心。通过大力发展有机茶、有机国药、有机山稻、有机高山蔬菜等一系列有机农产品，我们走出了一条差异化、品牌化发展之路。"武义县农业局相关负责人表示。

据统计，2018 年第一季度武义县实现农业总产值 3.33 亿元、增加值 2.12 亿元，分别增长 2.4%、2.5%，增速均列全市第一。成功举办第十届金华万人品茶大会暨第三届武阳春雨文化节，"武阳春雨"荣获第二届中国国际茶叶博览会金奖。未来，武义将瞄准"有机农业全域化"，着力完善农产品标准化生产和质量安全追溯体系。

转型生态工业推进项目建设

2018 年 5 月 30 日，第 29 届全国电动工具配套会议暨五金工具博览会将在武义开幕。作为主导产业之一，此次博览会是武义五金产业新技术、新产品、新应用的集中亮相，武义聚焦高质量，培育新动能的发展目标由此可见一斑。

锚定产业转型大方向，是武义推进工业生态化的主抓手。武义县围绕"五大百亿"产业，全力招引一批产业链龙头等大项目、好项目，促进资本、人才、技术等高端要素集聚。总投资 90 亿元的武义 PK 竞艺小镇已入选第二批市特色小镇创建名单，将打造成为产城融合发展示范区，创造税收 3 亿元。同时，大力推进"三化"融合、"四换三名"，持续推动五金机械、文旅休闲、汽摩配等传统产业改造提升，联动实施"互联网 +""机器人 +""标准化 +""品牌 +"，积极培育物联网、大数据、人工智能等一批战略性新兴产业，挺起武义实体经济的脊梁，全年规模以上工业增加值增长 6.5% 以上。

为加快开发区整合发展，着力破解要素制约，武义县主动对接金义科创廊道和金华科技城建设，扎实推进 PK 竞艺小镇、航空产业园、高端装备制造产业园、健康生物医药产业园、桐琴健康运动产业园、泉溪小微企业创业园等产业平台建设，深化武义科技城、国家大院名校武义联合技术转移中心、综合质量检测中心等科创平台建设，打造产业创新服务综合体。

与此同时，武义以"低小散"整治、"四破"攻坚为突破口，加速腾笼换鸟、凤凰涅槃，盘活存量土地1058亩，为优质企业腾出发展空间。原富邦化纤地块1.53万平方米和武精地块1.44万平方米，整合后被用于规划微电子新材料产业园，将建设总投资1.16亿美元的微电子蚀刻材料项目。武义本土企业浙江福多纳汽车部件有限公司，经政府公开出让获得原麦格机械地块3.89万平方米，并在该地块投资1.7亿元建设新项目。

武义加快培育现代企业，鼓励支持企业对接多层次资本市场，新增上市公司1家、"新三板"及区域性股权交易中心挂牌企业4家、股份制企业5家以上，努力形成多层次、雁阵式的上市企业梯队。

深挖生态资源发展美丽经济

5月是旅游旺季，不少外地游客慕名赶来武义，驾车经过蜿蜒曲折的盘山公路，穿梭于翠绿的万亩竹海，来到海拔800多米的千丈岩。曾经贫穷如洗、无人知晓的千丈岩，如今早已成为远近闻名的旅游风景区，游人如织。

下山脱贫、开发旅游后，泉溪镇董源坑村里不少人在千丈岩景区上班，不仅每个月领工资，还把家里抛荒的山、田、竹园和闲置的房子出租给旅游公司，每年拿分红。这几年，千丈岩利用原生态的自然山水和浓郁的知青文化，吸引了金华各县市乃至杭州、上海、安徽等地的游客，游客数量连年翻番，有力地带动了周边乡村游的发展和农产品销售。

曾经乱糟糟的山区，现在变成了最闹猛的风景区。作为浙江中部的山区县，武义县创造了全国闻名的下山脱贫经验。截至2018年5月，武义县累计完成423个村16902户51106人的异地搬迁工作，约占全县自然村总数的1/3、总人口的1/6。从源头上杜绝了乱砍滥伐等破坏生态环境行为。全县森林覆盖率提高到74%，生态环境不断趋好。

依托良好的生态资源禀赋，武义打开"两山"转化通道，大力发展生态经济、美丽经济，带动农村致富、农民增收。梁家山、软朝等十几个由下山脱贫老村改造成的旅游特色民宿，已在山区遍地开花，仅乡村游客2017年就超过200万人次。

一方面，借梯登高。武义借"下山脱贫"激活旅游资源，又以旅游等生态产业开发"反哺"下山村民。牛头山景区是武义最早探索下山脱贫与旅游开发模式的成功样板。西联乡田坪等村整体下山脱贫后，武义加快牛头山国家森林公园建设，引进民间资本，合理利用开发牛头山石门峡等生态资源和上田等村的旧民居，创建了4A级旅游景区。不仅极大地带动了周边乡村游发展和农产品促销，还为当地提供了大量就业岗位。

另一方面，借船出海。武义依托电商和超市的平台，强化就业培训和政策扶持，引导农民借"船"出海、触"网"创业。大力发展农村电商，成功创建1个中国"淘宝镇"、8个中国"淘宝村"。如柳城电商项目年销售额达300万元。大力发展超市经济，3万多武义人在全国各地开办1万余家超市，宣莲、茶叶等优质农产品走出大山。

同时，积极发展来料加工，全县所有的异地搬迁村（小区）均建立来料加工点，人均年增收8000多元，实现在家门口增收致富。生态工业高地、有机农业第一县、国家全域旅游示范区……围绕数个清晰可见的"小目标"，武义党员干部在实干中奋进、在辛劳中收获，干出了转型发展的新格局、破难攻坚的大声势、改革创新的新动能、民生事业的大发展、武义铁军的精气神，勾勒出了武义的发展蓝图。未来，武义将立足绿色生态这一后发优势，全面淘汰落后产能，充分利用生态倒逼机制，为产业转型升级腾空间，推动工业、农业、旅游业绿色转型。生态富集、经济后发，做好一二三产业的生态化发展文章，让武义的老百姓既享生态美，又能鼓腰包。

资料来源：朱静怡、吴婧文：《武义：走好绿色转型路，打好美丽生态牌》，《金华日报》2018年5月29日，第A05版：金报武义。

 经验借鉴

近年来，浙江武义在国家宏观政策的指引下，在国家有关部门以及浙江省委、省政府的大力支持下，将经济、社会、生态的和谐发展与企业的前途命运紧密相连，探索出了一条绿色发展之路。简单来说，武义绿色发展的主要经验有如下几条：①制定绿色发展战略。例如，武义坚持走"绿色转型、美丽富民"之路，深入实施"生态立县、工业强县、文旅富县、科创兴县"发展战略，推进"生态立县"筑牢生态基底。在绿色战略指导下积极推进企业废气、扬尘、垃圾焚烧等治理行动，启动餐厨资源再利用处置项目建设，加大节能减排降耗力度，确保PM2.5年均浓度目标值达到浙江省控要求。②厚植生态优势，做好有机文章。依托当地良好生态资源，围绕建设"有机农业第一县"目标，武义积极推进国家农村产业融合发展试点，加快培育有机农业品牌，大力发展一系列有机农产品，走出了一条差异化、品牌化发展之路。③改造传统产业，发展生态产业。例如，武义锚定产业转型大方向，围绕"五大百亿"产业，全力招引一批产业链龙头等大项目、好项目，促进资本、人才、技术等高端要素集聚。大力推进"三化"融合、"四换三名"，持续推动五金机械、文旅休闲、汽摩配等传统产业改造提升，联动实施"互联网+""机器人+""标准化+""品牌+"，积极培育物联网、大数据、人工智能等一批战略性新兴产业。④深挖生态资源，发展美丽经济。例如，武义利用原生态的自然山水和浓郁的知青文化，吸引游客，有力带动周边乡村游发展和农产品促销。依托良好的生态资源禀赋，打开"两山"转化通道，大力发展生态经济、美丽经济，带动农村致富、农民增收。借"下山脱贫"激活旅游资源，又以旅游等生态产业开发"反哺"下山村民，创造大量就业岗位。武义探索城市绿色管理之路充分证实了"绿水青山就是金山银山"这一理论的科学性，为更多城市发展建设美丽城市，发展美丽经济提供了范本。

四、南浔：美丽南浔建设持续推进

📋 案例梗概

1. 南浔在主要道路沿线、村庄中心等重点区域建设上百个小微水体整治示范点。

2. 关停200多家小锅炉，投入环保设备1000万元，用于废气处理系统催化燃烧。

3. 回收循环利用包装桶8000吨项目危险废物，持续打好土壤治理持久战。

4. 取缔规模小、制作工艺落后、直排废水情节严重的企业，重新吸引游客频频而至。

5. 严格把控项目环境准入，优化项目服务保障，开辟绿色通道，提高审批效率。

关键词：生态发展；水污染治理；环保督察；产业转型；机制完善

案例全文

　　"龙舌渚边春水生，含山西望暮烟横。"南浔自古以来便以一派江南水乡风光著称，区内河流纵横、湖漾密布、沟渠众多，带来了令人回味的无限风情，也让环保治理之路任重道远。绿水青山就是金山银山。自建区以来，南浔就以"生态立区"战略为引领，从成功创建国家生态区到启动国家生态文明建设示范区创建，从建设美丽乡村到深入开展"811"美丽南浔建设，步履铿锵，踏实前行，走出了一条环境整治与美丽建设并重之路。

　　2017 年是实施"十三五"规划的重要一年，也是湖州市全国文明城市创建的决胜之年。2017 年 5 月底，在治水剿劣行动中，南浔报省的 405 个挂号水体已全部销号；2017 年 7 月，桑基鱼塘作为列入中国申报全球重要农业文化遗产推荐项目之一，迎来了专家组的实地认证；如今南浔区内首个省级湿地公园——千金湿地公园的建设正在稳步推进……

　　"天更蓝、地更净、水更绿，共建美好家园，就要以环境治理倒逼产业转型升级，以发展方式之变根治环境问题。"南浔区环保局相关负责人表示，坚定绿色发展的道路，南浔的风景才会越来越好，水乡的"颜值"才会不断提升，老百姓才会有更多的获得感与幸福感。

治水引领　绿色发展统筹推进

　　生态环境与每个人都息息相关。2017 年召开的浙江省第十四次党代会再次明确，"确保不把违法建筑、污泥浊水、脏乱差环境带入全面小康"，并首次提出"实施'碧水蓝天'工程"。为此，南浔以治水为突破口，统筹抓好治气、治土等，全方位推进环境综合治理，生态环境有了明显的改善。

　　说起环境之变，老百姓最有体会。"每天吃过晚饭到村里走一走，别提多神清气爽。"南浔区和孚镇四联村村民朱才元感慨，水清了，岸绿了，乡村更美了。特别是 2017 年郑家埭自然村池塘的美丽转变令人感慨，2017 年 3 月列入名单，2017 年 4 月完成整治，这个原本垃圾满池、天热时蚊蝇乱飞的小池塘，池内种上水生植物，岸边架设休闲设施，成了村民们的休闲好去处。

清浅池塘，鱼戏莲叶。如今，这样"小清新"的景致在南浔串点成链，点缀着这个江南水乡。截至 2017 年 5 月底，全区排查出的 1253 个疑劣水体，包括报省的 405 个挂号水体已全面完成整治。同时在主要道路沿线、村庄中心等重点区域建设 100 个以上的小微水体整治示范点，让美丽南浔建设从细节处特色彰显。

全面剿灭劣 V 类水，小微水体的整治是 2017 年南浔治水的一项重点工作。近年来，南浔通过三棚拆除、截污纳管、工业治污、农村生活污水治理等一系列治理举措，河流交接断面水质均达到 III 类水以上。数据显示，"五水共治"以来，该区共关停"低小散" 3961 家；拆除生猪养殖场 3537 家、水禽养殖场 599 家、温室龟鳖养殖棚 276.58 万平方米，让水乡焕发新活力。

打好治气攻坚战，南浔同样全力以赴。2017 年以来，南浔以 PM2.5 和臭氧防治为重点，深入实施"318"治霾行动，深化"气、烟、尘"等重点领域整治。曾经总是"阴沉着脸"的旧馆镇，关停了 200 多家小锅炉，走上了转型之路；位于练市镇的浙江洪波科技股份有限公司，投入环保设备 1000 万元，用于废气处理系统催化燃烧等，截至 2017 年 9 月，包漆生产中的溶剂等挥发的气体去除率可达到 90%。据统计，2017 年全区已完成挥发性有机物治理企业 13 家，淘汰燃煤锅炉 701 台，淘汰"低小散"企业 711 家，中心城区有照餐饮店油烟净化装置安装率 100%。2017 年 1~7 月，PM2.5 浓度均值为 40 微克/立方米，同比下降 20%，下降幅度位列全市第一。

打好土壤持久战，南浔更加不遗余力。2017 年以来，在工业领域，已完成湖州南太湖资源回收利用有限公司年回收循环利用包装桶 8000 吨项目危险废物经营许可的申领；在农业方面，截至 2017 年 9 月，全区测土配方施肥面积达 54 万亩，推广商品有机肥 1.05 万吨，推广配方肥 0.27 万吨；在生活垃圾领域，垃圾分类收集处理宣传入村，90 个村已逐步完成垃圾桶投放。

产业转型　绿色发展提档增速

落子生态环保，下出循环大棋。如今的南浔，环境治理带动产业转型，让这一方碧水蓝天迸发出强大的发展后劲，绿色发展进入了提档增速阶段。

2017 年夏天，和孚镇荻港村口，一辆辆挂着"沪 C""浙 A"等邻近地区牌照的车子进进出出。"有时候一天好几拨人，以杭州、上海游客居多，他们都是从南浔古镇过来，感受下获港这个千年古村的魅力。"当地村民介绍。对南浔的情有独钟也正是对乡愁的依恋，然而，古村获港，曾受区域发展模式等方面因素的影响，水质一度下降。如何留住这一缕乡愁？多年来，获港当地不断取缔规模小、制作工艺落后、直排废水情节严重的企业，包括当地最大的恒华油脂化工厂等，一系列的重拳措施让这个古村挣脱枷锁，清水之美重新吸引游客频频而至，2016 年游客年人流量达到了 90 万人次。

生态好了，越来越多的游客接踵而来：练市镇荃步村以报恩漾为特色景点，发展体验式乡村旅游，吸引众多游客流连忘返；石淙镇石淙村治水造景，打造慢休闲旅游度假村……保护生态、寻找定位、谋求转变，一个个水乡村落走上了特色发展之路。

环境效益不断显现，让南浔人更加深刻地意识到，保护生态和经济发展并非不可兼得，守住环保底线，才能找到通向绿色发展的途径。为此，该区环保局在服务"大产业、大平台、大项目、大企业"时严格把控，一方面不断严格项目环境准入，另一方面优化项目服务保障，对有利于结构调整、重点扶持的项目开辟绿色通道，提高审批效率，建立专人跟踪联系、上门指导服务，提升地方经济的可持续发展能力。

"办理环评行政许可，原本烦琐的环节没想到只要 7 个工作日就办好了，不用再一趟一趟地跑了。"近日，浙江帝力驱动设备有限公司相关负责人直感慨环保部门办事效率高。在该公司办理环评文件审批时，南浔区环保局专门为此开辟"绿色通道"，让企业体验办理审批项目的"南浔速度"。

这也是南浔区环保局全力推进"最多跑一次"改革的一个缩影。为了提高环评审批服务效率，破除阻碍审批服务效率的"堵点""难点"，该区环保局通过前期摸排，完成项目登记表网上备案 122 件，完成 34 个省重点建设项目环评审批 31 个，完成 16 家扩大有效投资"411"重大项目环评审批 15 个，真正做到让企业"轻装上阵"、便捷办事。

"声势浩大"的环境整治中，为南浔换回的不仅是绿水青山，更是资金、项目、技术对这片土地的青睐：总投资 60 亿元的南浔国际香草产业园项目落户南浔镇，力争打造成国际国内著名的现代农业休闲旅游观光园，2017 年正在加快建设中；和孚祥晖光伏、善琏万向太阳能和练市浩昱新能源等光伏项目已全部完成并网发电，全区建成光伏装机容量已超过 160 兆瓦；具有 2500

多年历史的生态循环农业模式"桑基鱼塘"，与欧美工厂化养殖技术相结合，不仅可达到养殖尾水的"零排放"，养殖产量可达传统常规养殖的 2 倍。南浔绿色发展的内涵正不断丰富。

督察助力　绿色发展形成长效

在环境保护和经济发展的双重任务下，南浔一次次突破，那么如何让绿色发展形成长效，共享绿色发展成果，成了摆在当前的重要问题。"缺少监督落实，理念就不会转化为行动，建立环保督察工作机制是建设生态文明的重要抓手，要以制度创新为生态文明建设保驾护航。"南浔区环保局相关负责人坚信，环保执法有的放矢，加大力度，才能大大提升守法意识，为环境质量日益改善撑起"保护伞"。

2017 年 8 月 24 日，南浔区接到中央环保督察组交办的信访件，反映"菱湖镇新庙里村朱家坝自然村西南侧有一个养了几千头猪的养殖场，臭气扰民"的问题。接到交办件后，南浔区委、区政府立即部署行动，联合发改经信、住建、水利、农林、环保等部门及菱湖镇相关负责人赶赴现场处理。

经现场调查，该养猪场为"湖州金蓬生猪饲养场"，建有猪舍 11 幢，面积约 5000 平方米。因不符合整治提升条件，被明确予以拆除，2016 年 10 月，该饲养场开始逐步清空生猪，2017 年 8 月还存有 75 头母猪和 155 头仔猪。坚决取缔该非法养猪场，此次整改，最终该饲养场将剩余的猪全部出栏出售，2017 年 8 月 28 日挖机进场将该饲养场拆除。

在整改上严字当头，在机制上加快完善。针对群众反映强烈的突出问题，南浔区为了把各项工作落实到人，专门成立了以区委、区政府主要领导为组长、相关区领导为副组长的保障工作领导小组，做到领导带队、明确分工、专人负责。同时，边督边改抓落实，建立快速反应机制，对信访举报问题，第一时间现场调查处理，确保交办的信访件，件件有回音、事事有结果，真正做到群众满意。对于已办结的问题，继续落实防控措施，确保整改问题不反弹，整改效果不回落。截至 2017 年 9 月 11 日，南浔区共收到中央环保督察组转办信访件 23 批 58 件，已办结 54 件。

环保督查的一系列冲击波，为南浔绿色发展指明了鲜明的导向。南浔将以更大的力度加快发展绿色经济，推动城市生态文明建设，形成爱绿护绿的共识，让绿色发展底色日益亮丽，让"美丽南浔"愿景变得越来越清晰。

资料来源：杨斌英：《美丽南浔建设持续推进》，《浙江日报》2017年9月13日，第8版。

 经验借鉴

自建区以来，南浔在区委、区政府的带领下，兼顾环境效益和经济效益，坚定绿色发展理念，走出了一条环境整治与美丽建设并重之路。简单来说，湖州市南浔区绿色管理的经验有如下几条：①着眼长远，生态文明战略布局谋划。例如，在"生态立区"战略的引领下，南浔区从成功创建国家生态区到启动国家生态文明建设示范区创建，以生态环保为根基，建设美丽南浔。②治水引领，绿色发展统筹推进。例如，南浔以治水为突破口，统筹协调治气、治土，全方位推进环境综合治理，多措并举，紧密落实"碧水蓝天工程"，打造南浔碧水、蓝天、净土，生态环境改善也收到了实效。③发展循环经济，以环境治理带动产业转型，推动可持续发展。例如，南浔古村获港，改变传统区域发展模式，取缔废水污染严重的企业，保护生态环境、寻找发展定位、谋求经济转型，2016年游客年人流量达90万人次。这也充分体现了这一点。④践行绿色发展理念，做好绿色管理服务。绿色发展是以效率、和谐、持续为目标的经济增长和社会发展方式。绿色发展理念以人与自然和谐为价值取向，以绿色低碳循环为主要原则，以生态文明建设为基本抓手。例如，南浔区坚守环保底线，持续推进绿色发展形成长效，区环保局在服务"大产业、大平台、大项目、大企业"时严格把控，建立专人跟踪联系、上门指导服务，推动环保效益不断显现，地方经济可持续发展。⑤创新环保机制，落实环保督察。南浔区建立环保督察工作机制和快速反应机制，加大环保执法力度，边督边改，在中央环保督察组转办的信访件23批58件中，已办结54件。南浔区的绿色发展之路将"绿水青山就是金山银山"可持续发展理念转化为环境整治的重拳举措以及绿色经济收益，持续推动城市生态文明建设，打造美丽南浔。

五、舟山："美丽海岛"引领绿色发展

 案例梗概

1. 舟山市精心保护生态环境，补齐生态"短板"，全力推进"五水共治"和美丽舟山建设。
2. 明确岛屿主导功能定位和产业准入边界，强化环境承载力和环境功能分区分类管控。
3. 坚持逐岛定位和"一岛一景、一乡一韵"规划思路，实现各具特色的海岛发展。
4. 构建海陆统筹蓝色生态屏障，开展"一打三整治"，实现海洋生态进一步加强修复。
5. 重视生态保护，顺应产业绿色升级、区域绿色增长和可持续发展的趋势。

关键词：绿色产业；美丽海岛；定制生态旅游；环境承载力；构建生态屏障

案例全文

　　舟山市委书记周江勇在 2016 年 6 月召开的舟山市"五水共治"暨美丽舟山建设领导小组会议上强调，良好的生态是舟山的金名片，我们一定要树立底线意识，坚决打赢治水攻坚战、巩固战、持久战，着力补齐生态环境"短板"，全力推进"五水共治"和美丽舟山建设，打造美丽中国的舟山样本，更好地推动"两山"理论在舟山的生动实践。

在开发中保护建设美丽海岛

　　近年来，舟山群岛新区坚持在开发、建设中精心保护生态环境，建设美丽海岛，自 2009 年以来连续 7 年获浙江生态省建设考核优秀，2015 年获首批省级生态市称号。据中国社会科学院财经战略研究院、城市与竞争力研究中心等联合发布的《中国城市竞争力报告 2016》，舟山市在中国 289 个城市宜居竞争力排名中位列第三。

　　白墙黛瓦古建筑掩映于青山绿水之间，一列绿皮火车静躺菜花丛中——

这是"中国最美休闲乡村"定海新建社区。这里以前只是个无人问津的小山岙，年轻劳动力纷纷外迁，是近几年来的"美丽建设"，使它从一个偏僻小村变成了美丽乡村。2016年，新建社区正在打造一个集戏剧创作、排练演出、文化展示、互动体验等为一体的"中国南洞·戏剧谷"。

花木满山野，碧海接天际，还有矗立百年的"远东第一灯塔"——这是嵊泗花鸟岛。花鸟岛陆域面积不足4平方千米，人口仅2000余人。2015年至今投入美丽建设资金近1.5亿元，采用"一岛一公司"开发模式，由政府规划定位，国资与杭商旅共同设计、开发、管理，根据现实资源环境，走高端定制生态旅游模式。

白沙逐浪，海钓天堂，淳朴的民风，干净的街道，海风中有着浓浓的鱼腥味——这是普陀渔家小岛白沙。2015年，白沙岛建设精品海岛，总投资1200万元，美化村庄环境、打造旅游服务中心，凸显"浪舞白沙、海钓天堂"特色。如今，旺季未至，白沙已热，每逢双休日便游客盈门，刚过去的端午小长假更是"爆棚"。

这三个舟山样板，都印证了"美丽海岛"建设生态保护为先的原则。他们为何这般受追捧？都是因为建设中注重保护"原生态的风貌"；注重将创新、协调、绿色、开放、共享发展理念融入"十三五"发展规划，把舟山市良好生态环境作为新区发展的生命线和核心竞争力；注重依托通过环境保护部评审的《浙江舟山群岛新区发展规划环境影响报告书》，明确岛屿主导功能定位和产业准入边界，强化环境承载力和环境功能分区分类管控。在开发中保护，舟山市做到了没有足够的把握，绝不贸然开发。

当东极风光在电影《后会无期》中亮相，令无数影迷踏访导致船票一票难求时，东极人并没有被送上门来的利益冲昏头脑。他们清醒地意识到，小岛的资源承受能力有限、生态修复能力弱，毅然做出"限流"的决定，每天只接待1500～2000人上岛；他们也婉拒开发另一个令人惊艳的海岛——东极黄兴岛，因为"还没有足够的实力，没做好充足的打算"。

2015年，嵊泗嵊山后头湾在网络走红，新华社、人民日报社、央视、腾讯、凤凰网等知名媒体为之惊叹，英国《每日邮报》将其列为"全球28处被遗弃的绝美景点"，令无数游客心生向往，跑来寻访这海上的"绿野仙踪"。对此，嵊山人却发出了"让后头湾保持安静"的倡议，因为"在未充分考量、论证发展规划的情况下，保留保护后头湾的原始风貌和生态环境是首选思路"。

周江勇在 2014 年贵阳生态文明国际论坛上曾言，保护是最好的开发，只有加倍珍惜、精心呵护，更好地彰显舟山生态环境优势，才能顺应产业绿色升级、区域绿色增长和可持续发展的趋势，更好地发挥对高质项目的吸引作用、高端人才的集聚作用、对高新产业的支撑作用。生态是最后的底线，我们将按照区位条件、资源禀赋、环境容量来明确新区功能定位，按照功能区定位来规划布局基础设施和重点产业，绝不以牺牲环境生态为代价谋求一时发展。

在保护中发展美丽经济

从美丽海岛到美丽经济的嬗变，体现了"两山理论"的精髓。近年来，舟山市坚持逐岛定位，按照"一岛一景、一乡一韵"规划思路，建设了一批独具魅力的精品示范岛。休闲定海、全景普陀、多彩岱山、曼妙嵊泗等县（区）品牌，彰显区域自然和人文特点；南洞艺谷、古秀田园、诗画江南、多彩渔村等精品社区（村）创建，呈现出"一村一品、一村一业"的发展格局。

"美丽"，是舟山市的一项大投资。在普陀，朱家尖观音文化园（禅意小镇）的计划总投资高达 116 亿元；在嵊泗，美丽建设已成为当地最大的项目、最大的投资，近 5 年共投入美丽建设资金 7.9 亿元。

"美丽"，是舟山市的一个大产业。美丽建设，直接带动的是旅游产业，间接改变着舟山市产业格局。2015 年，全市共接待境内外游客 3876.22 万人次，旅游收入 552.18 亿元。"离岛、微城、慢生活"的嵊泗东海渔村 2015 年就吸引游客 400 多万人次。

"美丽"，是舟山市百姓的一大红利。随着越来越多游客进入海岛乡村，渔村农家乐民宿迅速发展，为渔民兄弟提供了广阔的就业舞台。截至 2016 年 6 月，舟山市共有渔村农家乐 2000 多家，2015 年接待游客 900 多万人次，营业收入 19 亿元，户均收入 90.52 万元。

"美丽"，是舟山市的一大创意。由中国美院王澍教授领衔 8 位世界顶级建筑大师主持设计的沈家门鲁家峙岛海洋文化创意园区，利用鲁家峙原有的渔业生产遗迹，打造集创意设计、渔业遗产保护、艺术展览、休闲娱乐等为一体的文化创意旅游精品工程，总投资 2.5 亿元的一期项目将于 2016 年 6 月底开业。

美丽经济源于发展方式的转变，源于产业的绿色发展导向。近年来，舟山市通过创建国家环保模范城市、国家生态文明建设示范区，实施811美丽舟山建设行动，执行严格的环保标准倒逼产业转型升级。通过强化重污染高耗能行业整治，累计关闭铅蓄电池、电镀、印染、造纸、小化工等行业污染企业26家、整治提升20家；淘汰燃煤锅炉281台；深化船舶等传统支柱产业环境治理，规模以上船舶修造企业均建设喷砂房和涂装房，挥发性有机物经集中处理减少85%的排放量；通过"五水共治"治理了70条黑臭河，渔农村生活污水处理设施覆盖率91.6%；通过落实县（区）、乡镇（街道）政府环保属地监管主体责任，定海烟墩、普陀展茅等重点区块环境基础设施得到明显改善，岱山的畜禽养殖污染治理、新城的臭气异味整治均取得实效。

在发展保护中夯实环境基础

美丽海岛建设生态环境质量是根基。"十一五"规划期间，舟山市空气质量持续全国领先，浙江省第一，城市环境空气优良天数保持在90.1%以上；县级以上集中式水源地水质达标率100%。

2016年，舟山市积极落实环保百日执法行动和共建美丽浙江行动，时任市长温暖、分管副市长沈仁华亲自动员部署，温暖要求各级各部门针对辖区内清三河、畜禽养殖、污水处理厂、工业园区、臭气异味、饮用水水源保护等，深入开展环境污染排查和处置，全面落实企业污染治理主体责任、当地党委政府属地管理主体责任以及相关部门环境监管责任，对环保违法行为坚持"零容忍"。实施网格化环境监管，调动市、县、乡镇（街道）、社区四级环境监管力量，强化重点污染源监管；推进本岛执法监管一体化、环保与公检法联合执法，地方与部门协同作战。2016年1~5月，舟山市共出动环境执法人员4988人次，检查企业2011家，查处环境违法案件51件，其中按日计罚1起，处罚金额80万元；移送公安部门两起，1人行政拘留。

构建海陆统筹蓝色生态屏障。加强海洋生态修复，建立四大海洋牧场示范区和两个国家级海洋特别保护区；开展"一打三整治"，取缔涉渔"三无"船舶2123艘，增殖放流各类苗种20亿尾（粒）。实施沿海防护林及平原绿化扩面、森林城镇森林村庄宜居等森林工程建设，城市建成区绿化覆盖面积大于40%；投资1.5亿元，重点推进近70千米的生态廊道改造提升工程；

2016年新启动5条景观带建设，已初步建成了国际海岛旅游大会迎宾生态廊道。

资料来源：舟山市环境保护局：《舟山："美丽海岛"引领绿色发展》,《中国环境报》2016年6月28日，第5版。

 经验借鉴

　　舟山群岛新区坚持在开发、建设中精心保护生态环境，建设美丽海岛，打造出美丽中国的舟山样本，成为城市绿色发展的优秀典范。从舟山市绿色管理的做法中可以得出以下经验：①明确绿色发展目标。舟山在开发、建设中精心保护生态环境，建设美丽海岛。例如舟山建设了"中国最美休闲乡村"定海新建社区，近几年来的"美丽建设"使新建社区从一个偏僻小村变成美丽乡村。②坚守环保底线，实施分类管控。明确岛屿主导功能定位和产业准入边界，强化环境承载力和环境功能分区分类管控，注重保护"原生态的风貌"。如东极岛每天控制上岛旅游人数，东极黄兴岛暂缓开发等。③坚持逐岛定位和"一岛一景、一乡一韵"规划思路。如舟山市休闲定海、全景普陀、多彩岱山、曼妙嵊泗等县（区）品牌，彰显区域自然和人文特点；南洞艺谷、古秀田园、诗画江南、多彩渔村等精品社区（村）创建，呈现"一村一品、一村一业"的发展格局。④构建海陆统筹蓝色生态屏障。例如，舟山加强海洋生态修复，建立四大海洋牧场示范区和两个国家级海洋特别保护区；开展"一打三整治"，取缔涉渔"三无"船舶，增殖放流各类苗种。同时实施沿海防护林及平原绿化扩面、森林城镇森林村庄宜居等森林工程建设。⑤发挥资源优势，合理配置资源。例如，舟山市不以牺牲生态环境为代价谋求一时发展，重视生态保护，加倍珍惜、精心呵护，彰显舟山生态环境优势，顺应产业绿色升级、区域绿色增长和可持续发展的趋势，发挥对高质项目的吸引作用、高端人才的集聚作用、对高新产业的支撑作用。舟山从美丽海岛到美丽经济的嬗变，体现了"两山理论"的精髓，始终坚守生态这一最后的底线。舟山按照区位条件、资源禀赋、环境容量明确新区功能定位，按照功能区定位来规划布局基础设施和重点产业，引领海岛的绿色发展，未来在浙江、在中国，舟山海岛将会更加风光旖旎。

六、淳安：一湖山水非等闲

案例梗概

1. 淳安坚持"八八战略"的发展定位，践行"共抓大保护，不搞大开发"的要求。

2. 借机调整考核办法，坚持以保护为主发展经济，推进"健康美丽的秀水富民路"。

3. 探索生态保护机制，为生态保护提供资金来源，以解决跨省河流的生态保护问题。

4. 设立乡镇生态保护办公室，创新基层生态治理机制，以制度保障实现长期环境保护。

5. 将生态优势转变为产业优势，推进产业转型升级，形成以绿色节能"智造"千岛湖。

关键词：绿色发展；保护式发展；千岛湖标准；生态补偿机制；智能化发展

案例全文

以"八八战略"为总纲，践行绿水青山就是金山银山理念，淳安坚持生态立县，以更严格的标准呵护一湖秀水，以机制创新破解治理难题，以生态经济带动产业富民，从而实现绿色发展。这是人与自然和谐相处的美好画面，山与水在此交融，湖光山色秀美绝伦。这是绿水青山就是金山银山理念的生动实践，景美人和、产业兴旺，见证了绿色发展的成效。

坐拥千岛湖，是淳安人的幸运；守护千岛湖，是淳安人的历史责任。守住绿水青山，实现绿色发展。如今，围绕千岛湖保护重点领域和薄弱环节，以"共抓大保护，不搞大开发"为要求，淳安正加强规划和环保监管，严格项目准入，以更高站位、更严标准，向"千岛湖出境水质始终保持Ⅰ类，环境质量全国一流"目标迈进。

新跑道　走出秀水富民路

一张考评单，记录着淳安发展方式的转变历程。

2018年5月29日，杭州市公布2017年度各县（市、区）综合考评结果，淳安94.185分，连续5年超过85分的优良达标线。这张考评单，是杭州13个县（市、区）中最特殊的：没有GDP、工业总量等经济指标，只有生态环保、生态经济、民生保障等绿色考核类目。作为长三角的重要生态屏障，淳安曾经历生态保护和经济发展的两难困境，以致保护和发展都难以抓到位，最终影响发展质量。

2013年，借着创建"美丽杭州"试验区的契机，杭州市调整考核办法，对淳安取消GDP等多项经济指标的考核；2015年，为使发展实绩考核评价机制与主体功能定位相适应，浙江省也取消了对淳安等26县的GDP考核。"对淳安来说，保护就是最好的发展；对干部来说，保护就是最大的政绩。"淳安县委主要负责人说，生态是淳安最大的优势，不能为了经济发展牺牲生态环境，必须走"健康美丽"的秀水富民路。

考核指挥棒转向，意味着发展理念和发展方式的调整，淳安切换到绿色发展的新跑道。近年来，淳安严把项目准入关，坚持决不牺牲环境、决不接收污染企业、决不降低环保门槛的"三个决不"原则，先后拒绝350多亿元可能对环境造成破坏的投资项目。同时加大污染整治力度，关停40多家造纸、化工、电镀等高污染企业，清理200多家木材、石料等资源破坏性企业，在浙江省内率先做到全域无一家印染、农药、化肥、制革等重污染企业。

"努力不让一滴污水流入湖中。"淳安县环保局局长徐建球说，加强生态环境保护，淳安坚持"最高标准、最严监管、最实举措、最强保障"。2016年，淳安出台全国首个县级环境质量管理标准《千岛湖环境质量管理规范》，对项目审批、原有项目退出、污染源管控、清洁排放标准等提出了严苛的"千岛湖标准"。

截至2018年6月，通过全方位治理，淳安正加快创建"污水零直排区"。在农村生活污水处理设施提标改造中，淳安采用比省级标准更严的建设标准，污水经处理后，优于浙江省里最严的排放标准；整改处置沿河违建、违法排污等问题，2017年立案处罚企业16家、责令整改14家；湖区餐饮服务业污水一律纳管，沿岸排污口全部封堵，地下管网雨水和污水分流，游船游艇废水收集后上岸……淳安生态环境进一步改善，2017 年所有河流水质达到Ⅱ类以上，森林覆盖率超过 75%，全年 330 天以上空气优良。

新机制　探索生态补偿机制

"这些年，淳安几乎把钱都扔进水里了。"淳安县财政局预算局长余德贵形象地说，县里每年对生态保护的资金投入，超过地方财政收入的 2/3。2015 年以来的 3 年时间，淳安围绕千岛湖生态保护，年均投入资金超过 11 亿元。对一个山区县来说，这并不容易。在转型发展过程中，"钱从哪里来"是淳安面对的第一个难题。

在国内率先探索实施的生态补偿机制，为淳安提供了资金保障。通过下游地区对上游地区、开发地区对保护地区、受益地区对受损地区的利益补偿，到 2016 年淳安累计获得 9.5 亿元省级财政补助资金。2017 年，浙江省又出台绿色发展财政奖补机制，根据出境水质优良率、森林覆盖率等指标，对各县进行考核，如Ⅰ类水占比上浮一个百分点奖励 180 万元，而Ⅴ类水上浮一个点则倒扣 180 万元。2017 年，淳安获得省级财政补助 4.44 亿元。余德贵说："新的考核机制，极大地激发了我们保护生态环境的热情。"

谁保护，谁受益；谁污染，谁治理。生态补偿机制帮助淳安破解资金难题，也为解决跨省河流的生态保护问题提供了思路，通过实施流域生态补偿机制，2018 年第一季度，新安江入境水质始终保持在Ⅱ类以上。短期的生态治理靠资金投入，长期的环境保护靠制度保障。

在浙皖交界的威坪镇，镇生态保护办公室副主任江世君每隔两天就要到交接断面附近，检查是否有垃圾、油污等污染物。"这里是千岛湖上游，水质考核要求比一般乡镇高，溪流要达到Ⅰ类至Ⅱ类水质。"江世君说，确保进入湖库的水质达标，是镇生态办的重要职责。

在乡镇设立生态保护办公室，是淳安基层生态治理机制的创新。淳安县域面积辽阔，仅靠环保部门开展生态治理，难免存在盲区。为此，当地织起一张生态保护网，23 个乡镇全部设立生态办，开展垃圾分类、农村污水处理、治污设施运维等工作。"我们还整合了村镇建设、国土资源管理等功能，把原本分散在乡镇各个内设机构的生态保护职能，集中到一个部门。"威坪镇副镇长张卫斌说，这有效破解了生态环境的"碎片化"监管问题，实现了源头管控。乡镇设生态办，村里还有环保员。淳安每年出资 3000 万元，为每个村配备一名环保员，形成纵向到底的生态保护体系。环保员主要负责巡河检查、清理垃圾等事务，由乡镇生态办负责管理，按照工作绩效予以奖励。

新机遇 "智造"千岛湖正在形成

"一瓶水卖 20 元。"大墅镇农民没想到，家门口的山涧水，能卖这么高的价钱。村民不知道，作为优质水源地，千岛湖卖的不光是水，还有优质的生态。近年来，淳安把水资源优势转化为产业优势，引导水饮料产业迈向高端。一湖秀水，换种喝法，效益天差地别。曾经，淳安的水饮料企业粗放生产，以生产量大价廉的桶装水为主；如今，企业通过新产品研发，主攻小分子水、婴儿水等高端细分市场，产品附加值大大提升。截至 2017 年底，农夫山泉、千岛湖啤酒等 20 家水饮料企业，实现主营业务收入近 80 亿元，成为淳安利税贡献最大的支柱产业。

在淳安乡村，老百姓也尝到了优质生态的滋味。洞溪源是淳安西南山区的一条普通溪流，溯源而上，桃源凌家村有采摘游，野外大峡谷有拓展训练营，上游的西园村新建了生态农产品种植基地……这条溪至今已吸引 3 亿元社会投资，沿溪 12 个村庄走上差异化发展之路，村民年人均增收 4000 元。淳安山区共有 100 条这样的溪流，曾经平常无奇，如今却成了"聚宝盆"。2017 年，淳安启动"百源经济"工程建设，根据每条溪源的资源禀赋，沿溪打造各具特色的农业产业，发展乡村旅游，实现生态富民。首批实施的千岛湖镇汪家源等 10 条示范源，县财政安排专项资金 8000 万元，用于公共服务、环境整治和产业配套。

百条溪流，为沿岸数百个乡村带来新机遇。"经高标准生态保护，淳安乡乡有清溪、处处见青山，全县成为大景区。"淳安县旅委负责人说，全域旅游成为农民增收的重要增长极，2018 年第一季度淳安接待游客 114 万人次，直接收入 1.24 亿元。"保护不是不要发展，而是为了更好的发展。"淳安县经信科技局副局长李恩养说，2018 年，淳安正在构建"无污染、小空间、高科技、资源型"的新型生态工业体系，秀美山水间，生态工业正在崛起。

在中植新能源汽车（淳安）有限公司宽敞的标准化车间内，工人正在安装调试一批准备出口的纯电动客车。总经理占利华说，这里原是一个电镀企业，污染产业腾退后，转型成为新能源汽车技术研发和制造基地。良好的生态，成为吸引高端项目的王牌。"企业生产的固体饮片，对环境要求极高。我们在长三角找了很多地方，最后选中这里，全年95%的空气优良率非常符合选址要求。"2017年6月入驻的一家知名药企负责人表示，投产第一年亩均缴税达75万元。

如今，淳安被列入省级工业节能和绿色制造试点示范，2017年实现规模以上工业销售产值193亿元，以绿色节能制造为核心的"智造"千岛湖正在形成。生态保护只有起点，没有终点。满满的生态自信，早已印刻在淳安人心中。

资料来源：陈航、杨约顺：《一湖山水非等闲——淳安推进绿色发展纪事》，《浙江日报》2018年6月9日，第1版、第4版。

 经验借鉴

淳安坚持生态立县，以"八八战略"为总纲，践行"绿水青山就是金山银山"的理念，在提升生态经济的同时带动产业富民，进而实现绿色发展。淳安绿色管理的探索中有许多值得学习借鉴的宝贵经验，主要有如下几条：①提高环保站位，守住绿水青山。"保护"是淳安最重要的一个词。淳安进一步加强以围绕千岛湖为主的环保监管，以更高的标准来让千岛湖保持超高水质。淳安已经连续五年在绿色考核考评单中超过优良达标线，其最大的功臣就是保护"生态"这一淳安最大的优势。②明确环保制度标准，切换绿色发展新跑道。近年来，淳安坚持"三个决不"原则，坚决不以牺牲环境为代价发展经济，同时依靠制度保障，出台了全国首个县级环境质量管理标准，提出了一系列严格的环境标准，并加快创建"污水零直排区"，在发展绿色经济的同时保护了周围环境。③探索生态补偿新机制。淳安近年来每年都对生态保护投入了大量的资金，而生态补偿机制则帮助淳安破解了资金难题，让淳安境内的水质保持一个较高的质量标准。④"智造"千岛湖。淳安乡村的村民们靠着一条条家乡的普通溪流发家致富，这些曾经平常无奇的溪流如今都变成了"聚宝盆"，大大改善了村民的经济状况。⑤构建新型生态工业体系。淳安正在构建"无污染、小空间、高科技、资源型"的新型生态工业体系，秀美山水间，生态工业正在崛起。例如，中植新能源汽车（淳安）有限公司就是一个很好的例子，这家公司从原本的电镀行业转型为新能源汽车技术研发和制造基地。生态保护只有起点，没有终点。只有坚持可持续发展的战略，践行"绿水青山就是金山银山"的理念，打好保护环境和经济发展的"组合拳"，才能在如今的时代中脱颖而出。

七、嘉兴：生态嘉兴凸显和谐之美

 案例梗概

1. 嘉兴加大环保基础设施投入，集中建设污水处理厂、污水收集管网、输送泵站等。
2. 加大水环境保护和污染治理的力度，采用企业化、产业化和市场化的运作方法。
3. 加强乡村企业环保监管，提高环境违法行为处置反应能力，制订重点污染整治方案。
4. 完善日常运行监控体系和减排激励政策，将减排指标纳入生态市建设和企业考核。
5. 推行清洁生产，建立对重点企业减排污染物的激励机制，设立污染物减排专项补助资金和奖励基金。

关键词：生态产业；环保监管；政策指标；激励机制；投入环保设施

 案例全文

绿色正成为嘉兴这座城市的新"坐标"。从被迫到自觉、从局部到全局，在"绿色"逐步完成从被人漠视的"寻常之物"到成为嘉兴经济命脉的过程中，嘉兴人的生态意识也随之发生了巨变：生态保护意识几乎已渗透在每一个嘉兴人的脑海中，呵护绿色正日益成为336万嘉兴人整体营造的一种社会风尚。

嘉兴市委、市政府认为，生态即产业，生态即经济，生态即生活质量，生态即综合竞争力，保护环境就是保护发展。人类社会发展的规律证明，离开了良好的生态环境，人类文明就会断裂。越早认识这一规律，越早朝着

"生态嘉兴"的目标努力，嘉兴未来的竞争力就越强。近年来，嘉兴全市上下贯彻落实科学发展观，形成了促进经济社会全面协调可持续发展的共识，"建设生态家园，构建和谐嘉兴"已成为社会各界的自觉行动。

"天罗地网"保护蓝天碧水

在城市，污染企业搬出了市区；过往汽车禁鸣喇叭；空气质量指数成了市民晨练外出的参考。在农村，许多农民不再焚烧秸秆，煤气灶取代了柴灶；整洁的卫生间取代了露天粪坑；不少村镇还实行垃圾袋装化。

人们发现，嘉兴的生态环境正在悄然变化着。这种变化，来自嘉兴市委、市政府的深谋远虑——必须以政府为主导，着力推进生态建设，营造良好的投资环境和生活环境，这是降低商务成本、提高城市竞争力、建设和谐嘉兴的重要途径。

近年来，嘉兴市政府不断加大环保基础设施建设的投入，构筑起一张"天罗地网"，来保护蓝天碧水。2004~2006年，全市投入环保基础设施建设的财政性资金达21.19亿元，同时，还积极引入市场机制，充分利用民间资本，弥补公共财政资金不足，全市累计投入环保基础设施建设的资金达85.4亿元，占GDP的2.44%。政府舍得把钱"埋"进地里、"丢"到水中，正是做了单个企业所不能为之事。

截至2007年7月，嘉兴市已建成13家集中污水处理厂、506.48千米污水收集管网、36座输送泵站，污水集中处理能力达到65万吨/日。其中，嘉兴联合污水处理一期工程覆盖了五个县（市、区），处理能力达30万吨/日。2006年，全市县城以上生活污水集中处理率已超过70%。到2007年7月，日处理能力30万吨的嘉兴联合污水处理厂二期工程正在加紧筹建，与之配套的管网建设已经启动，污水处理厂计划在2007年10月正式开工建设。桐乡经海宁市的尾水处理排海工程也将在年内启动。嘉兴市还高度重视生活垃圾收集处理，已建成日处理能力700吨的嘉兴步云和日处理400吨的桐乡崇福两座垃圾焚烧发电厂，还配套建设了生活垃圾应急填埋场。步云垃圾焚烧二期扩建工程和嘉善、平湖、海宁等地生活垃圾焚烧处理发电工程已通过环境影响评价。同时，采取委托有资质的单位集中收集、外送无害化处理办法，妥善解决了医疗废弃物处置问题。

嘉兴在环保设备投入上舍得花"大钱"，全市投入5186万元，建立6个污染源监控中心，对重点污染源安装了167套污水和27套废气排放自动监控设备，提高了对污染源的监管能力。同时，在县（市、区）主要交界断面建立了19个地表水质自动监测站和14个空气质量自动监测站，构建起对污染源、地表水和大气环境质量考核监控预警系统，大大提高了对整个环境保护的监管能力，为全面客观评价各地的水环境治理状况、明确上下游责任，创造了条件。

近几年，嘉兴市还打造出一支素质过硬的环保队伍，确保各项环保举措落到实处。已在全市所有环保重点乡镇设立了环保执法中队（环保中心所），实现了环保监督管理职能纵向到底、横向到边，有效地加强了对乡村企业的环保监管，提高了环境违法行为的处置反应能力，这个加强环保队伍建设的经验还受到了浙江省环保局的充分肯定。全市的专业环保人员数由原来的340人，增加到2007年的518人。两年来，全市共投入资金559万元，购置大型监测仪器设备16台，并落实资金300万元，专门购置应急监测车辆。

强力执法为生态建设"护航"

生态建设需要制度保障，严格执法是生态建设的重要一环，这方面嘉兴又一次走在了浙江省前列。一场又一场"环保风暴"在嘉兴刮起，一个又一个行业在整治中"蜕变"。用嘉兴市环保局主要负责人的话说："不管有多艰难，都要坚持'铁腕治污，露头就打'的原则，突出重点，深入开展环境污染整治行动，严格执法，努力确保企业达标排放。这是政府部门的责任所在，也是嘉兴和谐发展的要求所在，更是嘉兴人民的期盼所在。"

为此，嘉兴市政府制定了重点污染整治方案，明确了阶段性的污染整治重点。强化下查一级，实施挂牌督办制度，对严重存在违法排污行为的企业实行停产治理、限期治理，连续四年开展环保专项行动。专门抽调人员，配备仪器设备和车辆，组建"飞行监测"大队，加大对国控、省控、市控和县控重点污染源的"飞行监测"力度，并有计划地组织和调动县（市、区）环境监察力量，在市环保局的指导下进行"推磨式"的异地交叉环境执法大检查，以杜绝各种"跑风漏气"现象，确保"飞行监测"突然性，对市控以上重点污染源的监测频次每月不少于两次。对违法排污企业加大处罚力度，加征超标排污费，提高环境违法成本，严厉打击违法排污行为。同时，加大对企业法人的环保法制教育培训，强化企业主的法律意识和社会责任感。此项工作得到浙江省环保局充分肯定，执法监管力度位居浙江省前列，2006年，全市征收排污费达到1.03亿元，比2005年增长14.8%，查处环境违法案件775起，罚款2802万元，比上年增长42%。关停、取缔违法排污企业（生产线）138家，停产治理47家。加大了达标治理力度，35吨以上燃煤锅炉全部实施脱硫工程。同时，企业抽检达标率有了明显提高，2007年1~6月，"飞行监测"总体达标率超过70%，达到了浙江省和嘉兴市政府2007环保目标责任书规定的要求。

　　为让嘉兴城乡群众喝上"放心水"，嘉兴市坚持从源头上抓治理、在过程中强监督，赢得了社会各界好评。建设集中式污水处理厂是提高污水处理效率的有效途径，但由于受入网污水成分和浓度影响以及工艺流程设计的局限，给稳定达标排放带来了一定的困难。为此，嘉兴市开展了专项整治，实行两手抓：一方面，加大对全市13家污水处理厂突击检查频次，每月都要对污水处理厂及沿线泵站、企业检查，督促污水处理厂进行工艺和技术改造；另一方面，抓好纳管企业的监管，在重点入网企业安装自动监控装置（市联合污水处理厂入网工业污水总有机碳自动监控量达到入网污水总量的80%），严格控制入网污水的浓度，为确保污水处理厂达标排放创造条件。鉴于部分早期建成的私营污水处理厂限期整治达标已无望，在这种情况下政府部门积极介入，采取回购和派出专业人员强化管理等办法，提高此类污水处理厂的达标率。经过两年专项整治，到2007年7月，嘉兴市各污水处理厂达标排放率有了大幅度提高。

　　在抓好污水管网建设的同时，嘉兴市环保部门还加大了对饮用水源保护区的监管力度，定期进行全面检查，发现问题立即整改，严禁在一级保护区内建设与供水设施无关的项目。加强对饮用水源保护区水质的监测，针对全市地表水厂取水口都建在航道上的现状，为确保饮用水源安全，全市7个地表水厂都与市区石臼漾水厂一样建成了双水源工程，确保饮用水源安全。同时，在自来水处理工艺上应用最新科技成果，增加了生物接触氧化预处理和臭氧、活性炭深度处理工艺，使出厂水质明显改善。此项深度处理技术已在全市自来水厂推广，2006年全国制水协会还在嘉兴召开了现场会。

　　嘉兴市民发现与蓝天白云相伴的日子越来越多，呼吸的空气也更加清新了。这悄然的变化与市政府连续三年将市区污染源（危险源）整治列为实事工程分不开。到 2007 年 7 月，嘉兴已有 24 家完成整治任务，占计划总数的 80%，同时嘉兴还开展了市区"五小"行业专项整治，取缔不符合环境卫生要求的经营户 601 户，餐饮单位的油烟净化装置安装率达 100%，在服务保障经济加快发展的同时，最大限度地减少对市区大气环境质量的影响，使广大人民群众呼吸到新鲜空气。2007 年市政府又确定了一批整治单位，并将此项工作列入民生工程。秀洲区通过两年的努力，完成喷水织机行业 80% 以上的治理任务，建成了 797 套污水处理设施，累计投入 3900 万元。

构建生态嘉兴的创新之举

发展生态经济是嘉兴经济社会发展的必然选择和内在要求。如何驾驭嘉兴经济列车通过"生态经济"这一大桥，高速奔向"人口、资源、环境与经济社会协调发展"的彼岸，近年来嘉兴市创新之举频出。"市场化运作、产业化经营，使嘉兴治污步入了良性循环。"嘉兴市环保局负责人介绍说。近年来，嘉兴运用市场机制，采用企业化、产业化和市场化的运作方法，使水污染治理取得很好的效果。

近年来，环境污染始终困扰着嘉兴社会经济发展。嘉兴市痛下决心，加大水环境保护和污染治理的力度，但政府能够投入的资金有限，治污设施运行成本高、效果始终不理想。如何破解这一环保难题？平湖市环保服务中心与浙江大学环保工程公司联合组建了绿色环保技术发展公司，对全市 20 家重点水污染企业的治污设施实行专业化承包运营，采用"物业化管理机制"，实行有偿服务，规范治污设施台账和治理动态监测。这一办法不但有效地遏制了久治不愈的偷排漏排污染物现象，而且大大降低运行成本。平湖景兴纸业公司造纸厂污水治理采用此法管理后，运行费用一年就减少 40 多万元。

成功的实践使嘉兴市环保部门意识到，在保护环境、治理污染中导入市场机制，往往事半功倍。秀洲区洪合镇是全国闻名的羊毛衫生产基地，环境污染也是个"老大难"问题。面对难题，采用民间集资的办法，以嘉兴市大禹环保工程公司职工个人出资为主，部分企业出资为辅，不花政府一分钱建起了总投资 800 万元、日处理污水 8000 吨的污水处理工程，以产业化方式有偿集中处理镇内 10 家染色厂、缩绒厂的生产污水，确保了达标排放。环保举措与市场运作相得益彰，嘉兴市的环境保护和污染治理也逐渐培育出绿色的生态产业。嘉兴历史上投资额最大的基础设施项目——日处理废水 30 万吨的水处理工程和城市防洪工程，也按企业化运作方式相继开工建设。据对嘉兴全市境内运河、河网和湖泊等 36 个主要水体、84 个监测断面、14 个项目的监测，嘉兴市地表水质恶化趋势基本得到控制，局部区域水质已经有了一定程度的改善。嘉兴市 12 项主要污染物排放指标，有 11 项控制在浙江省下达的控制指标内。市场化运作不仅拓宽了环保大市场，也促进了嘉兴环保产业的迅速发展。平湖绿色环保公司在社会化管理企业治污设施的基础上，承包了天神皮革等两家企业的治污设施，现在又有恒丰农药厂等多家企业主动要求该公司参与治污设施运行管理或承包经营。良好的投资回报吸引越来越多的投资者把目光投向环保产业，到 2007 年 7 月，嘉兴市的环境保护和污染治理已进入良性循环。

在不变的环境容量中巧求发展

面对国家实行总量控制和严峻的环境形势，嘉兴市将出台《嘉兴市排污权交易办法（试行）》（以下简称《办法》），这意味着全市不再新增排污指标，但企业"减排"后盘活的排污权"存量"可通过市场进行交易，若想新建一家企业就得先从其他企业手里买来排污权。以此来推动减排，"腾笼换鸟"，调整产业结构，转变增长方式，推动和谐发展。

以前新建企业的排污许可权由环保部门审核批准，也即意味着企业可无偿获取。《办法》施行后，新办企业的排污权只能在老企业加大治污投入，提高治理能力从而削减的这部分排污总量中转让而得，并要为此"埋单"，从而彻底改变以往无偿获取排污权的局面。"这不仅符合市委、市政府'腾笼换鸟'的要求，而且还能在控制排污总量的前提下为新办企业赢得'建设权'。"嘉兴市环保局负责人如是说。

排污权交易是当前发达国家广泛采用的一种污染物总量控制的市场运作方式。在先前的试点中，嘉兴已有两家企业成功实施了首笔排污权交易。此次交易的卖方是嘉兴市步云染料化工厂。该企业手头握有富余的 4 吨化学需氧量排污指标。同时，嘉兴海丹染料化工有限公司却因得不到排污指标而无法开工。嘉兴市环保局通过详细论证，牵线搭桥，审核确认由"步云"将富余的排污指标出售给"海丹"，交易价格为 15 万元。

交易令买卖双方各得其所。卖方表示，排污指标不用也是闲置，没想到卖出去竟能赚钱。买下排污权的企业更高兴：如果排污权不能进行转让，公司就会"难产"，而这家新公司生产的染料将达国际最先进水平，生产这种染料的印染厂排出的污水浓度将降低一半，从而在源头上为印染厂"减排"。

《办法》根据嘉兴区域环境容量和主要污染物的控制总量，在保证环境质量达标的前提下，允许企业将其持有的主要污染物排放权通过市场进行交易。接下来，嘉兴市有关部门将逐步建立并完善配套的价格核算体系、监控体系、管理体系。

近年来，嘉兴进一步明确减排目标体系，完善日常运行监控体系和减排激励政策，将减排指标纳入生态市建设工作和对企业的考核指标体系，努力实现节能降耗减排。同时大力推行清洁生产，建立对重点企业减排污染物的激励机制，设立污染物减排专项补助资金和奖励基金。

资料来源：佚名：《生态嘉兴凸显和谐之美》，《浙江日报》2007 年 7 月 31 日，第 12 版。

 经验借鉴

嘉兴市委、市政府认识到保护生态的重要性，引领嘉兴朝着生态经济大城发展。近年来，呵护绿色逐渐成为嘉兴人整体营造的一种社会风尚，绿色也逐渐成为嘉兴市的新"坐标"，为此，我们得出嘉兴市绿色管理的经验主要有以下几点：①加大环保基础设施的投入。例如，2004~2006 年，嘉兴市政府投入环保基础设施建设的财政性资金达 21.19 亿元，同时，还积极引入市场机制，充分利用民间资本，弥补公共财政资金不足，全市累计投入环保基础设施建设的资金达 85.4 亿元，占 GDP 的 2.44%。②打造素质过硬的环保队伍，将环保措施落到实处。嘉兴市政府在环保重点乡镇设立了环保执法中队，加强了对乡村企业的环保监管，提高了环境违法行为的处置反应能力，制订重点污染整治方案，明确了阶段性的污染整治重点。嘉兴市坚持从源头上抓治理、在过程中强监督，此举赢得了社会各界好评。③培育生态产业，发展生态经济。发展生态经济是嘉兴经济社会发展的必然选择和内在要求，嘉兴市投资建设污水处理和城市防洪工程，按企业运作的方式开工建设，使地表水质恶化趋势基本得到控制，局部区域水质有了一定程度的改善，良好的投资回报吸引了越来越多的投资者把目光投向环保产业，使嘉兴市的环境保护和污染治理进入良性循环。④出台环保政策，建立完善环保体系。嘉兴市出台一系列环保政策，大力调整产业结构，转变经济增长方式，近年来，嘉兴进一步明确减排目标体系，完善日常运行监控体系和减排激励政策，将减排指标纳入生态市建设工作和对企业的考核指标体系，努力实现节能降耗减排。同时大力推行清洁生产，建立对重点企业减排污染物的激励机制，设立污染物减排专项补助资金和奖励基金。

 本篇启发思考题

1. 如何理解美丽城市绿色发展的内涵？

2. 美丽城市绿色管理的出发点是什么？

3. 美丽城市的绿色管理中需要哪些政策支持？

4. 开展美丽城市的绿色管理，对长远发展有何益处？

5. 如何理解城市管理中"绿色"与"美丽"的关系？

6. 美丽城市在建设管理中如何践行绿色环保理念？

7. 如何统筹推进美丽城市的绿色管理？

8. 如何在美丽城市管理中充分发挥资源优势？

9. 环保执法在美丽城市建设中发挥什么作用？

10. 如何完善美丽城市的绿色管理体系？

第五篇

大花园城市建设和绿色管理

一、衢州：活力新衢州　美丽大花园

 案例梗概

1. 衢州抓住建设"大花园"发展机遇，实现传统产业和新兴产业全面革新。

2. 迎合互联网企业入驻带来的新发展，全力挖掘衢州内生发展动力，打造新经济。

3. 抓住杭衢高铁带来的发展机遇，用实践进一步丰富"大花园"的内涵和外延。

4. 全力发展特色小镇，使其相互融合、功能叠加，铸就新兴产业聚集的大平台。

5. 充分利用绿水青山的生态优势，抓住时代发展三大机遇，描绘高质量发展新图景。

关键词：绿色升级；"大花园"核心区；特色小镇；生态优势；幸福产业

 案例全文

　　放眼浙西，生态优美的三衢大地，有一种力量蓄势已发，有一种心情正鼓舞激荡。2018年6月发布的《浙江大花园建设行动计划》仿佛一支强心剂，给衢州的人们以无限的希望、无穷的遐想和无限的可能。作为"四大"建设的主引擎之一，"大花园"与大通道、大湾区、大都市区一起构成了浙江现代化先行区建设的战略布局。而位于"大花园"核心区的衢州，正面临着一个前所未有的机遇，也是决胜未来的难题：如何在"大花园"建设中抓住机遇、找准定位、发挥优势、协同联动、借势发力？

　　2018年3月23日，衢州在浙江省率先发布《衢州市大花园建设行动纲要》，提前谋划、主动融入、主动作为，把"大花园"作为一种全新的发展理念、发展模式、发展路径，突出建设"大花园＋大平台""目的地＋集散地""重大交通基础设施＋重大公共服务配套设施"，打开大通道、建设大配套、提供大产品、提升大环境、深化大协作，实现传统产业弯道超车、新兴产业换道超车，全力打造绿色发展升级版。

时代在变。自2017年以来，阿里巴巴、中兴、网易、安恒、北讯等互联网领军企业纷至沓来，给衢州带来了新经济、新技术、新业态、新模式，来自绿水青山的竞争力正逐步扩大。同时，人们对健康快乐幸福、精神文化生活的需求在"井喷式"增长，这些恰恰是衢州的优势所在、潜力所在。

未来已来。杭衢高铁作为杭深高铁的先行段，将使衢州从高铁通道上的节点城市升级为枢纽城市。而随着现代综合交通网络体系和物流体系的形成、七大特色小镇平台和美丽经济幸福产业、数字经济智慧产业的打造，衢州将用实践进一步丰富"大花园"的内涵和外延，不仅成为浙江的"大花园"，也是长三角、全国乃至世界的"后花园"。

从一隅之地到浙西门户　打造浙江对内开放的桥头堡

大通道是衢州"大花园"建设的关键所在。为了破解四省边际区域如何"走出去"的难题，衢州一方面抓住"有形"的大通道即杭衢高铁，加快构建一小时交通圈，实现杭衢同城化一体化，使衢州纳入杭州都市圈；另一方面抓住"无形"的大通道即山海协作，通过打造以创新合作为重点的杭衢山海协作升级版，使衢州纳入杭州科创大走廊、创新生态圈，加快推进绿色发展、西部崛起。

"高铁＋大花园＝后花园。"对于衢州的发展而言，交通永远是第一位的。无论是从自身发展来说，还是就打造旅游目的地而言，交通始终是先导。没有"内畅外联"的交通，旅游目的地就无法到达，"两山"转化就不可能。2018年计划全线开工建设的杭衢高铁就是一条打开"两山"转化的有形通道。杭衢高铁作为杭深高铁的先行段，它的重要意义不仅在于建成后将杭州至衢州的路程缩短至40分钟左右，将衢州纳入杭州1小时交通圈，实现杭衢同城效应，更重要的在于使衢州从高铁通道上的节点城市升级为枢纽城市。

杭衢高铁再往下延伸，就是杭深高铁近海内陆线，它与沪昆铁路形成一个"十字架",而衢州正位于交叉的核心区。等该路线打通以后,衢州将成为杭州湾、粤港澳两大湾区的战略节点,两头是中国的发达地区,中间是山区、革命老区、生态旅游区、相对欠发达地区,生态资源、旅游资源非常丰富,"快进慢游"将让这片广阔的内陆地区成为令人心向往之的旅游目的地。

"杭衢高铁给衢州带来了无限的想象和无限的可能。一条高铁将不仅带出一个新城,更可能带出一条杭深近海内陆线、一个航空物流枢纽。我甚至在畅想,在不那么遥远的未来,衢州可能成为浙江第五大都市区、泛都市区,而且这个都市区更有意思、更有特色、更有魅力。"衢州市委领导兴奋地表示,衢州正加快打造综合交通网络体系和物流体系,打造大通道的"浙西门户"。

除了杭衢高铁,衢州还将加快推进衢宁铁路、衢丽铁路、衢黄铁路和衢武铁路等项目,构筑承东启西、联南通北的"米"字型铁路架构。公路方面,将建设甬金衢上高速、杭淳开高速,并通过钱塘江中上游沿江美丽公路等将卫星乡镇、风情小镇串点成线、串珠成链,形成"内环外绕"的公路交通网络。此外,衢州正在谋划浙西航空物流枢纽项目,通过构建公路、铁路、水运、航空多种交通方式的现代综合交通网络,成为杭州湾和粤港澳两大湾区联动式发展的战略枢纽和战略节点。

从"金衢"变"杭衢",不仅是时空格局的转换,更是思维格局、观念格局的变化。早在2002年,浙江省委就对衢州提出了"成为全省经济向中西部邻省拓展的一个桥头堡"的殷切期望。而衢州正不断丰富这句话的内涵,不断加大开放开发的力度,深化大协作,实现借船出海、借梯登高、借势发力。

截至2018年6月,杭州与衢州正积极推动市与市、县与县紧密的对口捆绑协作,形成"1+8"市域一体对协作新模式,以创新合作为重点,推动山海协作从单向扶贫输血向双向合作造血转变、从传统产业梯度转移向创新成果转化落地转变、从市县分散单独协作向市域一体对口协作转变,构建多层次、宽领域、全方位的山海协作新架构,全力打造山海协作升级版。

通过"有形"和"无形"两大通道,衢州将全面融入浙江创新大通道、开放大通道、海洋经济大通道和生态旅游大通道,全力打造四省边际中心城市和浙江对内开放桥头堡。

从单兵作战到七星联动　筑就新兴产业集聚的大平台

特色小镇是衢州"大花园"建设的功能平台。在回答如何构建产业大平台、提升空间集聚力方面，衢州按照"点轴状布局、圈层式开发，产城人融合、钱地人统筹"理念，谋划建设高铁小镇、教育小镇、快乐运动小镇、医养小镇、科创金融小镇、文创文旅小镇、儒学文化小镇"七星小镇"，形成"一镇一主题"，又相互融合、功能叠加的特色小镇群落，打造城市美好生活的高品质新社区、产业创新服务的综合体大平台、带动区域发展的新引擎发动机。

柯城双港街道百家塘超期临建全面拆除；2018 年 5 月 3 日，西区严家淤村启动清表工作；2018 年 5 月 4 日，航埠镇正式启动涉及高铁新城项目征地清表工作……2018 年 5 月的衢州大地激情澎湃，高铁新城 1.7 万亩征地、90.7 万平方米拆迁工作正有序推进，辉映着人们对衢州"大花园"建设的憧憬。

衢州高铁新城是围绕杭衢高铁衢州西站规划的城市发展新空间，也是衢州"大花园"建设的先导区域。这里覆盖了东至锦西大道、西至石华线、北至杭金衢高速、南至常山江及 320 国道约 16.6 平方千米的土地，布局了高铁小镇、教育小镇、快乐运动小镇、医养小镇、科创金融小镇五个特色小镇，计划打造集交通枢纽、城市公共服务、体育运动、新兴产业、生态休闲、医疗养生、品质居住为一体的城市新区。

如果说在谋划"大花园"以前，衢州的特色小镇还是分散式的，相对之间比较孤立；那么在"大花园"建设开启以后，七大特色小镇已经迅速集结，成为相互联动、彼此融合的特色小镇群落。除了高铁小镇、教育小镇、快乐运动小镇、医养小镇、科创金融小镇之外，还有文创文旅小镇、儒学文化小镇，共同组成了"北斗七星"。

"七大特色小镇是衢州'大花园＋大平台'的核心功能平台，每个小镇各有一个主题功能、有一面大旗，同时又留空留白、保持弹性、相互融合、功能叠加，一改之前彼此孤立的'孤星'状态，未来甚至有可能会实现市县联动、市域一体，成为'星系'。"衢州市委领导强调，要把特色小镇建设作为重中之重，按照"点轴状布局、圈层式开发，产城人融合、钱地人统筹"的理念，推进新型城镇化，优化生产力布局。

其中，高铁小镇定位为"衢州新门户、花园会客厅"，"交通集散大枢纽、商贸会展综合体""杭衢协作第一站、创新孵化新平台"。小镇功能聚焦"一枢纽四中心",以高铁西站综合交通枢纽为先行项目,统筹推进旅游集散中心、商贸中心、会展中心等项目建设。

快乐运动小镇是基于承办国家级及以上大型体育赛事和活动的体育中心,建成的融"体育赛事+健身运动+科普旅游+文体培训+演艺娱乐+商业体育"六位为一体的大型文体中心。建设内容主要包括市体育中心、市科技馆、青少年宫及各类室外场地、地下空间、内部交通、景观园林、配套商住等。

教育小镇一期项目位于西区养生大道以东、锦西大道以西区块,用地面积约 700 亩。项目定位为优质高端国际化的四省边际民办教育高地、学居产城融合区、大花园生态示范区。其中,高铁新城外国语学校项目将于 2018 年11 月底争取完成初步设计、施工设计、图审,办理工程报建并开工建设。

特色小镇通过集聚高端创新要素,培育新产业、新业态、新模式,是传统工业园区和科技园区的升级版。衢州正通过七大特色小镇的培育,打通路网、林网、水网、管网"四网",融合生态、业态、文态、形态"四态",体现自然生态、低碳环保、运动休闲、智慧治理"四特",彰显宜居、宜业、宜文、宜游"四宜",打造"主题、配套、生态留白、运动休闲、商住开发"五大空间,构筑"大花园"的核心功能平台,同步解决发展空间和转型升级的问题,同步完善社会结构和人居环境的问题。

从美丽环境到幸福产业　描绘高质量发展的新图景

绿水青山是衢州"大花园"建设的最大优势。在破题"绿水青山"如何转化为"金山银山"时,衢州牢牢抓住高铁、互联网、消费升级三大时代机遇,大力发展美丽经济幸福产业和数字经济智慧产业,把生态资本转化为发展资本,努力打造绿色发展升级版,向"诗画浙江"中国最佳旅游目的地和世界一流生态旅游目的地阔步迈进。

衢州地处钱江源头,山清水秀,山村处处皆繁茂,溪水清清入浙杭。优越的生态环境赋予了衢州打造浙江生态屏障的使命,也为衢州建设"自然的花园、成长的花园、心灵的花园"提供了良好的生态支撑。走老路到不了新地方,穿新鞋不能走老路。衢州在回答"未来向什么方向发展、重点发展什么、怎么发展、谁来发展"等一系列重大问题时,确立了"美丽+智慧"的发展路径，未来既要打造美丽经济幸福产业，又要打造数字经济智慧产业，让美丽更智慧，让智慧更美丽，加快培育新经济、新动能、新增长极，不断开辟"绿水青山就是金山银山"新境界。

生态环境持续优化，成为衢州发展的最大魅力。2017 年，衢州市省控断面首次全面达到 Ⅱ 类水标准，市区 PM2.5 浓度降幅位居浙江省第三，空气质量不断提升。深入实施钱江源国家公园体制试点，大力推行乡村振兴战略，"国家公园 + 美丽城市 + 美丽乡村 + 美丽田园"的空间形态，为全域景区化和"大花园"建设提供了可能。

新旧动能加快转换，"一带一路"、数字经济从"遥不可及"到"纷至沓来"。2017 年以来，有 14 批次 26 个"一带一路"沿线国家来衢州考察，准备在衢州设立展示馆、销售中心；阿里巴巴大数据、中兴克拉物联网、安恒信息科技、北讯电信、网易电子商务、中铁五院浙江分院等高端项目和创新团队相继入驻，开辟了数字经济发展新路径。

"最多跑一次"深入推进，良好的营商环境、消费环境让衢州"宜业"更"宜居"。衢州以"一窗受理、集成服务"为重点的改革模式成为浙江省标杆，"多审合一""测验合一"改革试点走在全国前列，"最多跑一次"实现率、满意率分别达到 98.6%、97.2%。衢州正以列入全国首批营商环境试评价城市为契机，以"最多跑一次"改革为牵引，着力对标试评价体系，加快构建完善政策体系、创新体系、信用体系、服务体系、工作体系，全力打造中国营商环境最优城市。

区域产品更加多元，"两山"加快转化让人们生活更加幸福。衢州大力发展全域旅游，目标实现 5A 级景区县（市、区）全覆盖，加快推进全民健身中心、森林运动小镇、石梁溪田园综合体等休闲旅游项目建设，培育一批幸福产业大产品，确立打造一流旅游目的地上的绝对优势。2017 年衢州城镇居民和农村居民人均可支配收入分别增长 9.4% 和 9.8%，增幅均居浙江省首位。

打响"南孔圣地、衢州有礼"城市品牌，彰显"希望之城、奋斗之城、温暖之城"的城市精神。衢州切实扛起"让南孔文化重重落地"的历史使命，深入开展全国文明城市创建工作，把"有礼"渗透和体现到经济社会发展全过程、各方面，努力建设南孔圣地礼仪城，全力打造"一座最有礼的城市"，使衢州成为高度文明和谐的大花园。

因为相信，所以看见。大势已至，未来已来。现在，衢州干部群众的自信已经被唤醒，这座城市的理想之火已经被点燃。"没有比全市上下对衢州未来发展充满必胜的信心，更可宝贵的资源和财富！"衢州市委领导表示，衢州已经到了一个厚积薄发、裂变发展的关键期、转型期，衢州也必然由此迎来一个耕耘的季节、奋斗的季节。衢州将全面融入浙江省"四大"建设，倾力打造大湾区的战略节点、大花园的核心景区、大通道的浙西门户、大都市区的绿色卫城，向着成为浙江省经济发展新的增长点和新的特色亮点、与浙江省同步实现"两个高水平"的目标大步迈进。

资料来源：黄丽丽、吴新波、倪雅菲：《活力新衢州　美丽大花园　衢州"大花园"建设的行与思》，《浙江日报》2018 年 6 月 13 日，第 15 版。

经验借鉴

"浙江大花园建设行动计划"给衢州带来无限的希望、遐想和可能。衢州为了在"大花园"建设中抓住机遇、找准定位、发挥优势、协同联动和借势发力，进行了一系列绿色管理的探索，也获得了很大的成功。衢州市城市绿色管理的经验值得其他地区学习和借鉴：①立足生态目标，建立绿色发展规划。衢州首先在浙江省范围内第一个发布《衢州市大花园建设行动纲要》，主动投入其中，将"大花园"作为一种全新的发展理念和模式，全力打造了绿色发展的升级版。②完善基础设施建设。随着阿里巴巴等互联网领军企业纷至沓来，杭衢高铁的顺利建造，衢州来自绿水青山的竞争力在不断扩大，也从高铁通道上的节点城市升级为枢纽城市，从一隅之地变成了浙西门户。而后，衢州开始打造浙江对内开放的桥头堡，一方面抓住杭衢高铁这一"有形"的大通道。另一方面抓住"山海协作"这一无形的大通道，通过打造以创新合作为重点的杭衢山海协作升级版。③从单兵作战到七星联动。衢州将从前分散的特色小镇变成一个相互联动、彼此融合的集体，还建造了衢州高铁新城，带动了区域经济文化的快速发展。④挖掘绿色价值，发展绿色经济。衢州抓住了高铁、互联网、消费升级的三大机遇，努力打造绿色发展的升级版，同时依靠自身优越的生态环境优势，确立"美丽＋智慧"的发展路径，不断开辟"绿水青山就是金山银山"新境界。⑤始终秉持绿色发展理念。衢州一直坚持"可持续发展理念"，在治水和治气方面都取得了巨大的成功，并向着成为浙江省经济发展新的增长点和特色亮点，以及与浙江省同步实现"两个高水平"的目标大步前进。使自身进入杭州科技大走廊、创新生态圈，加快推进自身的绿色发展、西部崛起，从"金衢州"变"杭衢"，更是一种思维和观念格局的转换。

二、丽水：培育新引擎　建设大花园

 案例梗概

1. 丽水强调"绿水青山就是金山银山"的发展理念，奠定绿色发展的主基调。
2. 争当"两山"理念的"领跑者"，打造诗画浙江鲜活样本，成为世界一流的生态旅游。
3. 明确"坐不住、等不起、慢不得"的紧迫感和责任感，突破时间和区域的局限。
4. 发展"绿色环保、高效低耗、高端低碳"的生态工业，拓宽"两山"道路，产业升级。
5. 优化提升空间集聚平台，加快推进人口转移集聚，加快实现城乡协调绿色发展。

关键词：生态产业；绿色交通；全域花园化；"多规合一"；大美格局

 案例全文

　　山是"江浙之巅"，水是瓯江、钱塘江、飞云江、椒江、闽江、赛江的"六江之源"，1.73万平方千米的秀山丽水托举起华东地区的生态屏障。丽水，为生态而生。

　　"绿水青山就是金山银山。"丽水尤为如此，奠定了丽水城市绿色发展的主基调。13年来，站在生态和发展的平衡点上，丽水稳扎稳打，绿意盎然的丽水板块在浙江版图上分外耀眼：生态环境状况指数和生态环境质量公众满意度连续14年和10年稳居浙江省第一，农村居民人均收入增幅已连续9年稳居浙江省第一。

　　党的十九大报告奏响了绿色发展的强音："建设生态文明是中华民族永续发展的千年大计。"在通往新时期的征程上，走在前列的浙江向美丽中国建设提交出"四大"建设方案，其中，大花园将成为浙江生态文明发展的普遍形态。在这个关乎浙江当下和未来的智慧布局中，丽水再次被寄予厚望，被认定为浙江大花园建设的核心区域，"丽水元素"成为浙江大花园的醒目标识。

丽水，这个践行"两山"理念的"领跑者"和示范生站在了时代的强风口。机遇之下，步步为营。丽水将大花园建设与全力创建浙江（丽水）绿色发展综合改革创新区有机融合，打出"最美生态牌、绿色发展牌、全域统筹牌、改革创新牌、富民惠民牌"5 张牌，构建"国家公园＋美丽城市＋美丽乡村＋美丽田园"的丽水大花园空间形态，致力于"创建浙江省乃至长三角大花园，建成践行'绿水青山就是金山银山'全国标杆，打造诗画浙江鲜活样本，成为世界一流的生态旅游目的地"。

为使大花园建设工作落到实处，丽水谋划重点项目 164 个，总投资超7267 亿元。其中，2018 年实施大花园项目 83 个，总投资 2894 亿元，年度投资 522 亿元。以大花园建设撬动丽水绿色发展迈向高质量阶段，一个新的城市梦想在丽水酝酿，正一点点照进现实。

顺应时代潮流　直面丽水之问

当下，绿色发展成为世界发展的主旋律，"绿水青山就是金山银山"成为中国城乡发展的共同信仰。面对浙江大花园建设的历史红利，丽水清醒地认识到肩上的重担和面临的挑战，立足自身实际，着力系统性破解发展的"短板"问题。

"当发达地区拥有了金山银山，又修复了绿水青山，而我们仍然只拥有绿水青山的时候，我们情何以堪？当自然禀赋和区位条件差不多的邻居，原先不如我们，现在超过我们，而且很有可能远远超过我们的时候，我们又情何以堪？"前不久，丽水市委主要领导的一个"丽水之问"，让这座城市陷入了沉思。

丽水以"坐不住、等不起、慢不得"的紧迫感和责任感，突破时间和区域的局限，思考城市出路。放眼全国审视丽水，"山高路远海深阔，九山半水半分田"。近年来，与丽水毗邻、情况相似的福建宁德，交出了一份生态和发展"双赢"的亮眼成绩单，为全国后发展地区树立了生动典范。如今，在丽水，各条战线"学习宁德、实现赶超发展"，全面破解丽水之问，逐渐演化为一种新的经济社会发展现象。

"抓住一次机遇、实现一次跨越，失去一次机遇、落伍一个时代"。当浙江大花园建设的号角吹响，历史红利澎湃而至，如何横向与长三角城市群形成联动，紧跟长三角一体化潮流，最大化释放丽水的生态价值，也为破解丽水之问提供了重要突破点。

"丽水最大的'短板'是交通"，有专家坦言，没有快捷的融杭接沪通道，丽水难以组织到持续流量的旅游消费人群，将绿水青山优势转化为产业优势；难以实现丽水融入全球城市价值链，将丽水剑瓷、石雕、木玩等世界级资源优势快速对接世界市场。外部交通，是制约丽水成长为"浙江省乃至长三角大花园"的首要掣肘。

从"短板"领域入手，率先突破。根据大花园建设的总目标和《建设大花园丽水行动方案》，丽水将以丽水机场为中心，谋划通用机场网络布局，打造浙西南航空枢纽；以瓯江高等级航道谋划沿江港口发展及岸线利用规划，发挥水运绿色交通效益；积极推进322国道景宁龙泉段、235国道松阳云和段等项目，实现4A级以上景区基本通达二级及以上公路，打造"一轴三带"为主框架的美丽经济交通走廊"丽水样板"。到2020年，丽水全市将建成省级美丽经济交通走廊3200千米。一个集航空、高铁、城轨、道路等于一体的综合交通枢纽将在丽水生成，制约丽水的交通"瓶颈"问题将取得历史性突破。

借助交通优势，丽水还将主动融入国家"一带一路"和"长江经济带"建设，对接义甬舟开放大通道，把大花园与大湾区经济有机联系起来，深化与宁波市、湖州市、嘉兴市的区域战略合作，加快建立山海协作工程专项基金，在旅游、教育、文化、科技、卫生、人才等领域加强合作交流，从而形成全方位、多层次、宽领域的山海并利、陆海联动发展新格局。

拓宽"两山"通道　聚力绿色崛起

丽水有"浙江绿谷"的美誉，生态是丽水显著的标识和优势。如何拓宽"两山"通道，打造绿色低碳大花园，实现生态经济化、经济生态化的良性转换，是丽水大花园实现健康可持续发展的动力源泉。

碧江流远，峰峦如簇，波光岚影……秀山丽水风光迤逦。近年来，依托良好的生态优势，丽水有所为，有所不为。从"秀山丽水、养生福地、长寿之乡"目标定位,到"生态第一市""卖空气",丽水始终恪守环境保护与绿色发展之间的平衡,大力发展旅游产业。2017年实现旅游总收入644.3亿元,同比增长20.3%,旅游业成为第一大支柱产业;与此同时,丽水通过积极整治、淘汰落后企业,挤压黑色GDP,发展"绿色环保、高效低耗、高端低碳"的生态工业;实施战略性新型产业项目100个以上,战略性新兴产业和高新技术产业增加值持续增长,在工业化、城镇化进程中,勾勒出一抹亮丽的丽水绿之本色。

生态是丽水的核心竞争力。无论形势如何变迁,丽水对生态的坚守始终不打折扣,这种坚持演化为丽水大花园建设的第一任务:"用最顶格的生态标准、最严格的生态管理、最科学的生态补偿来引领绿色发展。严格落实环保'三线一单'制度,严格执行国家生态功能区产业负面清单,探索建立'谁污染谁治理,谁破坏谁恢复'的市场化生态补偿机制。"

卓越的生态底蕴与完善的生态保护机制,不断为丽水注入绿色发展红利。2018年,丽水正在全力创建"丽水国家公园",已编制形成《创建丽水国家公园实施方案(初稿)》,基本确立了申报创建丽水国家公园的主体框架,即以浙江凤阳山—百山祖国家级自然保护区为核心,融合周边兼具良好森林生态和历史文化底蕴的连片区域,进行规划建设。此外,"瓯江国家河川公园"也在紧张规划中,届时将呈现"一江丝路盛景、十条秀城湖川、百里滨水画卷、千村碧水映绕、万涧飞瀑奇韵"水旅融合景象。这为丽水构建"国家公园+美丽城市+美丽乡村+美丽田园"的大花园空间形态,实现全域花园化奠定了坚实的基础。

"生态强市、绿色富民"是大花园建设的根本目标,拓宽'两山'通道,打造绿色低碳大花园是丽水特色大花园的必由之路。"丽水市发改委相关负责人说,多元化、多载体的绿色产业则是通往这条康庄大道的一把金钥匙。

对标《建设大花园丽水行动方案》,按照产业绿化、结构优化的原则,围绕"发展生态绿色农业、生态优势工业、生态特色服务业"的目标,丽水做出了相应的任务分解。在生态绿色农业上:突出农旅融合,积极推进"互联网+农业",做大做强"丽水山耕"品牌,建设"长三角"最安全农产品生产地;在生态优势工业上:立足生态优势,突出低碳循环,对标省"八大万亿"产业,培育具有丽水特色的生物医药、节能环保、新型材料、绿色能源等环境适宜型新兴产业,建成浙江省生态工业试点市;在生态特色服务业上:培育服务业集聚区和重点企业，依托特色产业做大做强专业市场，依托华侨优势打造跨境电商示范区，依托生态环境优势发展大健康产业，依托文化资源培育经典文化产业，鼓励信息技术改造发展信息产业。

以绿色为基底，以一二三产业协同发展为核心支撑，丽水大花园发展动能十足。

城乡协调发展　涵养幸福生活

大花园建设着力构建生态、生产、生活共融共生的大美格局，其初心和归宿是发展成果人民共享。丽水探索区域统筹、城乡一体的协调发展格局，打造宜业宜居大花园，全面提升人民的幸福感和获得感。

多年的历史发展证明，丽水必须走独具特色的山区新型城市化和集聚发展道路。"丽水区域面积占浙江省六分之一，山多地广人稀，如何走好集聚集中集约发展，打造空间集聚大平台至关重要"，在此基础上，丽水市委提出了"小县大城、小县名城、组团发展""小乡大村"统筹建设要求，建设宜居宜业大花园，丽水主要在提升空间集聚平台和推进人口转移集聚两个方面发力。

优化提升空间集聚平台。丽水探索"多规合一"，推动区域统筹、城乡一体的协调发展。构建和优化1个中心城市、10个小城市、20个中心镇的"112"城镇空间布局，将其打造成为资金、土地、信息、基础设施等要素集聚主阵地，建设成为"依山傍水、三生融合"特色优势的人口集聚主平台。做大"112"发展能级，在加快集聚中稳步提升中心城市经济首位度，形成"北居中闲南工"的空间功能布局。构建和优化东西向遂松丽青、南北向缙丽龙庆"两轴"产业空间布局，做大做强生态产业集聚区、省级开发区（园区）、休闲旅游景区、现代农业园区、服务业示范基地等"四区一基地"生产力集聚平台。

加快推进人口转移集聚。通过深入实施"小县大城、组团发展"战略，以整村搬迁为主要形式，推进乡镇撤并、撤村并点，鼓励和引导人口向"112"集聚集中。发展中心村、控制一般村、搬迁高山村、萎缩空心村，推进农民分层次、渐进式转移。提高省级财政补助标准，推进生态搬迁试点。创新搬迁安置模式，构建政府、企业、个人共同承担的农业转移人口市民化成本分担机制。

六百里瓯江水蜿蜒而过，括苍山巍然耸立，见证着古处州地的一次次沧桑蜕变，也将记录现代丽水大花园的"盛放"。大花园建设是城市发展的外在形式，根本目的是满足人们多样化的物质和精神需求，丽水以标准化促进基本公共服务均等化，消弭发展中的不平衡和不充分问题，推进大花园建设成果人民共享。

这是一个需苦干实干、争分夺秒才能兑现的任务清单：力争到 2020 年人均教育事业费达到 3000 元以上，人均财政公共服务经费支出达到 1500 元以上；实施教育现代化建设，支持和鼓励省内外高校在丽水设立分校区，将丽水学院建设成服务和助推绿色发展的高水平地方综合性应用型大学；同步推进医疗卫生"双下沉、两提升"工程，补齐薄弱乡村公共文化体育服务"短板"；完成农民异地搬迁 5 年 5 万人，全市常住人口城市化率达到70%。

秀山绿水之间，一幅宏大的大花园蓝图已经悄然铺陈开来。浙江省的目光聚焦这里，人们期待，这个"两山"理念的"领跑者"和示范生会怎样全面破解丽水之问？在现在和未来的时代变迁中，又将留下怎样的"丽水元素"？且让我们保持耐心，看丽水运筹帷幄、从容作答。

资料来源：陈爽：《培育新引擎　建设大花园　站在风口　丽水的选择和布局》，《浙江日报》2018 年 6 月 13 日，第 16 版。

 经验借鉴

近年来，丽水秉承着为生态而生的理念，深入奠定了丽水城市绿色发展的主基调，深入贯彻落实了"绿水青山就是金山银山"这一重要思想，探索出了一条独属于丽水的绿色发展之路，其有以下几点经验值得我们借鉴：①坚持绿色发展理念，树立绿色发展标杆。例如，在绿色发展理念的引领下，丽水将大花园建设和创建浙江丽水绿色发展综合改革创新区有机结合，构建生态文明的丽水大花园空间形态，将自身建立为全国践行"绿水青山就是金山银山"理念的标杆，将大花园建设作为动力推动绿色发展向高质量转变，并使大花园建设工作落到实处。②在绿色发展上舍得投入。例如，为使大花园建设工作落到实处，丽水谋划重点项目 164 个，总投资超 7267 亿元。其中，2018 年实施大花园项目 83 个，总投资 2894 亿元，年度投资 522 亿元，以大花园建设撬动丽水绿色发展迈向高质量阶段。③加强绿色发展基础设施建设。丽水通过一系列举措，努力建设一个集航空、高铁、城轨、道路为一体的综合交通枢纽，并计划借助这一交通优势主动融入国家"一带一路"和"长江经济带"建设，从多方面促成绿色发展新格局。④坚持可持续发展战略，拓展生态产业。丽水坚持可持续发展战略，丽水大力发展生态旅游业，让其在2017年成为第一大支柱产业。同时，积极整治淘汰落后企业，发展绿色的生态工业，在工业化、城镇化和经济发展的过程中，勾勒出丽水的绿之本色。⑤制定严格的环保制度标准，保持"生态"这一核心竞争力。丽水严格保护生态环境，建立了一系列制度和方案来保护和维持生态环境以谋求绿色发展，积极推进绿色农业、工业和服务业，以绿色为基底，大力打造健康品牌，推进"生态强市、绿色富民"这一大花园建设的根本目标的实现。从丽水的绿色探索之路可以看出，丽水立足自身实际，抓住发展机遇，打出了"绿水青山"和"金山银山"保护与发展的"组合拳"，焕发勃勃生机，实现了绿色崛起。

三、景宁：全力建设畲族风情大花园

案例梗概

1. 景宁展示推进"三美融合"，立足生态和民族两大优势，实现发展步入"快车道"。

2. 坚持在高层面推动环保工作，推进可持续化发展道路，打造生态景宁。

3. 全力发展生态旅游，让好山好水"淌金流银"，不断激发绿色发展潜能。

4. 解决交通难题，融入浙江"四小时经济圈"，坚持"最多跑一次"跑出幸福感。

5. 致力打开"两山"新通道，认真做好"走出去"和"引进来"文章，实现经济飞跃发展。

关键词：三美融合；可持续化道路；生态产业；"十大攻坚战"；"两山"新通道

案例全文

　　五月的畲乡，空气清新，山花盛开，万物勃发，最动听的声音是畲歌，最有诗意的底色是绿色。2018 年 5 月 27~28 日，来自国家民委、各省（区、市）民委和 120 个自治县（旗）的代表，从祖国的大江南北齐聚全国唯一的畲族自治县和华东地区唯一的少数民族自治县——景宁，参加 2018 全国民族自治县全面建成小康社会经验交流现场会，此次会议是景宁县承办的首个国家级会议。

盛会为何选择在景宁召开

　　近年来，景宁扎实推进美丽环境、美丽经济、美好生活"三美融合"，致力打开"两山"新通道，富民兴县再赶超，县域发展不断加快，一路从国家级贫困县，到跻身全国少数民族地区的前列，走出了一条决胜全面小康的景宁经验。

　　"立足生态和民族两大优势，持续打出'三美融合、联动发展'、建设'畲族风情大花园''诗画畲乡'组合拳，着力打开'绿水青山就是金山银山'的转换通道。"景宁县委主要负责人在交流现场会上道出景宁发展的"金钥匙"。在"绿水青山就是金山银山"理念的科学指引下，景宁的发展步入快车道。

　　如今，景宁成为全国民族自治县中率先全面消除贫困、实现小康的县，全县环境综合指标连续多年排名全国第五，优美的生态引来八方游客。仅 2018 年"五一"期间，景宁旅游收入就达到 1.95 亿元，相当于每个景宁人增收 1000 元。

　　2017 年，景宁常住居民人均可支配收入 33618 元，五年来年均增长 9.8%；少数民族农村常住居民人均可支配收入 15515 元，12 年来翻了两番多。不仅畲族常住居民人均可支配收入增长水平连续 12 年高于全县，在全国 120 个民族自治县中，景宁老百姓的收入水平也跃居前列。

美丽环境"高颜值"

　　啜一口清茶，赏满眼青翠，各地游客纷至沓来，在浓郁的畲族风情中感受原生态慢生活。景宁县地处瓯江、飞云江两江源头，县内拥有千米以上山峰 779 座，境内森林覆盖率 81.1%，空气优良率达 98% 以上，地表水Ⅰ类、Ⅱ类水质占 98% 以上，2017 年城市水质指数排名浙江省第一。美丽的生态环境，已然成为景宁的一块金字招牌。然而在探索发展路子的过程中，景宁也走过一些弯路，曾因发展心切，引进了一些低端的化工企业，不仅没有增加多少产值，还污染了洁净的空气和水质。这让景宁人意识到，舍弃环境的发展方式走不远。

因此，坚持在更高层面推动生态环保工作，关停拆除涉污企业，加强城乡污水治理，开展镇村环境整治……在可持续发展的道路上，景宁大步前行。特别是党的十八大以来，生态文明的种子遍撒畲乡大地，借着"五水共治""三改一拆"等东风，景宁与污染彻底告别。

这些年，景宁先后创成国家级生态示范区、浙江省生态县、浙江省森林城市、国家卫生县城、省示范文明县城，被评为首个"丽水市最美县城"、荣获"省级美丽乡村创建先进县"。全县已建成省级美丽乡村示范乡镇 2 个，精品村 6 个；成功创建市级美丽乡村示范村 11 个，最美乡村 3 个，示范项目 2 个……两面青山环绕，入眼皆是绿意。如今，在"大花园"建设中，景宁实施严格的生态标准，高标准推进国家重点生态功能区建设，生态环境面貌持续保持浙江省全国领先。

2017 年，一场以打造美丽环境为主攻任务的大会战在景宁拉开序幕，一举拿下曾久攻不下的诸多难题，让绿水青山"底色"越发亮丽：创成市级"无违建乡镇" 18 个，通过浙江省级"基本无违建县"验收；被评为浙江省农村生活垃圾治理工作优胜县；"五水共治"考核全市第一，群众满意度全市第一、全省第二，顺利创成"清三河"达标县，成功夺取"大禹鼎"；生态环境质量公众满意度和生态环境状况指数位居浙江省第二。

2018 年初，景宁又拉开一场"绿色发展·乡村振兴"大会战，全面打响了外舍新区环境整治、城乡垃圾分类和"厕所革命"、乡村移风易俗等方面的"十大攻坚战"。强化绿色担当，引领生态标杆，景宁以矢志不渝的"生态坚守"迎来了山城巨变，一个景色迷人的"生态景宁"，正在努力与浙江省同步推进"两个高水平"建设，不断满足畲乡人民在美好生活向往的路上奋勇前行。

美丽经济"高质量"

坐拥得天独厚的生态资源，景宁不断探索生态、民族资源优势与经济发展的融合"共增"，打开"两山"通道，加速城乡的蝶变发展，让好山好水"淌金流银"，绿色发展潜能不断被激发。

立足于"九山半水半分田"的实际，景宁致力于做好"山上文章"，在茶叶、毛竹、香榧等产业发展基础之上，2017年，依托海拔600米以上纯净无污染的11万亩耕地和100多万亩山林，景宁掀起一场高山上的"景宁600计划"，探索"丽水山耕+景宁600+X"的母子品牌体系建设，以农业区域公共品牌撬动乡村振兴。一年来，景宁成功签约24家"景宁600"首批战略合作企业，新增农产品商标38个，完成"丽水山耕"示范化合作基地88家，实现农产品旅游地商品销售额近5亿元。冷水雪菱、深山野蜜、月子大米、过年冬笋等带着"景宁600"标识的农产品，摆上了上海、杭州等城市居民的餐桌，一时间供不应求。

依托"生态"和"民族"这两张金名片，景宁以创建省级全域旅游示范县为载体，以实现乡村景区全覆盖为目标，把旅游业培育成第一战略支柱产业，加快打造"中国畲族风情旅游目的地"。在鹤溪街道旱塔村，一座占地225亩、总投资6.6亿元的"千年山哈宫"正在加紧建设，这里有高99米的凤凰雕像，目标是建成中国畲族风情旅游度假区。在千峡湖畔，一座外舍新城拔地而起，成为展示畲族文化与现代都市文化的新景区。

从美到富，发展美丽经济，景宁旅游产业横向融合发展，激发出聚合效应。截至2018年6月，景宁县拥有省级旅游度假区1处，国家4A级景区2处，省级风景名胜区1处，省级非遗旅游景区3处，A级景区村庄20个；畲乡绿道入选"浙江十大经典绿道"；成功推出"畲家十大碗""畲祖烧"等旅游产品；获评2017年浙江省旅游商品大赛旅游商品最佳县。2017年实现旅游总收入54.1亿元，同比增长28.1%。

旅游产业的兴旺，带动了一大批优质民宿、农家乐发展。到2018年6月，景宁全县累计发展农家乐、民宿296家，其中大漈乡的"如隐·小佐居"民宿，被评为浙江省首批六家白金级民宿之一，建成农家乐、民宿集聚区13个，精品民宿示范点10个，省级特色乡镇3个，省市级特色点13个，省市级特色村14个。据统计，2017年农家乐、民宿游客接待336.03万人次，农家乐、民宿直接营业收入 1.75 亿元，同比增长 21%、30%。

增强内生发展能力，生态工业不可或缺。2009 年 4 月，浙江省政府正式批准景宁在丽水经济开发区设立"丽景民族工业园"，扶持景宁加快生态工业发展，"飞地经济"模式累计为景宁增加税收 2.4 亿元。与此同时，多年来，景宁认真做好"走出去"和"引进来"文章，至 2018 年 6 月，景宁全县有 6.8 万人在全国各地从事小超市、小宾馆、小水电"三小经济"，其中有数据统计的 8000 位在外景商年创造价值超 400 亿元，从"走出去"到"反哺"家乡，"三小经济"开始资金回流。

美好生活"安暖和"

迎着晨曦在鹤溪河畔晨练，出门即可乘坐巴士出行，守在家门口的民宿赚钱，闲暇时再去畲乡绿道享受惬意的慢生活，即便四处走走，也能沉醉在随处可见的美景里，这就是如今畲乡人民的幸福生活。

脱贫致富是最大的民生，在"两山"理念指引下，居民收入不断增加。近五年来，城镇常住居民人均可支配收入年均增长 9.8%；农村常住居民人均可支配收入年均增长 11.5%，列全国 120 个民族自治县第 5 位。

幸福花开脱贫路，景宁创新推出"政银保"小额贴息贷款体系，通过前两轮项目的实施，政府仅支出贷款贴息和保险费用 2819 万元，就让低收入农户获得免息、免担保创业贷款 5.3 亿元，受益低收入农户达 11672 人次，贷款不良率为零、保险理赔为零，扶贫资金效益放大了近 15 倍。

"住上了宽敞的新房，夫妻俩在家门口打工，有了稳定的收入。"说起现在的生活，畲民蓝李平笑得合不拢嘴。他原本居住在地质灾害点东坑镇平桥村，是地质灾害"大搬快治"和下山移民的好政策，让他过上了幸福的新生活。

这些年，景宁全县总人口 7.7% 的偏远山区农民群众正梯度向县城、中心镇、中心村转移，推进新型城镇化进程。为了解决搬迁群众的增收问题，在距离景宁县城西南 8 千米外，一座农民创业园拔地而起，劳动密集型生态工业让下山农民进厂务工、充分就业。农民的荷包鼓了，生活安定了，幸福感也在不断增加。

交通出行曾经是景宁最大的难题。如今，便捷的高速路已直通县城，融入浙江"四小时经济圈"。在库区，困扰群众多年的"出行难"问题，也在"轮渡公交化"的模式下迎刃而解；在乡村，康庄小巴实现村村通、全覆盖；在县城，乘便民观光巴士可畅游；而随着吉温武铁路项目的推进，景宁人民期盼多年的铁路梦，也即将实现。

卫生计生事业也取得了长足的发展。依托"双下沉、两提升"工作，景宁群众不用赶往杭州，在家门口就能享受到省级医疗专家的精心诊疗。群众关心的教育质量也正在逐年提高。成功创建国家义务教育基本均衡县，景宁中学高考成绩实现了历史性突破，本科上线率从2011年的33%上升到2017年的93.2%。平安建设更加有力，社会治理共建共治共享水平不断提升。景宁被评为2017全国社会治安综合治理创新优秀县，连续13年被命名为浙江省"平安县"，夺得浙江省首批"平安金鼎"。

办事不仅少跑路，还少花钱，"最多跑一次"跑出更多幸福感。到2018年6月，景宁全县712项群众和企业到政府办事事项中，702项实现"最多跑一次"，占比98.6%；建成总面积近9100平方米的新审批中心，浙江省首创不动产登记"零收费"，为群众和企业年减少费用超过1000万元；"三免登记""70免跑""刷脸认证"等一系列便民利民举措，让美好触手可及。

干群连心，让民生福祉更有温度。2017年以来，景宁持续开展畲乡铁军"志不求易、事不避难"创新实干大赶考和"三全三联"大走访，深入了解和着力解决畲乡群众最期待、最关心的民生问题，畲乡干部们用"辛苦指数"，换来了百姓的"幸福指数"和景宁的"发展指数"。

"初心如磐，使命在肩。在新的历史方位下，推动'红船精神'落地生根，就是要紧盯人民最关心最直接最现实的利益问题，把民生工作一件一件办实办好，以实际行动不断实现畲乡人民对美好生活的向往。"景宁县委主要领导说。

资料来源：杨世丹、董文涛、陈伊言：《景宁：全力建设畲族风情大花园》，《浙江日报》2018年6月6日，第16版。

 经验借鉴

动听的畲歌，诗意的绿色，景宁全力建设畲族风情大花园的背后，有许多做法都让人耳目一新，这些做法也取得了良好的成效。景宁绿色管理的经验有如下几条：①经济发展与环境保护并重。美丽的生态环境，已经成为景宁一块金字招牌。景宁一直在坚持在更高层面推动生态环保工作，同时注重可持续发展，全面推行"五水共治""三改一拆"等保护环境的有效措施。2017年景宁拉开了一场以打造美丽环境为主攻任务的大会战，2018年景宁又拉开了一场"绿色发展·乡村振兴"的大会战，强化了绿色担当，引领了绿色标杆，努力与浙江省同步推进"两个高水平"建设，为带给畲族人美好生活而努力。②将生态资源优势转化为绿色发展效益。不断激发自身绿色发展的潜能。坐拥着得天独厚的生态资源，立足于"九山半水半分田"的实际，景宁致力做好"山上文章"，掀起了一场"景宁600"计划，探索了"丽水山耕＋景宁600+X"的母子品牌体系建设，取得了重大提升和突破，深入贯彻落实了"绿水青山就是金山银山"的基本理念。③优化产业升级，培育绿色产业。景宁依托着"生态"和"民族"这两张金名片，加快打造"中国畲族风情旅游目的地"，从美到富，激发出聚合效应。④重视绿色发展的交流合作。景宁在加快生态工业发展的同时，认真做好"走出去"和"引进来"的文章，让"三小经济"开始回流，让畲族人民走上了脱贫致富的道路。⑤结合民众需求，加强绿色发展基础设施建设和服务。例如，景宁开辟了便捷的高速路，开展了"轮渡公交化"的新模式，也在进一步推进吉温武铁路项目。与此同时，卫生计事业取得了长足的发展，"最多跑一次"也让群众办事更加方便快捷，而后景宁还开展了大走访，深入了解畲乡干部和群众的需求。景宁正在以实际行动，扎实推进美丽环境、美丽经济、美好生活"三美融合"，打通"两山"新通道，走出探索绿色发展道路的景宁经验。

四、龙泉：打好五张牌　打造最美大花园

案例梗概

1. 龙泉全面改造汽车空调零部件等传统制造业，大力发展生物医药等新兴产业。

2. 以农旅融合推动生态精品农业提效，高标准建设现代农业"两区"、田园景观带。

3. 以全域旅游推动生态服务业提速，建设绿色生态型服务业强县（市）。

4.优化大花园建设功能布局，坚持城乡统筹、山水林田路统筹、生态文化统筹。

5.加快融入长三角经济带和浙皖闽赣国家东部生态旅游试验区。

关键词：产业升级；扩量提质；全域旅游；绿色产业链；优化功能布局

 案例全文

　　晨起，留槎洲舞剑，英姿飒爽，广场练太极，衣袂飘飘。入夜，在诗意盎然的龙泉溪畔健步行走——在老人们眼中，龙泉的和乐之美，隐匿在一方山水间，从容恬淡。而在朝气蓬勃的年轻人眼中，龙泉则有另一种城市气质——诗情画意的生活不仅适宜居住，更将工作、创业这些游离于感性之外的坚硬概念，捂出了一种绵密煦暖的温度。绿水青山，金山银山。龙泉，这颗镶嵌在浙西南的明珠，生态经济亮点纷呈，创业创新一片生机勃勃。在这里，把生态资源转化为生态资本的发展新路，频频得到关注。

　　不忘初心，牢记使命。在浙江"大花园"建设中，龙泉市委响亮地提出：要厚植"生态高地、非遗宝地、人文胜地、平安福地"优势，积极投身浙江（丽水）绿色发展综合改革创新区建设，全域打造最美"大花园"，为"美丽浙江"建设奉献更多的龙泉元素、龙泉实践、龙泉印记。绿色，这个龙泉最大的优势，醒目地勾勒出美丽幸福好龙泉的美好未来。

打好最美生态牌　建设生态环境更美大花园

　　生态是龙泉最大的优势，好山好水好空气，赋予了龙泉建设生态文明、打造宜居城市的自信与自觉。以绿色发展为引领，龙泉在生态文明建设上大步前进。2017年，三张新出炉的成绩单，见证了龙泉驰而不息的变化和发展。

　　第一张成绩单，成功创建国家卫生城市：自创国卫以来，城市问题整改全面推进，体制机制建设不断深化，全民参与氛围浓厚，城市品位、城市面貌、环境卫生状况及市民文明素质得到显著提升，群众获得感和满意度不断攀升。

　　第二张成绩单，第二次夺得浙江省治水"大禹鼎"：地表水断面水质、出境地表水交接断面水质、饮用水水源地水质达标率均保持100%，全市23个乡镇交接断面水质均保持在Ⅱ类及以上，"水清流畅、岸绿景美、人水和谐"的优美水生态环境初步形成。

第三张成绩单，荣获"中国天然氧吧"称号：经中国气象服务协会审议认定，包括龙泉在内的全国19个地区符合《"中国天然氧吧"创建管理办法（2017年修订）》的各项要求和标准，被授予"中国天然氧吧"称号，这也是丽水首次获得这一殊荣的地方。

蜕变之后，龙泉有多诱人？著名导演、制片人张纪中在这里设立工作室，"诺贝尔"文学奖得主莫言的工作室也正在筹建中，外地游客更是说这是一座来了就不想走的城市……生态环境更美是大花园建设的首要标志。接下来，龙泉要围绕服务美丽中国建设的目标，用最顶格的生态标准、最严格的生态管理、最科学的保护机制，强化绿色担当，引领生态标杆，全方位加强"三江源头"地区生态保护，高标准建设国家重点生态功能区，筑牢"美丽浙江"生态屏障，确保生态环境质量保持全国领先。

打好绿色发展牌　建设发展质量更高大花园

一座幸福的城市，必须是经济发展更富活力的城市。在2017年龙泉新一届市委领导班子的开局之年里，龙泉的经济增长一路高开高走，GDP连续三个季度保持8%以上的增速；三次产业结构进一步优化为8.1：40.8：51.1；财政收入、规模以上工业企业利润、城乡居民人均可支配收入"三大收入"全部跑赢GDP。

面对经济总量偏小、特色明显的特点，龙泉紧紧把握"扩量提质、提速增效"这一主题，以比招商促活力、比投入促后劲、比产出促发展、比贡献促集约、比服务促转型"五学五比"活动为载体，着力推进平台大拓展、产业大提升、企业大培育、自主创新大突破。

发展质量更高是大花园建设的内在要求。龙泉坚持新发展理念，以供给侧结构性改革为主线，大力发展根植于本地优势的生态工业、生态精品农业和全域旅游，加快把生态优势、文化优势转化为经济优势、发展优势，不断增强市域经济创新力和竞争力。

做好"产业+"，全面改造提升汽车空调零部件、剑瓷、竹木加工、农特产品加工等传统制造业，大力发展根植于生态优势的生物医药、绿色能源、健康食品等新兴产业，加大产业延链、补链、强链招商，打造一批"百亿产业"，培育一批"亿元企业""创新型企业"。

做好"农业+"，以农旅融合推动生态精品农业提效，高标准建设现代农业"两区"、田园景观带，打造农旅深度融合示范区。推进"丽水山耕"品牌建设，用好"龙泉金观音""龙泉绿""龙泉灵芝"等公用品牌，加快农产品转化为旅游地商品。

做好"文化+"，出台剑瓷文化产业发展扶持政策，设立剑瓷文化产业基金，组建青瓷宝剑研究院，全力推动剑瓷产业大创兴。全力打造"大窑龙泉窑—金村遗址"国家考古遗址公园和中国青瓷公园，全速推进青瓷小镇和宝剑小镇建设，稳步推进剑瓷"两文化园""两产业园""两双创园"和"一电商集聚园"建设。

做好"旅游+"，按照"一心两核四片区"旅游总体布局，加强区域旅游资源整合与精品线路设计，突出核心景区建设，推动旅游从观光游向深度游转变、假日游向常态游转变、过路游向过夜游转变、单景游向全域游转变。以全域旅游推动生态服务业提速，建设绿色生态型服务业强县（市）。

打好全域统筹牌　建设功能布局更优大花园

一座幸福的城市，必须是城乡优质协调发展的城市。近年来，龙泉围绕"山水古城、剑瓷名城、旅游新城"的城市定位，一手抓城乡规划和建设，一手抓城乡经营和管理，精心打造美丽市区、建新建特美丽城镇、全域建设美丽乡村，形成了点上出品、线上出景、面上出彩的美丽城乡新格局，拿到了国家历史文化名城、国家森林城市、国家园林城市、国家卫生城市等含金量十足的金字招牌。

随着一座座村庄连成了大景区，一批批游客找上门来，一个又一个的生态产业争相落户龙泉，全市23万农民富了脑袋鼓了口袋，"绿水青山"源源不断"涌金淌银"。据统计，2016年，龙泉市旅游总收入50.49亿元，实现翻两番，旅游增加值对GDP直接贡献率超过7%；农村居民人均可支配收入达到17497元，增速走在浙江省前列。

功能布局更优是大花园建设的根本方向。"龙泉市面积广阔，剑瓷文化独一无二，在大花园建设中，必须更加注重全域'一盘棋'谋划，坚持城乡统筹、山水林田路统筹、生态文化统筹，以推动功能布局全面优化、城乡文化特色彰显、基础设施互联互通。"龙泉市委主要负责人说。

为了走好这个新步伐，龙泉一方面把市域3059平方千米作为一个"大花园"来谋划，深度挖掘历史人文底蕴，以景区的标准、花园的品质、文化的融入，统筹联创"美丽市区＋美丽城镇＋美丽乡村＋美丽山川＋美丽田园＋美丽公路"，打造"村在景中、路在绿中、房在园中、人在花中"的花园美景，打造串珠成链的美丽城乡风景线、经济线。

另一方面，以"乡村大花园"创建为目标，紧扣"三美融合、主客共享"的主题，全力推进青瓷小镇、宝剑小镇、氧吧长寿小镇、历史经典文化小镇等一批富有文化内涵的特色小镇建设，纵深推进小城镇环境综合整治，重视传统村落和历史文化村落保护利用，打造有故事的小镇、有记忆的街区、有乡愁的村庄。

在这个新步伐中，全域谋划大交通被提到了重要的位置。龙泉将加快推进衢宁铁路龙泉段等项目建设，推进温武吉铁路、金遂松龙高铁、义武松龙高速、通用航空机场等重大项目前期，修复古航道、古码头，构建"公铁水空"立体综合交通网，加速实施市内公路联网，景区道路互通互联，构建内畅外快的交通格局。走完这一步，到2020年，龙泉常住人口城市化率将达到62%，基本实现市内"1小时交通圈"。

打好改革创新牌　建设内生动力更足大花园

一座幸福的城市，必须是内生动力充分涌流的城市。龙泉要在绿色发展中赢得先机、探出新路、科学赶超，唯有改革创新、持续扩大开放。勇于创新、先行先试，借力发展、借智发展，正是凭着一股锐意进取的魄力，龙泉探索出一批走在浙江省全国前列的改革创新成果，激发了经济社会发展新动能。

2012年以来，龙泉以改革推动发展，山区科学发展综合改革试验区建设深入推进，"三大国家改革试点"等一系列改革取得实效。尤其是林权制度改革，龙泉在全国首创推出林地经营权流转证制度、林地信托抵押贷款制度、村级惠农担保合作社、公益林补偿收益权质押贷款四项制度，不仅激活林业发展的一池春水，破解了融资瓶颈全国性难题，而且催生出了一批新型经营主体，持续推动农民增收。

2012年以来，龙泉以开放带动发展，引进道铭集团、科伦药业、浙能集团等大企业投资的项目288个，实际利用内资143亿元，"浙商回归"到位资金54亿元。龙泉—萧山山海协作产业园建设初显成效，招引入园企业54家。实施市校合作项目1319个，柔性引进专家教授334人，全面提升了龙泉的产业发展水平、科技发展水平、教育医疗水平。

2012年以来，龙泉以创新驱动发展，新增省级产业技术创新联盟2个、省级企业研究院4家、省级高新技术企业研发中心14家，新培育国家高新技术企业50家。研发省级新产品297个，获得省级以上科技立项580个，其中列入国家火炬计划项目8个，国家星火计划项目9个，国家创新基金项目6个。汽车空调零部件特色产业基地成为国家火炬特色产业基地。

改革创新是建设大花园的核心动力。接下来，龙泉将坚持全面深化改革，深化"最多跑一次"改革，推进"四个平台"建设，打造最优质、最舒心、最贴心的服务环境。全面推进生态文明建设领域各项改革，扎实推进绿色发展改革。推进供给侧结构性改革，落实"三去一降一补"重点任务。持续深化投融资体制机制、资源要素市场化、旅游"三化"等改革，加快发展地方资本市场，最大限度激发民间投资活力。

主动融入"一带一路"，加快融入长三角经济带和浙皖闽赣国家东部生态旅游试验区，加强和福建省武夷山市的旅游战略合作，持续加大选商引资引智和引客力度。全面深化市校合作，深入推进山区科学发展综合改革试验区（示范点）建设。深化与杭州市萧山区、嘉兴市秀洲区的山海协作，丰富和创新协作载体，打造山海协作工程升级版。同时，强化科技创新驱动，加大科技投入，力争到2020年，全社会研究与开发经费（R&D）占GDP比重达2.0%以上。

打好富民惠民牌　建设生活更幸福大花园

一座幸福的城市，必须要把人民对美好生活的向往作为奋斗目标。2017年，龙泉以浙江省第一的成绩荣获平安金鼎。这座分量沉重的"平安金鼎"，镌刻着龙泉十二年如一日的平安之路：2009~2012年连续4年被评为"全国平安建设先进市"、连续12年被命名为浙江省级"平安市"、历年来群众安全感满意率均高于浙江省平均水平。

在经济转型升级的关键期，平安建设更不能松懈。龙泉市政府主要负责人说："一手抓经济报表，一手抓平安报表，这不仅是（浙江）省委、省政府对我们平安建设提出的要求，也是群众向往'绿富美'生活对我们提出的要求。"

龙泉全域打造最美大花园，基础是美丽环境催生美丽经济，创造美好生活；实质就是追求物质文明、精神文明、生态文明相统一，使全市人民住在龙泉有幸福感、干在龙泉有成就感、走出龙泉有自豪感。以提升人民群众幸福感为导向，龙泉坚持民生为本、富民为先，一步步地夯实美丽幸福好龙泉建设基础。

多路并进富民。推进"产业富农、改革强农、政策惠农、帮扶助农"，确保农民收入增幅继续位居浙江省前列。大力培育水果、中药材等特色产业，加快发展农家乐（民宿）、农村电商、来料加工，培育农业龙头企业、新型农业经营主体和新型职业农民。加大政策兜底和社会帮扶力度，健全帮扶对象动态管理机制。

多措并举惠民。实施精准的就业创业服务，抓好国家级农民工等人员返乡创业试点。推动科教文卫体等社会事业协调发展，基本公共服务水平和均等化程度大幅度提高。提高就业、社会保障和养老服务水平，保证人民在共建共享发展中有更多获得感。实施文化惠民工程，统筹规划布局城乡公共文化服务设施，探索建设全域性农村文化礼堂。

多管齐下安民。全面深化"法治龙泉""平安龙泉"建设，构建以"大数据""大巡防""大调解""大整治""大网格""大脚掌"为载体的平安建设体系，打造全国平安县级市。推进基层治理体系"四个平台"建设，完善基层矛盾纠纷大调解体系。

资料来源：鄢鸣：《龙泉：打造最美大花园》，《浙江日报》2017年11月21日，第16版。

 经验借鉴

龙泉市厚植"生态高地、非遗宝地、人文圣地、平安福地"优势，积极投身浙江（丽水）绿色发展综合改革创新区建设，开拓出一条将绿水青山生态资源转化为金山银山生态资本的发展新路，探索出一批走在浙江省全国前列的改革创新成果。龙泉的绿色发展改革经验有如下几条：①充分发挥生态优势，引领生态标杆。例如，龙泉成功创建国家卫生城市，夺得浙江省治水"大禹鼎"，荣获"中国天然氧吧"称号，这三张生态文明建设的成绩单深刻证明了龙泉发挥绿色优势的成效。②激发绿色产业发展活力。例如，龙泉大力发展根植于本地优势的生态工业、生态精品农业和全域旅游，生态优势转化为经济发展优势，不断增强市域经济创新力和竞争力。③着眼全域"一盘棋"统筹谋划。龙泉大力布局市域3059平方千米"大花园"，以景区的标准、花园的品质统筹联创，打造"村在景中、路在绿中、房在园中、人在花中"的花园美景。④勇于创新，赢得绿色发展先机。例如，龙泉以改革创新为核心动力，改革林权制度，激活林业发展，推动林业保护和林业资源开发双重效益。同时，引进道铭集团等大企业投资的项目288个，实际利用内资143亿元，以开放姿态吸引"浙商回归"投资绿色产业，取得丰硕成果。⑤构建"民生为本"的绿色发展模式。龙泉致力于以美丽环境催生美丽经济，追求物质文明、精神文明、生态文明相统一，将为民众创造"绿富美"幸福生活作为大花园建设的落脚点。⑥构建绿色产业链。绿色产业链是指在整个产业价值链中，促进各个环节的绿色发展，实现与自然、与社会各相关群体的良性互动，达到短期利益和长期发展的统一，实现产业的可持续发展。龙泉以绿色发展为引领，结合本地生态优势打造生态工业、生态精品农业和全域旅游，加大产业延链、补链、强链招商。龙泉最美大花园建设之路充分证明，坚定绿色发展理念，挖掘生态资源优势，推动生态发展和经济发展共赢，既是具有龙泉特色的生态文明之路，也是龙泉民众追求幸福生活的正确指向。

五、松阳：全力构建富美"大花园"

案例梗概

1. 松阳关停79处采砂场，防治松阴溪流域污染。

2. 引进无公害种植模式，率先开展农药、化肥包装废弃物回收和测土配方精准施肥。

3. 发展传统红糖、茶叶制造等产业，污染企业逐步退出，集中搬迁到工业园区。

4. 因地制宜发展茶叶、香榧和油茶三大农业支柱产业，加快培育高山蔬菜等特色产业。

5. 以"生态招商"为导向，培育绿色农产品加工业、新能源新材料等生态经济。

6. 全面推进节能减排，治理农村和城镇生活污水，绿化造林 11.4 万亩。

7. 实施城市环境"十整治"工程，深化治脏、治差、治乱、治堵工作。

关键词：因地制宜；全域旅游；绿色发展；富美"大花园"；新型田园城市

 案例全文

近年来，松阳全力打造生活富裕、家园秀美、人文和谐的"田园松阳"，努力把松阳建设成为生态环境优美、绿色经济发达、空间格局优化、发展活力迸发、人民幸福的大花园。"按节下松阳，清江响饶吹"，唐代大诗人王维为我们留下了一个唯美的意象符号——松阳。曾经隐居在松阳的北宋状元沈晦则留下了一句盛叹："唯此桃花源，四塞无他虞。"松阳是瓯越文化留在松古大地上的神来之笔，描摹出了陶渊明笔下如梦如幻的世外桃源，占尽了山水之形胜，也是乡土建筑形态最丰富、民俗文化传承最有特色的县域之一。

直到田园牧歌式惬意生活日渐难寻的今天，偏居一隅的松阳，不仅较好地保留着原生态田园风光，有着"山水—田园—村落"的格局，还能觅到旖旎风情，阡陌连连，茶园翠翠，稻浪滚滚，田舍掩映，鸡犬相闻……以及数量众多、保存完好的传统村落。其中，被命名为"中国传统村落"的就有 71个，也因此被誉为"乡土中国"的样本和"最后的江南秘境"。

擦亮生态底色　绘绿色大花园

秋日的松阳，越发显得迷人。前不久 2017 中国·松阳国际天空跑挑战赛暨全国积分赛在以"林海、云海、花海"三海同汇的三都国家登山健身步道举行。来自俄罗斯的维娜在参加完体验组比赛后，手舞足蹈地比画着沿路的田园风光，"这里的美是独一无二的"。

生态是松阳最亮丽的底色，更是不可复制的最大优势。当下的松阳，正紧紧围绕"最大生态优势、最大田园特色、最深农耕文化内涵"这些田园松阳的核心要素，擦亮生态底色，绘就全域绿色大花园。

松阳全县"八山一水一分田"，主要河流松阴溪贯穿全境由西向东汇入瓯江。漫步松阴溪畔，秋意正浓，截至2017年9月，松阳出境断面水质已连续37个月保持Ⅱ类水标准以上。

而为了守护这一江清水，松阳付出了诸多努力。2012年初，松阴溪流域大大小小、时开时停有79处采砂场，到现在已全部关停；针对农业面源污染，松阳引进无公害种植模式，在浙江省率先开展农药、化肥包装废弃物回收和测土配方精准施肥工作，推进畜牧进山、养殖上山，推广种养结合模式等；工业污染治理方面，松阳鼓励松阴溪南岸发展传统红糖、茶叶制造等产业，污染企业逐步退出，集中搬迁到222省道旁的工业园区。如今，松阳还以全域化、生态化、民生化的创建理念，精心规划整合流域资源，推进松阴溪大景区建设，着力将松阴溪景区打造成生态带、休闲带、文化带、经济带。

在保护一方山水，让全县人民呼吸更清新空气、喝更干净的水、生活在更清洁环境的基础上，松阳也在持之以恒发展生态产业，实现"绿水青山"与"金山银山"协调发展。为此，松阳因地制宜发展了茶叶、香榧和油茶三大农业支柱产业，加快培育高山蔬菜、食用菌、干水果、高山笋竹等特色产业，千方百计帮助农民增收。如今松阳创成浙江省首个全国绿色食品原料（茶叶）标准化生产基地，茶叶全产业链达93.9亿元，成为全国茶产业示范县和重点产茶县、省香榧南扩重点区和示范区。

在工业上，积极调整产业结构，以"生态招商"为导向，逐步形成以绿色农产品加工业、装备制造业、新能源新材料产业为重点的生态经济，凡是进入环保负面清单的项目坚决不要。随着"四换三名""两化融合"等转型升级"组合拳"深入推进，"煤改气""腾笼换鸟"工作取得实质性突破，工业园区成为浙江省第二批循环化改造示范试点园区。

以绿水青山做底色，松阳全面完成节能减排任务，成为省级生态县，生态环境质量保持浙江省前列；全面完成农村生活污水治理三年任务，农户受益率达87.5%，城镇生活污水处理率达91.3%；完成美丽林相建设6.3万亩，绿化造林11.4万亩，平原绿化2.1万亩，森林覆盖率达78.2%，县城空气质量优良率达95.5%。

现在，松阳按照打造生态环境更加优美大花园要求，不断拉高生态底线，确保全县域生态环境质量持续优化和提升。要求以最严格的标准落实生态环境保护，实现"园区外基本无工业、园区内基本无非生态工业"；以最系统的举措推进生态环境治理，确保森林覆盖率稳定在 80% 以上，全面消除中度以上污染天气。

统筹城乡协调发展　走新型城镇化道路

2017 年 9 月底，县城西屏街道启动城中村项弄村村庄改造，这不但能极大缓解该村住房难问题，全面提升村庄整体环境，提升村民生活幸福感，还有利于县城路网的建设。

围绕打造最美城市形象，松阳全面启动国家园林城市创建工作，深入实施城市环境"十整治"工程，深化治脏、治差、治乱、治堵工作，深入推进公园绿地、城市水系、林相改造、生态绿道和地下管网建设，提升城市景观美化水平。

为强化全域统筹，松阳以新型田园城市建设为引领，坚持田园城市和田园乡村建设一体推进，着眼"生态绿城、休闲慢城、人文古城"目标加快县城建设，着眼"幸福家园、休闲家园、文化乐园"目标加快乡村建设，初步形成城乡一体化、松古平原一城化发展格局。在全力打好"五水共治""三改一拆""六边三化三美"等系列农村环境治理"组合拳"下，全县美丽乡村建设迈上"新台阶"，被评为浙江省"两路两侧""四边三化"专项整治工作优秀县，国家生态县通过考核验收。

为助力"美丽乡村"建设，国网松阳县供电公司借鉴多年来新农村电气化建设的经验和做法，主动加压，结合村容村貌、建筑、景观、布局，制定了科学可行的电力架空线路设计方案，力求电力设施与村景和谐美观，与周围环境相协调。建设美丽乡村，首先是复活乡村、复兴乡村。怎么给予乡村生命活力？松阳给出了经验：复活整村风貌、复活传统民居的生命力、复活乡村经济活力、复活传统村落优良文化、复活低碳环保的生活方式。

与 50 省道仅松阴溪一溪之隔的象溪一村，干净整齐的小楼房、村民门前的小花坛、妙手点缀的文化墙、恰到好处的景观小品……如今在各项惠农政策推动下，该村成为远近闻名的美丽宜居村。"大家都说党的各项惠农政策好，现在的农村一点也不比城市差。"美丽乡村催生美丽经济，很多村民留在村里开农家乐民宿，2017 年以来共接待游客 16 万余人次，实现经济效益 420 余万元，村民人均收入也从五年前的 8000 多元提高到现在的 13000 多元。

当美丽自然的生态环境，遇上古村落资源时，一种极具竞争力的新经济业态——民宿，就开始发芽生根了。如今，慢慢"长大"的这些民宿，又成了乡村复兴的一颗颗种子。通过近几年的培育，一批批品质民宿在松阳涌现，截至 2017 年 9 月底，全县共发展农家乐民宿 420 家、床位数 3700 张；前三季度共接待游客 130.3 万人次，实现经营总收入 7886.7 万元。

为助力民宿经济发展，县国地税部门及时落实国务院"六项"减税政策，用足用好"税收政策"和"纳税服务"惠企惠民"双驱动"。前三季度，全县农家乐民宿业主享受税收优惠共 300 余万元，平均每户近 8000 元。

当美丽乡村华丽转身，越来越多的年轻人选择离开大城市，回归乡村，并成为乡村建设者。"云上平田"联合创始人叶大宝就是其中一员。"云上平田"作为全县的首个乡村慢生活体验区，叶大宝想要改变的不仅是几幢房屋，更多的是"让寂静的农村再度热闹，让凋零的乡村再次繁荣，让荒芜的土地再现绿色"。对于明天的乡村，叶大宝等一批回归松阳的年轻人，显然很有底气和自信。

发展全域旅游　建设田园大景区

2017 年 10 月中旬，日本"越后妻有大地艺术祭"艺术总监北川富朗来松阳开展乡村旅游文化艺术交流活动，在走进大木山茶园、竹林剧场、契约博物馆等地后，他连赞松阳不仅自然景观美，还注重传统文化的保护与开发。

也正是依托田园牧歌式的桃源胜地、留存完整的"古典中国"标本、"百里乡村百里茶"的茶产业示范区、浙南最佳艺术创作基地、生态休闲养生胜地等特色，松阳重视全域旅游发展，将其视为一二三产相生相融的绿色经济催化剂和城乡互动互补的新型城镇化黏合剂，全力打造具有松阳特色的文化旅游品牌。

近年来，松阳旅游人数及收入增长均在 30% 以上。截至 2017 年 11 月，已基本形成以松阳古城和传统村落为核心的全域点位布局，以八条艺术创作路线和松阴溪绿道为主体的全域线位布局和以全县域乡村博物馆及全县域民俗文化活动为内容的全域文化布局。

2015 年被评为国家 4A 级旅游景区的大木山茶园，融合了茶园观光、茶事体验、养生度假等功能，是国内首个将自行车骑行运动与茶园观光休闲融合的旅游景区，并连续举办了五届浙江省自行车系列公开赛。依靠大茶园，村民还搞起了茶园旅游，办起了餐馆，开起了民宿，挣起旅游服务业的钱。也就是在建成大木山茶园、松阳古城、四都民宿等一批品质旅游目的地后，古村落、艺术创作、特色民宿等高端文化休闲旅游在国内已有一定知名度。

2017 年 9 月中旬，来自 30 多个国家的 50 多名艺术家到松阳采风创作。如今，田园松阳的自然风光，独具魅力的村落资源以及"乡乡有节会、月月有活动"的文化传承展示机制，每年会吸引数以万计的户外运动爱好者前来骑行、徒步、露营等，吸引数以几十万计的美术家、摄影家和高等院校的学子前来办展、创作、写生、实习。

以樟溪乡兴村为代表的红糖纯手工制作，传承了古法制糖手艺，为弘扬传统生产记忆，松阳建成了红糖工坊，成为集传统红糖加工、技艺体验、产品展卖、建筑艺术等于一体的综合性文旅项目，也是松阳第一批乡村博物馆项目。如今，在文化旅游的助推下，红糖从过去的 8 元一斤涨至现在的 22 元一斤，仍供不应求。

为更深入地推进旅游与农业、工业、文化产业、养生产业的深度融合，松阳积极打造画家村、摄影村、户外运动村，大力创建农旅基地、乡村工坊、艺术家工作室，让旅游的综合效益得到更充分的发挥。而正在建设的丽水机场、衢宁铁路以及规划中的武松龙高速、衢丽铁路，更将成为推动松阳全域旅游的重要引擎。

今后，松阳还将继续以化整为零的方式，推进全县域乡村博物馆建设，打造县乡村三级文化休闲体验的有形空间；全面推进"乡乡有节会、月月有活动"的民俗文化常态化展演，营造"永不落幕的民俗节庆盛典"；继续举办全国摄影大赛、全国大学生写生大赛、亚洲山地竞速赛等高等级文化体育赛事活动，大力培育定制旅游、研学旅游、艺术家采风游等文化旅游新业态，积极开发端午茶、手工红糖、茶叶熏腿等本土特色旅游消费品，努力实现文化与旅游的效益叠加。

资料来源: 孙丽雅:《全力构建富美"大花园"》,《浙江日报》2017 年 10 月 23 日，第 11 版。

经验借鉴

近年来，松阳以新型田园城市建设为引领，以全域化、生态化、民生化为创建理念，着力打造全域绿色的富美"大花园"，探索出具有松阳特色的生态保护与绿色产业协调发展之路。松阳县推进绿色发展的经验如以下几条：①夯实生态根基，发挥最大生态优势。松阳紧紧围绕"最大生态优势、最大田园特色、最深农耕文化内涵"三大核心要素，建设生态田园景区，开发生态旅游资源，发展田园经济。②持之以恒发展生态产业。松阳深挖当地生态资源，发展绿色工业。例如，松阳建成浙江省首个全国绿色食品原料（茶叶）标准化生产基地，逐步形成以绿色农产品加工业、新能源新材料产业等为重点的生态经济，这些充分体现了这一点。③拉高生态底线，确保全县域生态环境质量持续优化和提升。例如，松阳在生态环境保护上提出最严格的落实标准和最系统的举措，实现"园区外基本无工业、园区内基本无非生态工业"，推进生态环境治理，确保森林覆盖率稳定在80%以上，全面消除中度以上污染天气。④以复兴乡村激发松阳绿色生命活力。复活整村风貌、复活低碳环保的生活方式。例如，松阳将原生态田园风光与古村落资源融合，优化"山水—田园—村落"的格局，培育民宿经济，松阳象溪村村民人均收入从以前的8000多元提高到现在的13000多元。⑤以全域旅游催化绿色经济。松阳全域统筹推进，开展以松阳古城和传统村落为核心的全域点位布局，全力打造具有松阳特色的文化旅游品牌。在建设田园松阳的探索中，松阳深入践行"两山"理念，实现了"绿水青山"与"金山银山"协调发展，建造出绿色发展的"田园松阳标本"。

六、建德："美丽建德"绘就诗画风景

案例梗概

1. 建德撤销原有的"三改一拆"办、"小城镇整治"办等临时机构，整合设立"美丽办"。

2. 推进落实河道垃圾和小微水体淤泥清理，新增污水管网，提升水体质量。

3. 拆除违法建筑，推进危房整治和棚户区改造，使得城乡面貌焕然一新。

4. 整改环境卫生点位和交通占道点位等，率先实施"街长制"创新管理模式。

5. 改造闲置体育馆、办公楼等，原横山铁合金厂的特色工业遗存"变废为宝"。

6. 开展庭院集中整治、送绿进庭院、废旧物品创意改造等活动。

7. 取消保洁员，形成"片长牵头、骨干监督、家家管护、人人参与"的保洁模式。

关键词：环境变革；街长制；富民资本；全域旅游；"美德家园"

 案例全文

美的定义，有成百上千种；美的追求，建德情有独钟。守护着新安江源头，建德抢抓浙江"大花园"建设和高铁时代来临的机遇，深入推进治水拆违、小城镇环境综合整治等系列生态治理工程，让城市的天更蓝、水更清、山更绿，空气更清新。一路向前奔跑的建德，因治水拆违焕发新颜。当地充分利用拆后土地，结合产业升级，引导产业集聚入园、提升发展，新崛起了航空小镇、"高铁新区"等承载力、聚合力、竞争力更强的产业创新平台。沿着"美丽建德"三年行动计划，建德人民在浙江"大花园"建设的版图上，悉心绘就诗画风景。以绿色为本底，这里的小镇有故事，这里的街区有记忆，这里的院落有味道。

美丽环境拂面来　打造"八美联动"宜居宜业旅游城

建德的一方水土，执掌着浙西极为重要的生态屏障。新安江、富春江、兰江穿城而过，滋养着亚洲面积最大的古楠木森林公园；浙西文化名山乌龙山云雾缭绕，俯瞰着"富春山居图"的自然画卷铺陈在青山两岸间；建德绿道有山有水会"呼吸"，穿越富春江国家森林公园250平方千米的无人区。"像保护眼睛一样保护生态环境，像对待生命一样对待生态环境"，这早已是建德人的共识。以绿色发展理念为指引，建德在生态文明建设上大步向前——建设美丽乡村，开展治水拆违，整治小城镇环境，深化改革创新，大力发展美丽经济，勇当浙江"大花园"建设"排头兵"。

　　坚决守住生态底线，擦亮生态底色。2017年4月，《关于推进"美丽建德"建设的实施意见》（以下简称《意见》）正式出台。《意见》明确，通过三年努力，把建德初步打造成为美丽城区、美丽城镇、美丽乡村、美丽经济、美丽园（厂）区、美丽公路、美丽河道、美德家园"八美联动"的宜居宜业宜游城市。为了将美丽事业进行到底，建德市撤销了原有的"三改一拆"办、"四边三化"办、"小城镇整治"办等临时机构，整合而成了"美丽办"。牵一发而动全身，向世人昭告着全局谋划、统筹推进美丽建设的魄力和决心。

　　建德人在做什么？从三张新出炉的成绩单，可以找到答案。

　　第一张成绩单，聚焦治水。2017年以来，建德市完成1743条沟渠、1403座池塘和86个河道易反弹隐患问题的整治，清理河道垃圾3836吨、小微水体淤泥95.4万方，新增污水管网46千米，江河沟渠碧水流淌。

　　第二张成绩单，关于拆违。建德市拆除违法建筑31.71万平方米，完成"三改"46.79万平方米，全面完成4335户农村D级危房整治；在棚户区改造中，完成签约1085户，拆除578户，城乡面貌焕然一新。

　　第三张成绩单，来自小城镇。截至2017年10月，建德市整改完成环境卫生点位345个，交通占道点位400个、"红头苍蝇"车辆1200辆；浙江省率先实施"街长制"创新管理模式，小城镇环境迎来精彩蝶变。

　　眼下，新一轮美丽攻坚战已经打响。2017年8月25日，为期百日的"美丽建德"环境整治行动拉开帷幕，矛头直指"脏乱差"，按照"环境生态化、生产标准化、全域景区化"的原则，对乱搭乱建、乱堆乱放、交通乱象、马路市场、水体环境、低小散行业等18个方面进行全面整治。

　　行走在建德大地，到处洋溢着干群合力治水剿劣、拆违治危、整治小城镇环境的干劲。这是一场声势浩大、遍及城乡、力度空前的环境变革，很多基层干部为此磨破了嘴皮、晒黑了皮肤、走破了鞋子，但"绿水青山就是金山银山"的科学论断，指引着他们奋战在环境整治一线，持续打好这场"碧水蓝天"保卫战、污染防治攻坚战。

　　蜕变之后，建德会有多美？无须多问，只需驱车在320国道，这条贯穿建德交通大动脉上，就能窥看个几分样貌：原来黄土朝天的沿线地带，立起了一座座马头翘角、黑瓦白墙的杭派民居，一年四季各式花卉更替绽放……

美丽经济如花开 "生态资本"变身"富民资本"

水，是建德最为灵动的韵脚；山，是建德人不懈守护的对象。依托山水资源的自然禀赋，建德不负众望地保有着鲜为世俗所扰的纯净之地。在为人惊叹之际，建德把待字闺中的"女儿"抬上了"花轿"：2016年5月，建德市与浙江省旅游集团、上海景域国际旅游运营集团签署协议，计划通过3年20亿元的投资，把建德市三江口到七里扬帆景区作为全域旅游的重点区域，打造"中国湖屿漫村度假目的地标杆"。

美丽，成为这座城市的核心竞争力。操着各地口音的投资客商接踵而至，在绿水青山间寻觅生活的本真。计划投资约8亿元的江南渔村项目，在三江口岸破土动工，打造集餐饮美食、品质度假、休闲娱乐、文化体验等功能为一体的"江南渔隐第一村"；计划投资约2亿元的开元芳草地乡村酒店，在依山傍水的乌石滩，为都市人营造极富诗意的美好栖居。

无与伦比的美丽环境，催生了羡煞旁人的美丽经济。勤劳淳朴的建德人民，也开始尝到了"咬定青山不放松"的甜头。不少曾是"经济后进生"的村庄，如今把"生态资本"变成"富民资本"，将自然馈赠的绿水青山变成老百姓手中的金山银山。

走进寿昌镇山峰村，这里虽说是村庄，却见步道整洁、翠竹绕村、鲜花点缀，引得游客声声赞叹，纷纷在朋友圈里"晒风景"。村党总支书记刘国民介绍，2017年3月，山峰村请来设计团队编制了《美丽乡村规划》，引进光伏发电、旱改水等5项工程，每年给村集体经济收入增收近18万元。结合物业出租、土地流转、民宿开发，乡村旅游、休闲观光等新业态加快发展，一条多元的绿色产业链慢慢形成，村民的腰包也鼓了起来。

坐拥优良的生态环境，建德大力发展美丽经济，拉开城市框架，铺开全域景区化，打造最美田园风光。截至2017年10月，建德市共有乡村旅游点203家，"乡村版迪士尼"建德果蔬乐园已达20家，各类风情民宿111家，获评浙江省休闲农业与乡村旅游示范县。

全域旅游翻开发展新篇章，建德市发布了全域旅游发展政策细则，规定市财政每年统筹安排不少于3000万元资金，专项用于全域旅游品牌推广、规划编制、人才培训、产业促进、行业管理、企业扶持等，全力推进旅游产业"二次创业"。

以路为媒，以美为介。随着杭黄、金建、衢建高铁建设的有序推进，位于 3 条高铁交汇处的建德不断深化与提升城市路网，其延伸效应不断显现，给当地经济带来新的活力。在新安江畔，总规划面积逾 105 平方千米的"高铁新区"，以建德独特自然山水人文为底蕴，布局旅游休闲、健康养生、科技创新等产业的高铁沿线经济带。其中，人福医药、东方雨虹、国际香料香精等一批生态、环保、高科技、高附加值项目纷纷入园，高端产业进一步集聚。

在建德航空小镇，原横山铁合金厂的特色工业遗存"变废为宝"，闲置体育馆、办公楼、旧仓库改造为数字影院、咖啡吧、航空博览馆等。航空产业"综合体"入驻企业 547 家，累计接待游客达 34 万人次，"通航产业浙江样板"呼之欲出。

破与立之间，建德以争当浙江"大花园"建设排头兵为主线，不断优化生态环境、先进产能、资源要素、有效投资等供给，旅游、环保、生物医药、有机硅新材料等产业发展和重量级产业有了更好的依托，经济结构战略性调整和产业优化升级通道进一步打开。2017 年上半年，建德经济稳步向好，GDP 增速达 8%，高于预期、优于同期。

美丽人文踏歌来　"德文化"开创共建共享新局面

2017 年上半年，建德市委主要领导激情满怀地给全市人民写了一封公开信，号召 51 万建德人共同发力，踊跃参与到"建功立德"的行动中。

围绕"建什么样的功、立什么样的德"，全市上下掀起了一场热烈的大讨论。84 家机关单位开展"三查四问我承诺"大讨论，16 个乡镇（街道）提炼出了人文精神表述语，各村村民投入"讲讲我们村的好传统，说说我们家的好家风"大讨论，企业员工参与"追求卓越，打造匠心"大讨论……

一封公开信，引发全城百姓的强烈共鸣；一场大讨论，勾起以德治县的地域情结。2017 年 5 月以来，建德市开始实施"美德家园"建设三年行动方案，大力推行文化示范村、社区文化家园等创建标准，得到各地积极响应。人们知晓，厚植"德文化"就是为了将潜藏在人们心中共有的、至善至美的道德力量激发出来，转化为推动经济社会发展的不竭动力。通过"一年立标杆、两年见特色、三年树品牌"三步走战略，建德全力推进"德文化"建设三大机制、五大工程，以德治县的美丽画卷正徐徐展开。

在乾潭镇下梓村，传承了300多年的"板凳龙"文化，成为"德文化"的一个缩影。每逢重大节庆，每户村民抬起属于自家的那条板凳，朝着一个共同的目标向前进。"板凳龙"也成为村民不忘传统、寄托思念的重要平台。村党总支书记陈天飞介绍，等到舞龙灯的那一天，不管男女老少，不管身在何处，都会尽量赶回来参加。正是有了这样的基础，下梓村把传统文化中沉淀的孝道、诚实、守信等美好元素发扬出来，村内尊老爱老蔚然成风，该村也获评"全国文明示范村"。

"德文化"的一个重大使命，就是要促进文明成果共建共享。在寿昌镇，桂花村的美丽逆袭，让人更有理由相信，一座城市从"德治"到"自治"的无限可能。在征求全体村民同意后，桂花村2016年8月起取消保洁员岗位。取消保洁员，意味着"人人都是保洁员"。全村400多户人家划分为12个片区，形成"片长牵头、骨干监督、家家管护、人人参与"的保洁模式。不到一年时间，桂花村"脏乱差"的面貌竟出乎意料地好了起来。

桂花村的成功模式，在全市首批17个"德文化"示范村率先铺开。村庄变整洁了，村民的生活质量也稳步提升。在葛塘村等地，积极开展了庭院集中整治、送绿进庭院、废旧物品创意改造等活动，让一个个原本平凡无奇的农家小院，变成了一道道独具特色的美丽风景。

今后，"德文化"将成为"德行者"的通行证。据建德市委宣传部相关负责人介绍，全市推出了"好传统、好家风"信用贷，为"德文化"示范村（培育村）和市级最美家庭（文明家庭）打开绿色通道，提供资金优先、利率优惠、手续简化、随借随还等专项贷款服务。

建德之美，美在人心。活跃身边的，是越来越多的"德行者"：有身负重伤仍与嫌疑人展开搏斗、留下纸条"不要告诉我父母"的好民警黄文斌，有义务驻守马岭隧道、把"夺命坡"守望成"平安路"的姚台志等4名好党员，还有16年累计献血量达40000毫升的"献血状元"黄继君……

资料来源：周洲：《"美丽建德"绘就诗画风景》，《浙江日报》2017年10月10日，第9版。

经验借鉴

　　近年来，建德抢抓浙江"大花园"建设和高铁时代来临的发展机遇，沿着"美丽建德"三年行动计划，深入推进一系列生态治理工程，开拓出绿色环保、美丽发展的道路。简单来说，建德"八美联动"的绿色发展经验有如下几条：①以绿色发展理念为引领，争做浙江"大花园"建设的"排头兵"。例如，建德人在生态环保上达成共识，坚定"咬定青山不放松"的发展信念，在生态文明建设上深化改革创新，大力发展美丽经济，取得环境整治的三张成绩单。②在环境整治上，干群合力，共建共享。例如，建德开展遍及城乡、力度空前的环境变革，上下合力治水剿劣、拆违治危、整治小城镇环境，建德市委号召51万建德人共同发力，踊跃参与到"建功立德"的行动中，打响"碧水蓝天"保卫战和污染防治攻坚战。③在绿色产业发展上，大力投资，有效供给。例如，建德依托当地山水资源，大力投资全域旅游项目建设，并且不断优化生态环境、先进产能、资源要素、有效投资等供给，推动产业优化升级，将"生态资本"变成为"富民资本"。④打造绿色产业链和绿色经济带。例如，建德寿昌充分利用生态资源，结合物业出租、土地流转、民宿开发，乡村旅游、休闲观光等新业态，培育绿色产业链。将一批生态、环保、高科技、高附加值项目进一步集聚，构造出高铁沿线绿色经济带。⑤变废为宝，传承特色产业，发展循环经济。在建德航空小镇，原横山铁合金厂的特色工业遗存"变废为宝"，闲置体育馆、办公楼、旧仓库改造为数字影院、咖啡吧、航空博览馆等，将原本废弃的资源加以改造利用，收到节约资源和成本的成效。⑥创新环境管理模式。建德率先实施"街长制"创新管理模式，推进城镇环境卫生整改，积极开展废旧物品创意改造等活动，建造出独具特色的乡村美景。美丽建德的绘就之路充分说明，建德抓住建设"大花园"和高铁时代的发展机遇，不仅牢牢守住保护绿水青山的底线，而且将自然馈赠的绿水青山变成老百姓手中的金山银山，打响美丽事业攻坚战，将美丽事业进行到底，以实践充分阐释美丽建德的发展内涵。

七、文成：环境再造，全力构筑"大花园"

案例梗概

1. 文成建设高速公路、国省道以及温武铁路、通用航空机场，为旅游业打好交通基础。

2. 学习考察各地城乡规划，交流城镇环境再造经验，大力投入资金进行环境整治。

3. 改造江边废弃用地，增添成片高低错落的绿化带，建设亲水平台、游廊亭台。

4. 修复文化村落古道，保护相关古建筑，加大农村环境整治力度，促进景区升级。

5. 吸引大量工商资本，加大旅游投资建设，发展全域旅游，实现经济环境协同发展。

关键词：环境再造；生态优势；三产融合发展；全域旅游；文化村落修复

 案例全文

"山水与城乡融为一体、自然与文化相得益彰。"从 2017 年开始，位于浙南山区、年财政收入只有 10 亿元的文成县，大手笔投入 20 亿元，为发展全域旅游打造更适宜的城乡环境。这是建设具有诗画江南韵味的美丽城乡、提升百姓生活品质的扎实举措，是"大花园"蓝图在基层的生动实践，也是一个山区县实现跨越发展、绿色崛起的雄心壮志。

烈日西沉，暑气尚未消散。文成西坑镇让川村的千年古樟树旁，风味独特的"畲家长桌宴"，已经开席。喧闹声此起彼伏。悦慢民宿总经理黄琳琴的心里，感到越来越踏实：进入暑期，她的 5 个民宿小院，98 个床位天天爆满，有的游客一住就是多日。

2016 年这个时候，黄琳琴还经常"冒火"：村里变电器功率太低，空调一开就跳闸；山村没通自来水，山泉水又供不上，只好紧急请人挖井……最委屈的时候，她拿起电话向县委书记抱怨："鼓励我们来开民宿，可基础配套设施缺这少那，好不容易有了客人，没水没电怎么留得住？"

小村让川，正是山区文成曾经的缩影。这不仅事关当地产业的转型发展，更事关数十万农村群众的生活品质。受限于交通闭塞、水源保护等因素，文成多年来"一产受限、二产受制"。如何才能实现跨越发展？"最大的优势在生态，最根本的出路在旅游"，这是文成人多年求索得出的结论。然而，一直以来，基础配套不足、产业层级不高等"短板"，制约着文成旅游业的发展。

2017年5月，文成印发《全域旅游化环境再造工程行动方案》，计划用3年时间，由政府配套4亿元，国开行融资16亿元，把全县域打造成一个"大花园"。他们定下这样的目标：到2020年，实现游客年接待量1000万人次，完成旅游固定资产投资100亿元；全县旅游总收入超过60亿元，旅游收入占GDP比重达到50%以上。一个山区县的"大花园"梦想，已经悄然开启。

出路在山水之间酝酿

路，一直是文成人的"心结"。一条是交通的路。不通高速、不通铁路、没有一级公路……对于地处温州西南的山区县而言，交通不便一直是制约发展的关键因素。一条是发展之路。地处飞云江源头，境内的珊溪水库是700万温州人民的"大水缸"，文成全县95%的面积为水源地保护区，对工农业发展限制不小。

跨越发展的出路，在哪里？

"文成是温州优质旅游资源集中的县域，以旅游为核心的三产融合发展是破题的根本，也是唯一的出路。"县委书记王彩莲扎根文成6年，常年奔波在"八山一水一分田"间，对于县域发展有着深切体会和思考，"未来几年，'生态好、环境差'将是文成集中力量解决的课题，也是提升百姓生活品质、发展全域旅游的突破口。"破局的契机，出现在"摘帽"以后。

2015年2月，文成等26个欠发达县"摘帽"，并取消了GDP总量考核，转为重点考核生态保护、居民增收等；2016年，文成被列为浙江省交通补短板典型示范区，5年内预计投入超过150亿元，建设3条高速公路、3条国省道，以及温武铁路、通用航空机场。长期以来处于交通末端的文成，有望实现县域半小时交通圈、对外1小时交通圈，并成为浙江西部的交通枢纽。"高速时代即将来临，文成旅游业要提前做好准备。"王彩莲说，留给文成的准备时间只有3~5年。如何蓄积发展动能，抓住时机完成从"旅游资源富县"到"旅游产业强县"的跨越？

2017 年 4 月，文成县发展和改革局、交通局、农业农村局等部门以及各乡镇一把手，组成一个 40 人的党政代表团，前往诸暨、安吉、景宁三地学习考察，访古镇、下乡村、进展馆、入园区，学习各地城乡规划，交流城镇环境再造经验，共谋绿色发展合作。这些地方"整体规划、精致造景"的品质追求，十年百亿元投入整治环境的魄力，给文成干部们上了生动的一课。

在考察归来后的总结大会上，大峃镇镇长薛乐之感叹说："不管是小城镇环境综合整治，还是县域环境再造，都要当成家里搞装修一样精心来做，从设计到选材，甚至买块瓷砖都要货比三家，只有这样，才能真正把事情做好。"与其临渊羡鱼，不如退而结网。一种抢抓机遇、时不我待的共识迅速达成，一条通过提升基础、再造环境，以全域旅游实现跨越发展的路径，也渐渐明晰。2017 年 5 月 26 日，《全域旅游化环境再造工程行动方案》正式出炉，明确提出"一年攻坚、两年见效、三年决胜"，打造浙江省一流的环境高地和国家全域旅游示范县样板。

转型从环境之变开始

峃口镇新联村党支部书记张仁建，总爱带客人去游览滨水公园——这里是新联村的"门面"，也是村庄转型变化的起点。飞云江畔的新联村，自 2003 年被划入赵山渡水库一级水源保护地之后，发展就陷入了停滞状态。"不能种、不能养，村民能出去的都出去了，只剩老人孩子在村里。"张仁建说，没有产业，村庄就失去了活力，环境卫生更是无人在意，"2013 年前，垃圾、鸡粪、猪粪到处是"。

江边这块 4.7 万平方米废弃地的改造，却让村庄意外获得了新生。如今，江岸上是成片高低错落的绿化带，游步道蜿蜒穿行，亲水平台、游廊亭台点缀其间，连广场边的公共厕所，都做了外墙景观。村民们发现，环境改造一新后，新联村竟成了当地小有名气的景点，隔三差五就有人开车前来游玩，最多的一天，游客竟然超过 4000 人。更让村民们惊喜的是，2016 年 9 月，一个投资 8 亿元的"秋波谷"乡村旅游综合体项目，落户飞云江畔，新联村被规划为项目集散中心。"环境改造好了，旅游项目才会看中这里。"张仁建说。如今，这样的环境再造，已在文成全域铺开。更多镇、村干部在思考，什么样的布局才符合全域旅游的发展要求、才能做出本地的特色？

有着百丈漈瀑布、天顶湖、红枫古道、刘基故里、安福寺等著名景点的百丈漈镇，是文成县景点最集中的乡镇。"三年规划里，县里给我们用于环境再造的资金，将超过 1.5 亿元。"镇党委书记邢文东已经做好打算，百丈漈镇不仅要发挥传统景点的优势，更要让全镇 14 个村，全部成为 A 级景区。

对于未来，一些村庄也日渐明晰。新亭村设计投资 4000 万元，新建出入广场、停车场、游步道、茶歇点、书屋群、民俗群，2017 年 7 月底已经开工。红枫古道旁的下石庄村，是省级历史文化村落，将耗资 1000 多万元，进行古道修复、古建筑保护、农村环境整治，2017 年 12 月将完工验收。

不久前，百丈漈镇又将 12 个村打包委托给设计单位，进行美丽乡村整体规划，剩余的盖后、长垄两村，将拿出 2000 亩地，在米斗山地区建设浙南地区最大的野生动物园。

"'全域旅游'不是不要景区，而是要改变'景区内是欧洲、景区外像非洲'的局面，文成旅游资源单体总数有 300 多个，但一直以来'有星星没月亮'。"文成县全域旅游化环境改造工程总指挥部办公室主任朱昌乐说，文成的旅游化环境再造是将区域整体作为完整的旅游目的地来建设、运作，实现景区内外一体化。

花园让崛起之路清晰

随着环境再造的火热进行，文成人心目中的"大花园"，模样已经越来越清晰。在这个全域旅游格局中，县城大峃镇是旅游集散中心，是全县交通组织和旅游服务的核心区块；沿着飞云江和主要交通干道，将建成一条"水轴"，一条"陆轴"，分别是"云江秀水十里画廊"休闲轴和"青山翠谷养生度假"生态轴；以现有的景点为核心向外发散，文成县还将形成伯温文化体验、佛教文化旅游、山水观光度假、森林养生度假、滨水休闲娱乐、侨乡慢城休闲 6 个组团。

文成县 17 个乡镇，以及所有村庄，根据不同的自然条件、人文特色、旅游资源，有了各自不同的定位：珊溪、玉壶、南田、黄坦、西坑、百丈漈、铜铃山 7 个乡镇，旅游资源丰富，将被打造成"旅游精品城镇"，成为重点景区的组成部分；峃口、巨屿、周壤、二源、周山、双桂、平和、公阳、桂山 9

个乡镇，则定位为"美丽宜游集镇"，成为全域旅游的重要节点。

今后，游客到了文成，不管沿河、沿路还是沿景，都将看到串点成线、连线成带的景观，村村可游玩，处处是风景。而对于文成人而言，全域将变成"大花园"，这也是群众生活环境的全面改善，县域后发崛起的希望所在。

随着环境再造不断推进，越来越多的工商资本，看中了这块生态"福地"。在峃口镇，投资 8 亿元的"秋波谷"项目即将上马，规划建设花海、民宿、魔法森林、管道漂流等，定位为假日深度体验游。"项目涉及的几个村，以流转的 550 亩地入股，占 5% 的股份，每村每年集体经济收入保底 15 万元。"峃口镇党委书记邢越锋告诉记者："项目建成后，还会有近 3000 个床位，吸引在飞云江畔旅游的游客，居住在峃口，带动全镇旅游产业的发展。"而在百丈漈镇，旅游投资更是从 2016 年开始就出现井喷：投资 6500 万元的天湖运动中心，已经开始进行政策处理；温州云曼休闲度假有限公司投资 2 亿元、占地 150 亩的天湖庄园项目已经敲定；由底大会村与开发商合作建设的望湖山庄，已经破土动工。此外，还有空中花园小镇、野生动物园等项目正在洽谈当中。

"今年（2017 年），全镇旅游投资签约额预计超过 50 亿元。"邢文东说，用不了几年时间，百丈漈镇的产业格局将发生彻底改变，"农旅产业的比重将达到 80%，旅游业占比超过 50%"。这正是文成建设"大花园"的内在逻辑——以环境再造，吸引工商资本，发展全域旅游，最终实现县域后发崛起、百姓增收致富。

资料来源：梁国瑞、赵慧聪、刘进希：《山区县文成投入 20 亿元谋划绿色崛起　环境再造，全力构筑"大花园"》，《浙江日报》2017 年 8 月 1 日，第 11 版。

 经验借鉴

近年来，山区县文成投入 20 亿元打造一个"大花园"，提升百姓生活品质，实现跨越发展、绿色崛起。文成是温州优质旅游资源集中的县城，发展以旅游为核心的三产融合是唯一的出路，因此，文成探索出了一条具有文成特色的绿色发展之路。简单来说，山区县文成绿色发展的主要经验如有下几条：①从绿色发展的全局进行规划，实施环境大改造。文成的旅游化环境再造是将区域整体作为完整的旅游目的地来建设、运作，实现景区内外一体化，通过环境改造吸引游客，实现经济与环境的和谐发展。②明确绿色发展战略定位。文成全县 17 个乡镇，根据不同的自然条件、人文特色、旅游资源，有了不同的定位，制定不同的方针对策，使资源有效合理的运用，突出本身的重点，得以绿色发展。③充分利用自身优势，寻找绿色发展出路。例如，文成是温州优质旅游资源集中的县域，以旅游为核心的三产融合发展是破题的根本，也是唯一的出路。通过古道修复和古建筑保护，将文化与旅游资源充分结合，建设生态文化旅游景点，促进旅游经济发展。④吸引工商资本，发展绿色经济。经过环境大改造，文成吸引了越来越多的工商资本，经济产业格局得到改变，为绿色经济发展提供了强大的资本助力。⑤开展绿色发展合作。例如，文成县发展和改革局、交通局、农业农村局等部门以及各乡镇一把手，组成一个 40 人的党政代表团，前往诸暨、安吉、景宁三地学习考察，访古镇、下乡村、进展馆、入园区，学习各地城乡规划，交流城镇环境再造经验，共谋绿色发展合作。文成县发展全域旅游，实现县域后发崛起、百姓增收致富。

本篇启发思考题

1. 如何在"大花园"建设中抓住城市绿色发展的机遇？

2. 如何在"大花园"建设中制定城市绿色发展的战略规划？

3. 如何将大花园建设与城市绿色管理有机融合？

4. 基础设施建设在城市绿色管理中发挥什么作用？

5. 如何因地制宜地开展城市绿色管理？

6. 如何将城市的"生态资本"转化为"富民资本"？

7. 如何在城市"大花园"建设中创新绿色发展机制？

8. 怎样通过"大花园"建设扩大城市绿色发展规模？

9. 如何以全域旅游推进城市的绿色发展？

10. 城市如何在绿色发展中兼顾经济效益与环保效益？

结论篇

浙江城市绿色管理的经验与启示

一、浙江城市绿色管理的发展阶段及特征

从 18 世纪末到 19 世纪，工业革命进程中的西方国家就已经在城市管理的理论和实践中关注生态环境问题，较早地提出了"田园城市""有机城市"等概念。20 世纪 60 年代，西方国家掀起了环境和生态运动，城市绿色化运动随之兴起，城市建设和管理逐渐由传统向绿色转变。在世界绿色化城市探索的背景下，我国也基于自身资源优势，不断探寻城市的绿色管理，且该过程呈现出从低阶向高阶进阶的趋势。改革开放 40 多年来（尤其是近 20 年以来），在绿色发展从初级、浅层、零散阶段（1978~2002 年）进入高阶、深层、系统阶段（2003 年至今）的过程中，浙江城市深入践行绿色发展理念，也经历了从无到有，从浅到深的特征变迁，大致经历了四个阶段的发展历程。概括来说，城市的绿色管理发展演进大致经历了如下四个阶段。

阶段一，1978 年至 20 世纪 90 年代初，为城市绿色管理的探索阶段（城市绿色管理 1.0）。20 世纪 70 年代，联合国教科文组织提出"生态城市"的概念。这一时期，中国的环境保护意识觉醒，也促使一些城市开始有意识地关注环境保护与管理。尤其是 1978 年改革开放开始，我国城市化发展中的环境、能源、卫生等问题显现，政府开始发起改善城市生态环境的城市管理运动。经过近十年的探索，我国城市环境保护逐渐转向城市环境综合整治。1990 年，为提高城市环境卫生质量和市民生活水平，全国爱国卫生运动委员会发起创建"国家卫生城市"。其主要内容是对城市的综合整治，使城市环境卫生质量得到显著改善，生态与居住环境得到不断优化，居民健康卫生水平得到明显提高，彻底改变城市"脏乱差"的面貌，使城市成为水碧、天蓝、地绿、干净、整洁、有序的卫生城市。尽管创建"国家卫生城市"在城市绿色管理方

式上整体较为传统，但推动了城市绿色管理的探索进程。

阶段二，20 世纪 90 年代初至 2002 年，为城市绿色管理的拓展阶段（城市绿色管理 2.0）。20 世纪 90 年代初期，联合国人居署和联合国环境规划署提出"可持续发展城市"的概念。在可持续发展理念影响下，基于前期的城市绿色管理探索，我国相继开展了以节约型城市园林为主要方向的"园林城市"和健康宜人生活环境为主要方向的"健康城市"建设。1997 年，为了进一步加强城市环境保护，推动社会可持续发展，在国家卫生城市建设的基础上，国家环保总局组织创建。是在已具备全国卫生城市、城市环境综合整治定量考核和环保投资达到一定标准的基础上才能有条件创建。"国家环境保护模范城市"是遵循和实施可持续发展战略并取得成效的优秀典范，在强化城市环境保护工作、推动经济发展方式转变、构建和谐社会等方面发挥了积极示范作用。这一阶段，城市绿色管理经验不断积累，绿色管理范围逐渐扩大，处于拓展阶段。

阶段三，2003~2011 年，为城市绿色管理的提升阶段（城市绿色管理 3.0）。2003 年，时任浙江省委书记的习近平同志在浙江启动生态省建设，打造"绿色浙江"，并将其作为重要内容纳入"八八战略"。为了促进森林资源增长，推进城市生态建设实现城乡一体化发展，2004 年，全国范围内开启了"国家森林城市"建设。"国家森林城市"是指城市生态系统以森林植被为主体，城市生态建设实现城乡一体化发展，各项建设指标达到特定指标并经国家林业主管部门批准授牌的城市。"国家森林城市"建设主要强调以森林植被保护为重点的城市生态系统建设。2005 年，习近平同志在浙江安吉首次提出"绿水青山就是金山银山"的科学论断和发展理念。在绿色发展理念和国家政策的引领下，浙江城市在绿色管理的深入探索上先试先行，积极打造城市生态屏障，构建城市森林体系等，城市绿色管理的内涵更加丰富，绿色管理更加专业化，成绩更加显著。

阶段四，2012 年至今，为城市绿色管理的全面深化阶段（城市绿色管理 4.0）。2012 年，党的十八大将生态文明建设纳入"五位一体"总体布局，做出了建设美丽中国的战略部署，各地积极开启"美丽城市"建设。"美丽城市"建设是响应党的十八大提出的"建设美丽中国"口号，其主要特征是城市规划设计合理，基础设施完善，建筑个性鲜明且整体协调，文化底蕴深厚，自然环境优美。具体指标包括城市规划设计美、城市基础设施美、城市建筑风貌美、城市文明美、城市自然环境美和城市公众口碑美等各方面。2017 年，为了全方位推进美丽浙江建设，浙江提出"大花园"建设。"大花园"建设融汇了自然生态与人文环境的协调、现代都市与田园乡村的融合、历史文化与现代文明的统一。"大花园"建设是浙江践行"绿水青山就是金山银山"理念，推进绿色发展全方位变革，加快打造"诗画浙江"鲜活样板的重要举措。作为大花园建设的关键部分，城市绿色管理也逐渐走向更加全面深化的发展阶段，绿色管理呈现系统化、一体化的发展特征。

浙江城市绿色管理的阶段演进如图 1 所示。

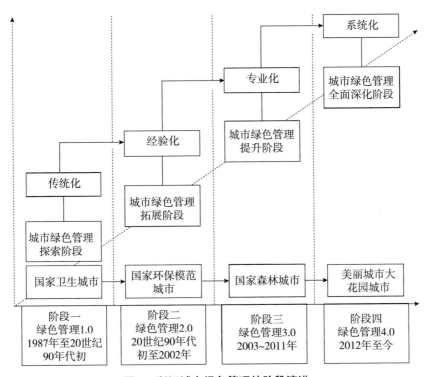

图 1　浙江城市绿色管理的阶段演进

二、浙江城市绿色管理的八大经验

从改革开放 40 多年来（尤其是近 20 年以来）对浙江城市绿色管理案例的分析，我们可以得出，浙江城市绿色管理至少有如下八大经验。

经验一，践行绿色发展理念，培育绿色管理文化。

以绿色发展理念为引领的城市绿色管理成为未来城市发展的重要方向，也是未来城市管理的常态。城市绿色发展理念主要包括：①绿色经济发展理念。城市经济发展以保护环境和生态健康为前提，同时在环境保护中发展经济。例如，安吉坚持生态经济化不动摇，努力将"生态资本"转化为"富民资本"，培育绿色经济增长点，基本实现了绿水青山的价值目标。②绿色环境发展理念。合理利用资源，保护生态环境，自然环境与城市管理相互协调，共同发展。例如，诸暨市始终把生态作为优先要素予以考虑，制定出台的保增长、促转型的若干经济政策，以及新构建工业六大主导产业和现代服务业、现代农业为内容的"6+2"现代产业体系，都体现了城市发展的生态理念。③绿色社会发展理念。在绿色城市建设中形成绿色低碳的生产生活方式和城市建设发展模式。例如，武义强化生态发展导向，积极开展绿色学校、绿色家庭、绿色社区等绿色系列创建活动，在全社会倡导勤俭节约、绿色低碳、环保优先的生活方式和消费模式。这些例子从城市经济、社会、环境的角度证明了绿色发展理念对城市绿色管理的引领作用，从生产、生态、生活全面推进城市实现经济效益、环境效益和社会效益的协调发展。

经验二，找准绿色战略定位，布局绿色发展空间。

政府需要从战略高度把握城市绿色发展的方向，为拓展城市绿色发展空间提供指引。①制定绿色战略目标。政府在绿色发展理念的指导下，制定城市绿色发展预期要达到的标准和水平，作为政府实施城市绿色战略管理的依据。例如，临安紧紧围绕实现杭州西郊现代化生态市建设大跨越战略目标，坚定不移走生态立市之路，创建国家环保模范城市、国家级生态市，并被列为国家级生态文明建设试点市。②抓住绿色战略机遇。全球可持续发展的趋势和国内坚定不移地加快绿色发展的环境和条件对城市的绿色管理具有全局性的重大影响。例如，杭州市抓住"后峰会、前亚运"和拥江发展时期这一环保事业难得的发展机遇，不断完善生态文明建设，持续提升生态环境质量。③突出绿色战略特色。基于本地区发展实情的考虑，每个城市应当从战略的高度构筑城市绿色发展的特色优势。例如，舟山市依托"依海而立"的地理环境构成其独特的生态优势（如岛上气候宜人，空气清新；景色秀丽，环境洁净；海洋资源丰富，生物种群多样等），积极探索特色生态文明建设之路。

这些例子充分说明，将城市绿色管理上升到战略层面，在明确绿色发展战略定位，可以将其转化为绿色效益，实现绿色发展的共赢。

经验三，优化绿色要素配置，促进绿色经济增长。

在明确城市绿色发展定位的基础上，合理引导各类资源要素有序流动和科学配置，尤其对城市绿色发展的重点领域进行资源要素配置的优化，充分发挥市场对优化资源配置的决定性作用和政府的重要引导作用，为绿色产业转型升级和绿色经济增长提供有效支撑。①加大环保设施建设。有效的城市绿色管理需要以大规模环保基础设施建设为基础。例如，平阳加快推进基础设施建设速度，日收集处理生活污水 5 万吨的县城污水处理厂等建设工程相继建成投入使用，城市绿色管理水平稳步提高。②优化环保资金配置。在加大环保资金投入力度的基础上，优化环保资金的分配以及使用方式。例如，余姚市财政安排 8.5 亿元资金，加大环境保护、市容市貌等投入，城市环境得到有效改善。③协调绿色资源配置。城市绿色管理需要依托当地的生态资源、人文资源等为城市绿色规划、绿色建设、绿色管理提供支持。例如，淳安把水资源优势转化为产业优势，引导水饮料产业迈向高端，产品附加值大大提升。以上例子说明，城市绿色管理离不开设施、资本、人才和科技等要素的支撑，应当将经济增长与绿色资源要素进行有益挂钩，吸引高端资源要素集聚，促进城市产业转型升级。

经验四，推进绿色产业升级，扩大绿色发展规模。

加快经济结构调整和产业转型升级，淘汰落后产能，改造传统产业，以绿色产业为支撑扩大城市绿色发展规模体量。①持续推进农业绿色升级。政府需要加大农业污染面源防治和农业资源的合理利用，改善农业生态环境，促进城市现代绿色农业发展。例如，磐安县在大力发展生态工业的同时，围绕农业增效、农民增收，磐安县利用得天独厚的生态资源优势，以"中国生态龙井之乡"等美名为依托，大力发展生态农业，引导农民、农业企业进行绿色化生产。②加快推进工业绿色升级。加快推动工业新旧动能转换，进一步推进工业绿色化改造，建设城市绿色制造体系。例如，淳安构建了"无污染、小空间、高科技、资源型"的新型生态工业体系，加快推动绿色制造，被列入省级工业节能和绿色制造试点示范，以绿色节能制造为核心的"智造"

千岛湖正在形成。③积极推进服务业绿色升级。例如，建德打造全域旅游核心区，辐射乡镇旅游、文创、农业产业等产业，最终形成城市的绿色旅游服务业，实现了绿色产业发展的转型升级。以上这些例子都证明绿色产业的升级和发展需要结合生态优势、区位优势、科技进步以及市场需求等调整产业结构，促进绿色产业规模化发展，从而实现经济绿色健康发展。

经验五，健全绿色法规政策，保障绿色管理推进。

针对地方绿色发展的需要，制定具体的地方政策法规和部门规章，明确规定地方绿色管理中资源保护、污染防治、绿色经济等问题，对城市绿色发展提供必要的政策法律保障。①根据已有环保法规政策实施管理。根据中央层面对环境保护、污染治理等绿色发展相关的法规政策规定，对城市绿色发展进行规范化管理。永康市根据《烟花爆竹安全管理条例》在全域全年实施禁止销售、禁止燃放烟花爆竹政策，成为浙江省首个全域全年实施烟花爆竹"双禁"的县市。②制定新的环保法规政策实施管理。根据地方绿色管理的问题，建立系统化的绿色管理政策法规。例如，湖州市确立了"1+X"的生态文明建设法规体系，颁布实施了《湖州市生态文明先行示范区建设条例》，成为全国首个就示范区建设专门立法的地区。③加强环保法规政策的执法管理。依照绿色管理的政策法规，进行严格的司法执法，将政策法规落实到位。例如，舟山市加强检察司法工作，依法严厉查处破坏生态、污染环境的案件，加大执法力度，创新执法方式，充实基层环境执法力量。以上例子证明，促进城市绿色管理升级离不开绿色管理的政策法规保障，政府部门需要依据或制定专门的政策法规，使城市绿色管理有法可依，促进城市绿色管理向规范化和法制化升级。

经验六，加强绿色管理创新，拉高绿色标准标杆。

围绕绿色发展，创新打造城市绿色管理的特色，以创新驱动城市绿色管理，释放绿色发展的活力。①绿色管理模式创新。打破原有管理方式和方法的局限，以更加灵活的方式解决城市绿色发展难题，提升管理效能。例如，建德率先实施"街长制"创新管理模式，推进城镇环境卫生整改，积极开展废旧物品创意改造等活动，建造出独具特色的乡村美景。②绿色管理机制创新。为适应城市绿色发展变化，增强城市绿色发展的内在动力，调动城市绿色发展的积极性，进行绿色管理机制的改革创新。例如，为加强饮用水源保护工作，杭州首创短信提醒机制，联合电信、移动、联通三大运营商，在里畈和水涛庄两个饮用水源地开通饮用水源保护短信温馨提醒服务。③绿色管理职能创新。强调以服务职能为重心的城市绿色管理，提升政府的服务绿色发展的水平和能力。例如，杭州市临安区积极开展针对绿色发展的服务，临安环保局制定了"结对村企"工作方案，每位职工结对一个行政村和一家重点企业，帮助企业解决环保项目审批等难题。以上例子证明，在城市绿色管理中要转变以往的管理思路，适应绿色发展的新要求和新标准，勇于进行开创性的探索，从而更好地顺应时代发展的潮流和绿色发展的现实需要。

经验七，实施绿色风险管控，化解环境风险隐患。

规避环境污染事件是城市绿色发展的重要环节，实施绿色风险管控，才能有效预防或及时化解环境风险，提升绿色管理成效。①环境风险排查化解。对城市高污染行业进行严格的风险排查，防范环境污染。例如，建德市针对全市沟渠、池塘和河道易反弹隐患问题开展整治，清理河道垃圾和小微水体淤泥，新增污水管网 46 千米，提升水体质量。②环境风险评估管理。加强科学评估是预测环境污染和生态保护的必要前提。例如，台州市推进污染场地治理修复与风险管控治理工程，启动两家化工企业退役场地修复工程，开展 3 家电镀厂退役场地风险评估，对 135 亩农用地实施修复。③环境应急预案管理。提高城市突发环境事件的防控能力和应对水平，最大限度地降低环境污染事件发生的概率。例如，杭州市健全环境应急预案体系，建成市突发环境事件应急决策指挥系统。开展千岛湖饮用水水源突发环境事件应急演练。夯实环境应急救援体系，完成 8 个市级应急物资库和 1 个省级应急物资库建设。以上例子说明，在探索城市绿色发展的过程中，要注重环境风险管控，保持对环境风险事件的敏感性，对环境污染做出快速响应，是城市绿色发展的重要保障。

经验八，强化绿色监测监督，确保绿色举措生根。

利用现代监测技术和监管手段，对城市绿色发展状况进行有效监督监测监管，确保绿色举措生根。①环保实时监测监督管理。对环境保护、污染防治等进行实时在线监督管理。例如，乐清市开展芙蓉钻头业污染专项整治活动，实现污水处理"全覆盖"，并实行远程在线监控，确保废水稳定达标排放。②环保日常监测监督管理。将对环境保护、污染防治等的监督寓于日常，进行事中管理，全面掌握绿色发展状况。例如，杭州市一直坚持打造"环境监管最严格城市"，全力维护环境安全，打击违法行为，强化环境日常监管，全面落实污染源日常监管双随机抽查，探索建立"一单、两库、一细则"。③环保飞行监测监督管理。对城市污染整治的重点领域进行跟踪检查。例如，嘉兴市政府专门组建"飞行监测"大队，加大对国控、省控、市控和县控重点污染源的"飞行监测"力度，并有计划地组织和调动县（市、区）环境监察力量，确保"飞行监测"突然性，对市控以上重点污染源的监测频次每月不少于两次。以上例子都证明，环境整治和生态保护不是搞突击，不是做面子工程，而是打持久战，需要釜底抽薪，从源头进行监管和保护，所以强化绿色监测监督和环境监管势在必行，为绿色发展增添内在活力和保障机制。

从以上浙江城市绿色管理的八大实践经验可以看出，城市的整体绿色发展需要从生态环境承载能力的动态持续平衡中探索发展模式和路径。在遵循城市绿色探索的普遍规律的基础上，因地制宜做好城市绿色发展战略规划。本书是对城市绿色管理经验的一个探索，从浙江绿色发展先驱城市的实践经验中总结出"浙江城市绿色管理经验的理论框架"，如图2所示。具体来说，绿色发展理念是关系城市绿色管理全局的重要思想引领，深刻体现了城市绿色管理的规律。城市绿色管理涉及绿色经济、生态环境和绿色社会等方面。实现城市的绿色发展，必须深刻认识绿色发展理念在城市规划、建设和管理中的重要作用，将绿色发展理念与城市发展高度融合。以绿色发展理念为基点，对城市绿色管理作出顶层设计和具体部署，并将其上升至城市发展战略的高度。在绿色战略高度定位城市建设管理，明确绿色发展的目标和方向，适时把握我国生态文明建设的绿色发展机遇，科学定位城市绿色发展的战略特色，形成战略优势。在城市绿色发展的战略指导下，充分挖掘、合理配置当地绿色发展的资源，为绿色经济社会发展提供要素支撑，推进城市绿色工业、绿色农业和绿色服务业发展，促进城市绿色产业优化升级。围绕城市绿色战略定位进行资源配置和产业发展的建设管理过程，离不开绿色法规政策的支持和规范，将成熟的绿色管理思路及时转化为绿色管理的政策举措。进一步来说，就是将城市绿色管理活动置于绿色法规政策的框架中进行，确保绿色活动的公平性、公正性、合理性和合法性。同时，城市绿色管理也需要管理模式、管理机制和管理职能等方面的创新，激发城市绿色发展的活力，最大限度彰显绿色管理创新的价值，推进城市绿色高质量发展。另外，对城市绿色管理风险的管控也是必要的环节。城市绿色发展是一种探索式的发展，要充分重视可能存在的自然和社会环境风险因素，进行有效的防范。除此之外，对城市绿色管理各个方面的监督是切实践行绿色发展理念的保障，以此评估和优化城市绿色管理成效，推进城市绿色长效发展。

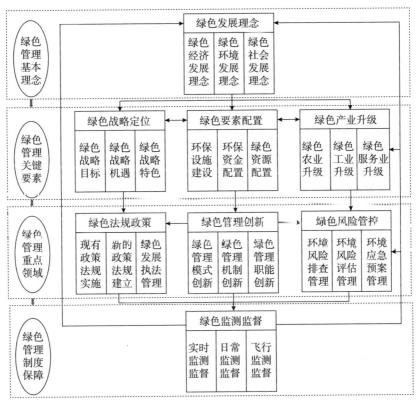

图 2　浙江城市绿色管理经验的理论框架

概括而言，绿色发展理念是城市绿色管理的基本出发点，对城市绿色发展具有战略性、纲领性、引领性的作用。在绿色发展理念的引导下，城市绿色管理依托绿色战略、绿色要素和绿色产业三大关键要素，这三大要素构成城市绿色发展的结构支撑。在这样的发展架构下，城市绿色管理需聚焦于绿色法规政策、绿色管理创新和绿色风险管控三大重点领域，其中，绿色管理创新在城市绿色管理中尤为重要，以全面、全程、全方位的创新管理开辟城市的特色发展道路。此外，还需要重视绿色管理的监测监督这一重要方面，推进城市绿色空间、规模的扩大和城市发展质量的全面提升。如图3所示。

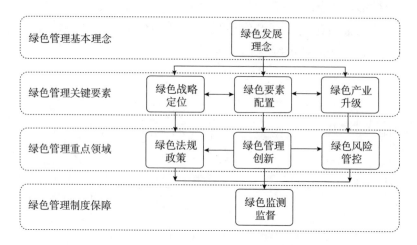

图3　浙江城市绿色管理经验的理论框架简图

三、浙江城市绿色管理的八大启示

从改革开放40多年来（尤其是近20年以来）对浙江城市绿色管理案例的分析，我们可以得出浙江城市绿色管理至少有如下八大启示。

启示一，制订绿色发展规划，把握绿色管理方向。

充分发挥政府的引导作用，以绿色发展为导向，从战略高度制定城市绿色发展的整体和长远规划，主要从以下几个方面进行规划布局。①城市绿色生产发展规划。例如，临海市编制了《临海市生态畜牧业发展规划》（2015—2020年），积极引导养殖户开展农牧对接、生态养殖，在整治污染的同时，推进当地畜牧业顺利实现转型升级。②城市绿色生活发展规划。

例如，宁波市政府对小浃江流域 22 平方千米面积做出发展规划，开展综合整治，并结合山体、水体修复，打造都市田园休息区。实施差异化修复治理，南侧保留田园风光，北侧引导产业转型，"把田园情调融入城市生活"。③城市绿色生态发展规划。例如，杭州市编制了《杭州市"三江两岸"绿道规划》，明确指出"三江两岸"绿道全程起自杭州市区钱塘江两岸最东端，向西沿江一直延伸到上游淳安千岛湖，与千岛湖环湖绿道相连，促进城市生态环境发展。因此，城市可持续发展和绿色管理需要以政府的绿色发展规划为引领，从全局的角度规划设计城市绿色发展路径，探索城市经济、社会和生态相互协调的绿色发展道路。

启示二，完善绿色制度体系，护航绿色管理深化。

建立健全城市绿色管理的制度体系，确保城市绿色管理的有序推进和深化发展。①绿色管理的根本制度。例如，杭州市深入学习贯彻党的十九大精神和第八次全国环保大会精神，自觉把思想和行动统一到党中央国务院、浙江省委省政府和杭州市委市政府决策部署上，按照"五位一体"总体布局和"四个全面"战略布局，坚持党的集中统一领导制度和全面领导制度，以改善环境质量为核心导向，努力建设美丽杭州。②绿色管理的基本制度。例如，安吉不断加大生态文明制度建设，根据林区分布和森林资源保护管理体系，建立"林长制"，设置三级领导层次，用制度为安吉生态文明建设的落地提供保障，切实推进安吉生态资源保护。③绿色管理的具体制度。例如，湖州市为了强化生态环境工作"党政同责、一岗双责"，所辖县区全部建立健全了对乡镇差别化的考核制度，根据乡镇主体功能定位实行差别化考核。还制定了《党政领导干部生态环境损害责任追究实施细则》，推进湖州生态环境保护。因此，城市绿色管理制度服务于城市的可持续发展，能够为城市绿色发展提供公正、公平的制度环境。

启示三，构建绿色组织架构，完善绿色管理职能。

管理组织是城市绿色发展的基础，基于绿色管理的需要，政府应建立与绿色发展相适应的专门化绿色管理组织架构。①绿色管理领导机构。例如，台州市在浙江省率先召开小城镇环境综合整治行动会议，专门设立小城镇综合整治行动领导小组和办公室，出台实施方案和考核办法，开展"秋季卫生大整治"和"百日攻坚"行动，全面加强小城镇环境管理。②绿色管理组织体系。例如，余姚把创卫工作作为"一把手"工程，严格落实"一把手"负责制，将创卫工作落实到一个层级分明、权事清晰的组织架构体系，在市级层面和各地各部门构建了一级抓一级、层层抓落实的组织体系，从而保障创卫的有力推进。③绿色管理职责分工。例如，湖州市环保委一成立，便按照统分结合、各负其责的原则梳理相关职能部门的环保职责清单，细化任务分解，彻底解决职责不清，"想管的管不了、能管的不去管"的问题，分条线、分领域推进环保工作。因此，政府围绕绿色发展目标，以绿色管理组织架构为载体，落实绿色管理制度，履行政府管理职能。

启示四，创新绿色体制机制，激发绿色管理活力。

随着城市绿色管理的推进，出现的产业结构不合理、资源利用效率低、信息化建设不足等问题，需要深化绿色管理体制改革，以创新促进绿色管理水平提升。①绿色体制机制的建立。例如，湖州市根据本地工业经济发展的情况，结合绿色发展要求，从考核工业变为考核绿色，建立有效的绿色体制机制，打通转化通道，实现环境与经济的协调共赢，在绿水青山与金山银山间画上"等号"。②绿色体制机制的完善。例如，台州市在工业发展与环境保护、城市发展与生态文明建设同步推进过程中，坚持不断深化生态文明建设体制机制改革，创新和完善各项工作机制，进一步激发生态环保工作活力、潜力，持续保障环境质量和环境安全。③绿色体制机制的实施。例如，余姚在创建卫生城市过程中，积极开展城市管理体制的改革，成立综合行政执法局，对城管、国土、环保等有关部门的21项职能进行有机整合，划归综合行政执法局统一行使，以高效的法治机制促进绿色体制机制的有效实施。因此，绿色管理体制机制的改革创新能够加快城市绿色发展的步伐，为城市生态保护和经济发展带来强大的动力。

启示五，加大绿色资源投入，夯实绿色管理根基。

各类有形和无形的资源投入及其有效整合利用是一个城市绿色发展的物质基础，也是城市绿色管理的根基。①绿色管理的有形资源投入。例如，临海市在实施农村生活污水治理中，采取终端设施采购、运行维护总承包的方式，引进环保公司负责第一期（5年）设备的建设和运行维护，切实提高设施运行管理水平，服务于城市生态环境治理。②绿色管理的无形资源投入。例如，安吉推动生态文化深入人心，将生态文明写入小学生教材，写入村规民约，增强村民的自律，生态文化正在成为安吉人践行"绿水青山就是金山银山"科学论断的一种自觉，引导全社会更加注重生态环境保护和城市绿色发展。③绿色管理的资源整合利用。例如，龙泉按照"一心两核四片区"旅游总体布局，加强区域旅游资源整合与精品线路设计，突出核心景区建设，推动旅游从观光游向深度游转变、假日游向常态游转变、过路游向过夜游转变、单景游向全域游转变。以全域旅游推动生态服务业提速，建设绿色生态型服务业强县（市）。因此，对绿色管理资源科学合理利用，可以有效地提高资源利用效率，并且将资源优势转化为城市绿色发展的优势。

启示六，重视绿色创新人才，汇集绿色管理智慧。

绿色创新人才对城市的绿色发展具有基础性、战略性的作用，绿色创新人才是城市绿色发展的最活跃因素。重视绿色创新人才主要包括：①外部引进绿色创新人才。例如，湖州市积极引进海内外人才，并在人才引进的过程中实行"环保体检"，在答辩评审阶段设立"环境因素"独立评审项，对环境影响较大的人才项目一票否决，提高引进人才的质量，高效服务于城市绿色经济发展。②内部培养绿色创新人才。例如，龙泉在推进美丽城市建设中，启动了创业就业"百千万"三年行动，即培育百名创业团队及精英人才，培养千名产业技工人才，培训万名就业创业人员，招工、教育等措施优先向贫困户倾斜，推动以创业促就业、以就业促增收，推进美丽经济建设。③形成绿色创新人才集聚优势。例如，武义为推进工业生态化发展，锚定产业转型大方向，围绕"五大百亿"产业，全力招引一批产业链龙头等大项目、好项目，促进资本、人才、技术等高端要素集聚，促进高端要素向高质量绿色收益转化。因此，绿色创新人才是城市绿色发展的关键，重视人才管理，发挥绿色创新人才智慧，是城市走绿色发展道路的必然选择。

启示七，深化绿色跨界合作，形成绿色管理合力。

为实现绿色发展目标，需要多方力量跨界合作，共同推进城市绿色管理，提高绿色管理的水平。①政府各部门间的跨界合作。例如，兰溪在创卫过程中开展各部门联合作战，将创卫办、六小行业办、气尘合治办、治水办联合行动常态化，确保"五水共治""三改一拆"等协同推进，形成了绿色管理的强大合力。②政府、社会和企业间的跨界合作。例如，舟山市全面融入与中科院的"432"合作计划，进一步深化与浙江大学的海洋科研合作，推进海洋资源集约利用。③城市之间的跨界合作。例如，丽水市主动融入国家"一带一路"和"长江经济带"建设，把大花园与大湾区经济有机联系起来，深化与宁波市、湖州市、嘉兴市的区域战略合作，加快建立山海协作工程专项基金，在旅游、教育、文化、科技、卫生、人才等领域加强合作交流，从而形成全方位、多层次、宽领域的山海并利、陆海联动发展新格局。借助政府、企业、科研院所、市民等广泛力量，就涉及城市绿色发展的政治、经济、文化和社会等领域开展绿色跨界合作，形成优势互补、强强联合，进而推动城市更快的实现绿色管理的目标。

启示八，实施绿色绩效考评，提升绿色管理成效。

对城市绿色发展进行绩效评价，全面掌握城市绿色管理的水平和进程。主要包括以下三个方面：①绿色管理专项考评。例如，磐安县针对各乡镇的环境容量、生态承受力调整了乡镇工业考核方式，适宜发展工业的，分值比重相对大；不适宜发展工业的乡镇，大力推进异地开发，提高工业集聚水平。②绿色管理重点考评。例如，安吉县针对有工业园区基础的乡镇绿色管理，重点考核工业经济，而对山区边远乡镇，只考核生态保护、以美丽乡村创建为载体的生态建设和乡村休闲经济发展。③绿色管理综合考评。例如，舟山市针对生态环境质量实施综合考评，在完善减排、生态市建设、"811"（浙江省八大水系、11个地市）环境保护考核机制的基础上，按照各县（区）发展目标定位，逐步实施分类考核评价，加快构建促进海洋生态文明建设的党政领导班子和领导干部综合考核评价机制，并进行相应的奖惩。综上，城市绿色管理绩效评价是一种必要、必需的绿色管理工具，每个城市应根据自身发展状况，建立一套与本地区绿色管理相适应的绩效评价体系，以绩效评价结果为参照，为下一步绿色管理提供方向。

浙江城市绿色管理的启示是对以往绿色经验做法的进一步思考，从中可以看出：城市绿色发展规划是城市绿色管理理念和思维方式的延伸，以绿色发展规划为全局指导，构建城市绿色管理制度体系，搭建绿色管理组织架构，形成绿色管理体制机制。其中，以绿色管理组织架构为支撑，推进绿色发展规划的落地和绿色管理制度的执行。依托绿色管理的有序组织，推进绿色管理各个层面制度常态化、长效化落实，推动绿色管理体制机制发挥促进作用。在此基础上，以绿色创新人才为核心，协调绿色管理资源投入，塑造绿色资源集成优势。同时，打破以往合作局限，从绿色发展角度协调各方跨界合作，推动有益于城市绿色发展的各方力量相互协作与深度融合。针对以上绿色管理的各个环节和方面，从不同侧面予以考核评价，通过动态化的绿色绩效考评把握城市绿色管理的质量水平，及时发现城市绿色管理的漏洞，优化城市管理绿色探索的路径。本书在总结提炼浙江城市绿色管理启示的基础上，构建了一个浙江城市绿色管理启示的理论框架，如图 4 所示。

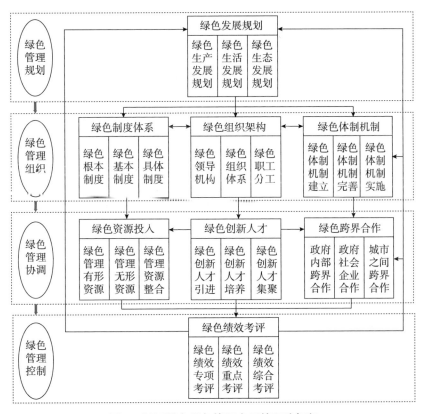

图 4 浙江城市绿色管理启示的理论框架

以上八大启示可以进一步归纳为四个主要方面，即城市绿色管理规划、城市绿色管理组织、城市绿色管理协调和城市绿色管理控制。这四个方面既是对浙江城市绿色管理启示的进一步凝练总结，也是对未来更多城市更加深入地探索绿色管理的指引。这四个方面从城市绿色发展的行动规划、有序组织、指挥协调和调控修正，推进绿色管理的统一性、灵活性、协调性和精准性。综合来看，这四个方面是对城市管理的整体优化升级，是城市走新型工业化道路、优化经济结构、转变经济发展方式的推动力量。基于浙江城市绿色管理的四大方面、八大启示之间的内在机理关系，本书构建出一个浙江城市绿色管理启示的理论框架简图，如图5所示。

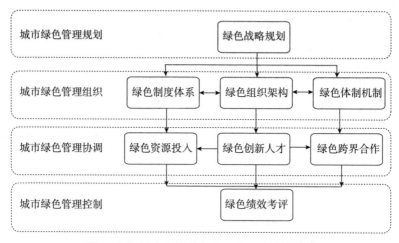

图5　浙江城市绿色管理启示的理论框架简图

四、浙江城市绿色管理经验与启示的总结

综观浙江城市绿色管理的经验与启示可以看出，城市绿色管理是一项综合不同层次和不同方面的复杂系统工程。新时代下，城市绿色管理将会面临新的形势，也会产生新的问题，更需要有新的探索和反思。本书从规划、组织、协调和控制四大方面构建城市绿色管理经验与启示理论框架。具体而言，浙江城市绿色管理是以绿色理念、目标、手段为基础，以绿色政府、社会、市民为主体，以绿色生产、生活、生态为领域，以绿色空间、规模、产

业为结构，以绿色规划、建设、运行为支撑，以绿色文化、科技、创新为驱动，以绿色制度、体制、机制为保障，以绿色管控、监督、评价为助力，强调全方位、全过程和全覆盖的绿色发展。这一理论框架既是对现有城市绿色管理实践的总结，也是对未来城市绿色发展的指引。政府需从这些方面进行系统统筹和科学管理，从而提高城市绿色管理的质量。浙江城市绿色管理经验与启示的理论框架如图 6 所示。

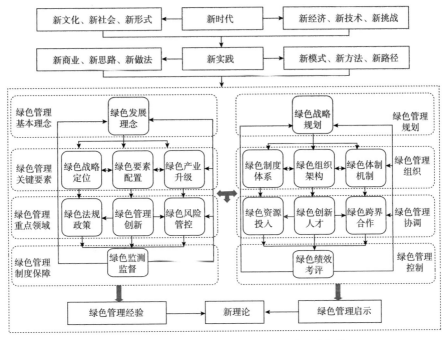

图 6　浙江城市绿色管理经验与启示的理论架构

　　基于改革开放 40 多年来（特别是近 20 年以来）对浙江城市绿色管理的经验和启示，可以看出，浙江城市绿色管理呈现出八大演变趋势特征，总结如下：

　　（1）从被动绿色管理到主动绿色管理。即从传统的城市绿色管理（或城市环境管理）转向现代的城市绿色管理。传统保守的城市环境管理多是被动式的环境污染治理，已经不再适应城市化的快速发展，必须转向更加主动科学的绿色管理，更加关注环境污染预防、环境资源节约，并处理好城市生态环境与城市整体发展的关系。

（2）从短期绿色管理到长期绿色管理。即从短期权宜地绿色管理转向长期稳定地绿色管理。基于城市可持续发展的目标方向，浙江城市的绿色管理逐渐由当下的绿色管理转向更加长远、全局的绿色管理，不以牺牲环境为代价换取城市的短期发展，也不以纯粹的环境保护而放弃城市的发展。

（3）从非专业绿色管理到专业绿色管理。即从对城市绿色管理的尝试性探索转向专业化探索。浙江城市的绿色管理经历了一个由浅到深的过程，在绿色管理上建立专业化的管理机构、配备专业化的人员、运用专业化的方法，以深入精细的管理提升绿色管理的专业化水平。

（4）从低效绿色管理到高效绿色管理。即从绿色管理投入和产出到资源要素等高效配置，表现为绿色管理的投入和产出效果，在绿色管理决策、管理组织、管理合作、管理监督等方面的成效不断提升，促使资源利用效率、环境保护和资源利用效率、经济发展水平和社会发展效益提高。

（5）从片区绿色管理到全域绿色管理。即从城市发展中某一区块的绿色化（市区范围内）转向全域范围（辐射城市周边）的绿色化。实施绿色管理的浙江城市从绿色发展的更广范围上探索绿色管理，城市绿色管理不仅仅局限在某一片区，而是打破城市区划界限，将绿色管理的点连成面，推动更加广泛的城市绿色和可持续发展。

（6）从静态绿色管理到动态绿色管理。即从静态常规化绿色管理到动态过程化绿色管理，将动态发展变化的要义体现在城市绿色管理中。浙江城市的绿色管理越来越趋向于打破不变的工作程序、规章制度，对现有的绿色管理状况进行持续的调研，对绿色管理的方式进行不断的改进，适应更新的时代变化和要求。

（7）从经验绿色管理到科学绿色管理。即从凭借以往经验的绿色管理转向更加系统规范的绿色管理。浙江城市绿色管理实践不断积累，逐渐规避经验管理中片面、浅层的管理弊端，以科学的管理方法和现代信息技术为支撑，从城市绿色发展的全局加以规划，促进绿色管理的全面跃升。

（8）从独立绿色管理到一体化绿色管理。即从单个城市的绿色管理转向区域层面的城市一体化绿色管理（如长三角一体化绿色管理），以集群式、一体化的绿色管理扩大发展优势，促进整体的绿色发展。环境保护没有界限，越来越多的浙江城市走上绿色管理的道路，城市与城市之间的绿色联合发展是未来绿色管理的必然趋势。

　　绿色城市是一种新的城市发展形态，是政府在城市建设管理中对生态文明发展的一种新的审视和开拓，是对人与自然和谐关系的一种新的探索。新时代下的城市绿色管理会迎来更多的发展机遇，也会催生更新的绿色管理模式和管理方向，推进城市的转型升级和高质量发展。可以预见，未来浙江省乃至全国将有更多的城市加快绿色管理探索的步伐，将更前沿、更丰富的内容融入城市绿色管理框架，为城市绿色可持续发展描绘出更新更美的图景。

附　录

浙江城市绿色管理的代表性法律法规

一、中央层面的代表性法律法规

1. 全国人民代表大会常务委员会《中华人民共和国循环经济促进法》（中华人民共和国主席令第 16 号）2009 年 1 月 1 日

2. 全国人民代表大会常务委员会《中华人民共和国可再生能源法（2009 年修正本）》（中华人民共和国主席令第 23 号）2010 年 4 月 1 日

3. 全国人民代表大会常务委员会《中华人民共和国清洁生产促进法（附 2012 年修正本）》（中华人民共和国主席令第 54 号）2012 年 7 月 1 日

4. 全国人民代表大会常务委员会《中华人民共和国环境保护法（2014 年修订本）》（中华人民共和国主席令第 9 号）2015 年 1 月 1 日

5. 中共中央、国务院《关于加快推进生态文明建设的意见》（中发〔2015〕12 号）2015 年 4 月 25 日

6. 全国人民代表大会常务委员会《中华人民共和国环境影响评价法（2018 年修正本）》（中华人民共和国主席令第 24 号）2018 年 12 月 29 日

7. 全国人民代表大会常务委员会《中华人民共和国节约能源法（2018 年修正本）》2018 年 10 月 26 日

8. 国务院《城市绿化条例》（中华人民共和国国务院令第 100 号）1992 年 6 月 22 日

9. 国务院《关于加快发展节能环保产业的意见》（国发〔2013〕30 号）2013 年 8 月 1 日

10. 国务院《城镇排水与污水处理条例》（中华人民共和国国务院令第 641 号）2014 年 1 月 1 日

11. 国务院《关于深入推进新型城镇化建设的若干意见》（国发〔2016〕8

号）2016 年 2 月 2 日

12. 国务院办公厅《生活垃圾分类制度实施方案》（国办发〔2017〕26 号）2017 年 3 月 18 日

13. 国务院《打赢蓝天保卫战三年行动计划》（国发〔2018〕22 号）2018 年 6 月 27 日

14. 国务院办公厅《"无废城市"建设试点工作方案》（国办发〔2018〕128 号）2018 年 12 月 29 日

15. 国家环保总局《全国生态县、生态市创建工作考核方案（试行）》（环办〔2005〕137 号）2005 年 12 月 13 日

16. 建设部《城市生活垃圾管理办法》（中华人民共和国建设部令第 157 号）2007 年 7 月 1 日

17. 国家环保总局《生态县、生态市、生态省建设指标（修订稿）》（环发〔2007〕195 号）2007 年 12 月 26 日

18. 环境保护部《关于加快推动生活方式绿色化的实施意见》（环发〔2015〕135 号）2015 年 11 月 16 日

19. 工业和信息化部《工业绿色发展规划（2016—2020 年）》（工信部规〔2016〕225 号）2016 年 6 月 30 日

20. 环境保护部、住房城乡建设部《关于推进环保设施和城市污水垃圾处理设施向公众开放的指导意见》（环宣教〔2017〕62 号）2017 年 5 月 5 日

21. 生态环境部、中央文明办、教育部、共青团中央、全国妇联《公民生态环境行为规范（试行）》（公告 2018 年第 12 号）2018 年 6 月 4 日

22. 国家发展改革委《关于创新和完善促进绿色发展价格机制的意见》（发改价格规〔2018〕943 号）2018 年 6 月 21 日

23. 国家发展改革委、工业和信息化部、自然资源部、生态环境部、住房城乡建设部、人民银行、国家能源局《绿色产业指导目录（2019 年版）》（发改环资〔2019〕293 号）2019 年 2 月 14 日

24. 国家发展改革委、司法部《关于加快建立绿色生产和消费法规政策体系的意见》（发改环资〔2020〕379 号）2020 年 3 月 11 日

二、地方层面的代表性法律法规

1. 浙江省人民政府《浙江生态省建设规划纲要》(浙政发〔2003〕23号)2003年8月19日

2. 浙江省人民政府《浙江省城市绿化管理办法》(浙江省人民政府令第206号)2005年11月16日

3. 中共浙江省委办公厅、浙江省人民政府办公厅《"811"美丽浙江建设行动方案》(浙委办发〔2016〕40号)2011年4月7日

4. 浙江省委、浙江省人民政府《浙江省大花园建设行动计划》(浙委发〔2018〕23号)2018年5月21日

5. 浙江省发展改革委《浙江省低碳发展"十三五"规划》(浙发改规划〔2016〕283号)2016年5月11日

6. 浙江省发展改革委《浙江省大花园建设行动计划2020年工作要点》(浙发改环资〔2020〕85号)2020年3月24日

7. 中共杭州市委、杭州市人民政府《关于加快推进杭州生态市建设的若干意见》(市委〔2004〕10号)2004年2月13日

8. 中共杭州市委、杭州市人民政府《关于推进生态型城市建设的若干意见》2011年1月5日

9. 杭州市人民代表大会常务委员会《杭州市生态文明建设促进条例》(公告第68号)2016年4月12日

10. 杭州市住保房管局《杭州市国家生态文明建设示范市规划》2019年8月27日

参考文献

［1］李芬. 绿色管理：一种新的政府管理模式［J］. 前沿，2008（10）：62-64.

［2］张思雪，林汉川，邢小强. 绿色管理行动：概念、方式和评估方法［J］. 科学学与科学技术管理，2015（5）：3-12.

［3］丁祖荣，陈舜友，李娟. 绿色管理内涵拓展及其构建［J］. 科技进步与对策，2008，25（9）：14-17.

［4］裴雪姣. 国外城市绿色管理的经验及对中国的启示［J］. 湖北社会科学，2012（11）：40-44.

［5］张梦，李志红，黄宝荣等. 绿色城市发展理念的产生、演变及其内涵特征辨析［J］. 生态经济，2016，32（5）：205-210.

［6］李迅，董珂，谭静等. 绿色城市理论与实践探索［J］. 城市发展研究，2018，25（7）：13-23.

［7］张荣华，马妮. 美国绿色城市发展及其对我国城市建设的启示［J］. 中国社会科学院研究生院学报，2016，213（3）：127-131.

［8］李卫宁，陈桂东. 外部环境、绿色管理与环境绩效的关系［J］. 中国人口·资源与环境，2010，20（9）：84-88.

［9］王建国，王兴平. 绿色城市设计与低碳城市规划——新型城市化下的趋势［J］. 城市规划，2011（2）：21-22.

［10］李漫莉，田紫倩，赵惠恩等. 绿色城市的发展及其对我国城市建设的启示［J］. 农业科技与信息，2013（1）：28-35.

［11］李妍，朱建民. 生态城市规划下绿色发展竞争力评价指标体系构建与实证研究［J］. 中央财经大学学报，2017（12）：130-138.

［12］王海芹，高世楫. 我国绿色发展萌芽、起步与政策演进：若干阶段性特征观察［J］. 改革，2016（3）：6-26.

［13］刘阳，秦曼.中国东部沿海四大城市群绿色效率的综合测度与比较［J］.中国人口·资源与环境，2019，29（3）：11-20.

［14］田晖，宋清.创新驱动能否促进智慧城市经济绿色发展——基于我国 47 个城市面板数据的实证分析［J］.科技进步与对策，2018，35（24）：12-18.

［15］国务院发展研究中心和世界银行联合课题组.中国：推进高效、包容、可持续的城镇化［J］.管理世界，2014（4）：5-41.

［16］陈志端.新型城镇化背景下的绿色生态城市发展［J］.城市发展研究，2015，22（2）：1-6.

［17］Luvisi A, Lorenzini G. RFID-plants in the Amart City：Applications and Outlook for Urban Green Management［J］. Urban Forestry & Urban Greening, 2014, 13（4）：630-637.

［18］Kiboi S, Fujiwara K, Mutiso P. Sustainable Management of Urban Green Environments：Challenges and Opportunities［A］. in N. Nobuhiro K, Shinji Y, Masanori K. Sustainable Living with Environmental Risks［C］. Springer Japan, 2014：223-236.

［19］Lindholst A.C. Contracting-out in Urban Green-space Management：Instruments, Approaches and Arrangements［J］. Urban Forestry & Urban Greening, 2009, 8（4）：257-268.

［20］Lindholst A.C. Improving Contract Design and Management for Urban Green-space Maintenance Through Action Research［J］. Urban Forestry & Urban Greening, 2008, 7（2）：77-91.

［21］Baycan-Levent T, Nijkamp P. Planning And Management Of Urban Green Spaces In Europe：Comparative Analysis［J］. Journal of Urban Planning and Development, 2009, 135（1）：1-12.